VIOLÊNCIA DOMÉSTICA E FAMILIAR CONTRA A MULHER

Conselho Editorial

André Luís Callegari
Carlos Alberto Molinaro
César Landa Arroyo
Daniel Francisco Mitidiero
Darci Guimarães Ribeiro
Draiton Gonzaga de Souza
Elaine Harzheim Macedo
Eugênio Facchini Neto
Gabrielle Bezerra Sales Sarlet
Giovani Agostini Saavedra
Ingo Wolfgang Sarlet
José Antonio Montilla Martos
Jose Luiz Bolzan de Morais
José Maria Porras Ramirez
José Maria Rosa Tesheiner
Leandro Paulsen
Lenio Luiz Streck
Miguel Àngel Presno Linera
Paulo Antônio Caliendo Velloso da Silveira
Paulo Mota Pinto

Dados Internacionais de Catalogação na Publicação (CIP)

P853v   Porto, Pedro Rui da Fontoura
       Violência doméstica e familiar contra a mulher : Lei 11.340/06 :
análise crítica e sistêmica / Pedro Rui da Fontoura Porto. – 4. ed.
rev. atual. com comentários sobre feminicídio e stalking. Porto
Alegre: Livraria do Advogado, 2021.
      182 p.; 23 cm.
      ISBN 978-65-86017-31-1

      1. Violência contra a mulher: Criminalização. 2. Violência domés-
tica. I. Título.

CDU – 343.232:396

Índice para catálogo sistemático:
Violência contra a mulher: Criminalização
Violência doméstica

(Bibliotecária responsável: Sabrina Leal Araujo – CRB 8/10213)

Pedro Rui da Fontoura Porto

VIOLÊNCIA DOMÉSTICA E FAMILIAR CONTRA A MULHER

— Lei 11.340/06 —
Análise crítica e sistêmica

4ª EDIÇÃO
revista e atualizada
com comentários sobre feminicídio e *stalking*

Porto Alegre, 2021

© Pedro Rui da Fontoura Porto, 2021

Capa, projeto gráfico e diagramação
Livraria do Advogado Editora

Revisão
Rosane Marques Borba

Direitos desta edição reservados por
Livraria do Advogado Editora
Rua Riachuelo, 1334 sala 105
90010-273 Porto Alegre RS
Fone: (51) 3225-3311
livraia@doadvogado.com.br
www.livrariadoadvogado.com.br

Impresso no Brasil / Printed in Brazil

A todas as mulheres vítimas de violência doméstica por este Brasil afora, dedico meu esforço neste trabalho, sob o mais sincero desejo de que a Lei 11.340/06 siga a concretizar significativo avanço na implementação de políticas públicas e práticas estatais e sociais capazes de conter esta forma de violência, tão rechaçada no âmbito da moderna concepção de direitos humanos a que vinha se perfilhando toda a Nação Brasileira desde o advento da Constituição de 1988.

Sumário

Apresentação..9

1. Direitos humanos: da árdua luta pela igualdade de gênero à criminalização da violência doméstica e familiar contra a mulher....................13

1.1. A hermenêutica da Lei 11.340/06: os fins sociais da Lei Maria da Penha e a condição de vulnerabilidade da mulher vítima de violência doméstica ou familiar..22

2. Dos aspectos criminais materiais da Lei Maria da Penha.................31

2.1. As formas de violência doméstica e familiar contra a mulher e os âmbitos e relações de proteção..32

   2.1.1. O problema do subjetivismo terminológico: qualquer relação íntima de afeto...35

2.2. Sujeitos ativo e passivo dos delitos de violência doméstica: presunção absoluta ou relativa de vulnerabilidade..39

   2.2.1. A (in)comunicabilidade das condições de caráter pessoal em casos de violência doméstica e familiar contra a mulher ao coautor/ partícipe (art. 30 do Código Penal)..46

   2.2.2. A orientação sexual da vítima e a questão do transexual – Conceitos de gênero e sexo, a sexualidade psicossocial e a sexualidade biológica..47

2.3. As duas formas de lesões corporais leves qualificadas pela violência doméstica e familiar – contra homem e contra mulher....................57

2.4. O afastamento da Lei 9.099/95 nos casos de lesões corporais leves praticados com violência doméstica ou familiar contra a mulher...........59

2.5. A histórica polêmica da disponibilidade da ação penal pela vítima nos casos do art. 129, § 9º, do CP..62

   2.5.1. A ADI 4424 e a posição do Supremo Tribunal Federal: a dignidade da pessoa humana e a teoria do impacto desproporcional..............65

   2.5.2. Breve escorço do papel da vítima no processo penal. O direito de autodeterminação da mulher. O moderno protagonismo da vítima no processo penal...68

2.6. A exigência de representação em outras infrações penais de menor potencial ofensivo...75

2.7. A ação penal nos casos de violência sexual....................................79

2.8. A substituição da pena privativa da liberdade por restritivas de direitos do art. 44 do CP em casos de violência doméstica e familiar contra a mulher: a "ressurreição" do *sursis* e o problema da proporcionalidade....79

2.9. A violência patrimonial da Lei 11.340/06 e os crimes patrimoniais: as imunidades penais do art. 181 do CP..83

2.10. Os novos tipos penais relativos à violência doméstica e familiar contra a mulher: o descumprimento de medida protetiva e o crime de perseguição ou *stalking*..84

3. Aspectos processuais da Lei 11.340/06...89

3.1. O impacto da Lei 11.340/06 sobre a atividade policial civil e militar.........90
3.1.1. Providências atribuídas à polícia...91
3.1.2. Procedimentos a serem adotados pela polícia.............................99
3.1.2.1. Elaboração do inquérito policial: a coleta da representação, orientações sobre a queixa-crime e a coleta especial de depoimento da vítima 100
3.1.2.2. A prova das lesões corporais: exame de corpo de delito ou outros documentos médicos ou fotográficos capazes de provar a materialidade do crime.....................................104
3.1.2.3. O pedido da ofendida: postulação direta em juízo para obtenção das medidas protetivas de urgência...................107
3.2. As medidas protetivas em juízo. Possibilidade da decretação de ofício. Cautelaridade inominada...109
3.2.1. Medidas protetivas que obrigam o agressor – Art. 22 da LMP.......117
3.2.2. Medidas protetivas de urgência à ofendida................................127
3.2.3. O direito à remoção da funcionária pública e manutenção do vínculo trabalhista da empregada no setor privado.....................132
3.2.4. A possibilidade de prisão preventiva e a proibição de liberdade provisória sempre que houver risco à integridade física da vítima. Decretação da prisão preventiva de ofício durante o inquérito policial. O aviso-prévio à vítima em caso de concessão de liberdade ao agressor...136
3.2.5. Recurso contra o indeferimento das medidas de proteção.............140
3.3. Competência jurisdicional...142
3.4. Atuação do Ministério Público: *custos legis* e tutela dos interesses difusos. A legitimidade concorrente das organizações não governamentais..145

4. Feminicídio: as razões que fundamentaram a tipificação autônoma do feminicídio como qualificadora do homicídio, introduzida pela Lei 13.104/15...153

4.1. A "insuficiência" da Lei 11.340/06 na contenção do feminicídio consumado ou tentado no Brasil...156
4.2. O problema da proteção deficiente do gênero feminino e a pena prisional como contramotivação à violência contra a mulher.................158
4.3. O caráter "passional" do feminicídio como tese defensiva.................160
4.4. Análise técnico-dogmática da qualificadora do feminicídio.................162
4.5. Feminicídio e dignidade da pessoa humana.....................................163

5. Considerações finais: Violência doméstica *versus* Justiça Restaurativa e autonomia da vontade da vítima...167

5.1. Justiça restaurativa: um breve conceito 168
5.2. A autonomia da vontade da mulher vítima de violência doméstica........170
5.3. A audiência conciliatória nos crimes de violência doméstica.................172

Referências bibliográficas...177

Anexos..181

Apresentação

Publicada que foi em 8 de agosto de 2006, em 22 de setembro daquele mesmo ano, entra em vigor a Lei 11.340/06, batizada Lei Maria da Penha, em homenagem à Sra. Maria da Penha Maia Fernandes, que, em 29 de maio de 1983, após vários anos de suplício e humilhações no recôndito da vida conjugal, sofreu tentativa de homicídio, perpetrada por seu marido, restando paraplégica. Maria da Penha recorreu à Comissão Interamericana de Direitos Humanos, órgão integrante da OEA, que culminou por condenar o Estado Brasileiro pela delonga no processo penal de responsabilização do agressor, o qual, apenas em setembro de 2002, acabou sendo finalmente preso pela tentativa de homicídio. A Corte Interamericana ainda compeliu o Brasil a produzir legislação em conformidade com convenções internacionais das quais o país era signatário, destinada à prevenção e repressão da violência doméstica contra a mulher.

A despeito de multiplicarem-se os casos mais abomináveis de violência doméstica de todo jaez, e de o caso de Maria da Penha não ser um acontecimento isolado, sua corajosa atitude de haver recorrido a uma Corte Internacional de Justiça transformou-o em acontecimento emblemático, pelo que se configurou baluarte do movimento feminista na luta por uma legislação penal mais rigorosa na repressão aos delitos que envolvessem as diversas formas de violência doméstica e familiar contra a mulher.

Deste empenho encomiástico de diversos setores de defesa dos direitos humanos, aportou, no sistema jurídico pátrio, uma lei específica de combate às diversas formas de violência doméstica contra a mulher: a Lei 11.340/06.

As considerações que seguem a esta breve apresentação são o fruto de reflexões serenas e técnicas que não tiveram jamais a pretensão de alcançar um consenso. Ao contrário, em muitos pontos, sempre se teve a convicção plena de que haveria contestações e de que posicionamentos aqui enunciados poderiam vir refutados pela jurisprudência. Todavia, é necessário continuar o debate sobre esta lei, e não apenas um debate endógeno, que lance olhares sobre o novo texto normativo como um compartimento estanque do ordenamento jurídico, mas refletir sobre suas conexões com a faticidade, seu impacto sobre o sistema legal preexistente e até mesmo sobre a legislação que lhe foi superveniente. Afinal, toda lei surge em face de um conjunto jurídico antecedente com o qual, forçosamente, tem de se relacionar, assim como produz efeitos na legislação futura.

Além disso, leis novas, sobretudo as que versem sobre temas polêmicos e complexos, como é o caso da violência doméstica, precisam ambientar-se no entorno onde serão recebidas. Há todo um sistema institucional, relacionado às atividades jurídicas, políticas e sociais, solicitado a efetivar o novo *input* legislativo, mas que, ao recebê-lo, se modifica para implementá-lo e também acaba por modificá-lo em uma espiral hermenêutica inter-relacional entre o subsistema valorativo, que é a lei, e os operadores dos subsistemas institucionais, responsáveis pelo *enforcement* legal. Ignorar esta dinâmica entre sistemas operativos e sistemas deontológicos é desconhecer a própria condição de sobrevivência do direito nas sociedades democráticas.

Desde a primeira edição deste livro, sustentou-se que, dentre estas necessárias adaptações, haveria aquelas que, a despeito do disposto no art. 41 da Lei 11.340/06, forçosamente, imporiam a presença de princípios próprios da Lei 9.099/95, tais como celeridade, informalidade e, sobretudo, consensualidade e, neste ponto, se prenunciou que o tema geraria intenso debate, pois, para muitos, a regra do art. 41 impede, drasticamente, qualquer ponto de contato entre a Lei Maria da Penha e a Lei dos Juizados Especiais Criminais, posição que acabou vencedora no Supremo Tribunal Federal, no julgamento da ADI 4424.

Ademais, transcendendo em muito a questão da inaplicabilidade da Lei 9.099/95 aos casos de violência doméstica e familiar contra a mulher, propõe-se, em primeiro lugar, uma análise detida dos aspectos criminais da Lei 11.340/06, mormente quanto às formas de violência doméstica e familiar contra a mulher, os âmbitos de sua realização e as relações de afeto, indicando pontos em que a lei poderá fragilizar-se penalmente por falta de taxatividade. Outrossim, sustenta-se neste trabalho a especialização legal dos sujeitos ativo e passivo, limitando a aplicação das regras da Lei 11.340/06 aos casos de agressão perpetradas por homem contra mulher, mas admitindo-se a aplicação da Lei Maria da Penha em benefício do transexual, conforme extensa argumentação desenvolvida no capítulo pertinente.

A segunda parte do livro foi reservada aos aspectos investigatórios, procedimentais e processuais da Lei 11.340/06. Em um primeiro instante, centra-se a análise na repercussão da Lei Maria da Penha em face das atividades policiais, distinguindo entre providências e procedimentos a serem adotados pela polícia e, em relação a cada um deles, tecendo-se considerações sobre aspectos relacionados ao inquérito policial, prova da materialidade nos crimes de lesões corporais etc.

Na sequência, são abordadas as medidas de proteção estabelecidas pela lei, como autênticos provimentos cautelares que representam o mais significativo avanço da lei em questão; a novidade, então introduzida, de decretação da prisão preventiva em crimes punidos com pena de detenção e aspectos relacionados à competência jurisdicional. Ao final desta segunda parte, tratam-se temas relacionados aos direitos transindividuais pertinentes à violência doméstica e familiar contra a mulher.

Acrescenta-se, nesta quarta edição, abordagens sobre os novos crimes de perseguição (*stalking*), descumprimento de medida de proteção e feminicídio, além de atualização das posições jurisprudenciais sobre temas já constantes das edições anteriores.

1. Direitos humanos: da árdua luta pela igualdade de gênero à criminalização da violência doméstica e familiar contra a mulher

A violência é uma constante na natureza humana. Desde a aurora do homem e, possivelmente, até o crepúsculo da civilização, este triste atributo parece acompanhar passo a passo a humanidade, como a lembrar, a cada ato em que reemerge no cotidiano, nossa paradoxal condição, tão selvagem quanto humana.

Isto não significa uma passiva acomodação a este destino atroz. O mundo se move dialeticamente, e o paradoxo da humanidade é precisamente o de, apesar de uma sempiterna propensão à violência, também carregar em si uma perene luta em busca da virtude e do bem.[1]

Daí que, desde tempos remotos, o homem, fortemente ameaçado pela violência de grupos rivais, e entendendo-se em um estado natural em que predominava a "guerra de todos contra todos", sentiu-se coagido a engendrar um sistema de regras e punições, aplicáveis, generalizadamente, pelo líder ao grupo, capaz de pôr fim à insegurança reinante no estado de natureza. Surgem, assim, as formas embrionárias do Estado e do Direito, próprias dos períodos

---

[1] A exemplo de Kant em seus discursos sobre a *Paz Perpétua*, Norberto Bobbio, adotando, ao final, uma atitude otimista em relação ao futuro dos direitos humanos, e conclamando a humanidade a um esforço implementador desses direitos, lapidou emocionada lição, que, pelo seu conteúdo, vale vir transcrita, à guisa de introito a este modesto trabalho: "apesar de minha incapacidade de oferecer uma explicação ou justificação convincente, sinto-me bastante tranquilo em afirmar que a parte obscura da história do homem (e, com maior razão, da natureza) é bem mais ampla do que a parte clara. Mas não posso negar que uma face clara apareceu de tempos em tempos, ainda que com breve duração. Mesmo hoje, quando o inteiro decurso histórico da humanidade parece ameaçado de morte, há zonas de luz que até o mais convicto dos pessimistas não pode ignorar: a abolição da escravidão, a supressão em muitos países dos suplícios que outrora acompanhavam a pena de morte e da própria pena de morte. É nessa zona de luz que coloco, em primeiro lugar, juntamente com os movimentos ecológicos e pacifistas, o interesse crescente de movimentos, partidos e governos pela afirmação, reconhecimento e proteção dos direitos do homem" (*A Era dos Direitos*. Tradução de Carlos Nelson Coutinho. Rio de Janeiro: Campus, 15ª Tiragem, 1992, p. 54-5).

históricos, usualmente denominados Antiguidade greco-romana e Idade Média.[2]

No tocante ao objeto de estudo deste livro – a desigualdade de gêneros – é perceptível que, ao longo dos tempos, especialmente, daquela parte da história ocidental que melhor conhecemos, a criação inicial de formas estatais e jurídicas muito pouco ou nada melhorou a condição feminina. A mulher sempre foi relegada a um segundo plano, posicionada em grau submisso, discriminada e oprimida, quando não escravizada e objetificada. É desnecessário discorrer longamente sobre o papel secundário e obscuro reservado às mulheres na Antiguidade e no Medievo, quando apenas o homem poderia ser sujeito de direitos e detentor de poderes. O mundo antigo girava predominantemente em torno da comunidade, e não do indivíduo, cuja personalidade era facilmente sacrificada em benefício da totalidade dos clãs, das cidades e dos feudos. Nesta era, a mulher foi muito vitimizada, não apenas pelo homem – marido, pai e irmãos – como ainda pelas religiões, pois, sobre sua natureza feminina, tida como o portal dos pecados, muitas vezes pesaram acusações de bruxaria e hermetismos heréticos que as levaram à tortura e à fogueira.

Ademais, as sociedades primitivas sobreviviam e defendiam-se de ataques quase que apenas baseadas na força física. Eram tempos de guerras constantes, a sobrevivência do grupo, quando não obtida por saques a aldeias vizinhas, advinha da caça, pesca, agricultura e extrativismo, atividades mais compatíveis com a maior força corporal do homem. À mulher reservavam-se apenas as funções domésticas e a geração e criação dos filhos, consideradas menos importantes para a sobrevivência do grupo. Já nessa época foi-se moldando o arquétipo do macho protetor e provedor, com poderes supremos sobre a família,[3] características essenciais do homem, do

---

[2] É conhecido o pensamento de Hobbes acerca da natureza humana, que ele julgava instintivamente má, e com respeito à necessidade, então imposta, de um Estado poderoso, capaz de refrear este instinto selvagem do homem. Para o contratualista inglês, "encontramos na natureza do homem três causas principais de discórdia. Primeiro, a competição; segundo, a desconfiança; terceiro, a glória. A primeira leva os homens a atacarem por lucro; a segunda, por segurança; a terceira, por reputação [...] Com isso é evidente que, durante o tempo em que os homens vivem sem um poder comum capaz de inspirar respeito a todos, eles estão naquela condição a que se chama guerra; e uma guerra que é de todos contra todos ..." (HOBBES, Thomas. Leviatã. In: MORRIS, Clarence (org.). *Os Grandes Filósofos do Direito*. São Paulo: Martins Fontes, 2002, p. 105).

[3] Diversas lendas da antiguidade clássica ilustram esta superioridade masculina. Algumas são sempre relembradas, como o "Sacrifício de Ifigênia", um dos capítulos da Ilíada de Homero, que narra a morte ritual da jovem Ifigênia, filha de Agamenon, rei de Atenas, que a sacrificou por exigência da Deusa Ártemis, apenas para que assim, esta divindade facilitasse a partida

bonus pater familiae romano. Surge, destarte, a sociedade patriarcal, com todos os seus conhecidos resultados.

Com o advento da Idade Média, no plano teórico, a mensagem cristã deveria ter combatido este plano de desigualdade, pois o maior doutrinador do Cristianismo no seu limiar, Paulo de Tarso (São Paulo), concebeu o universalismo evangélico de Jesus Cristo, quando proclamou que, diante da comum filiação divina, "já não há nem judeu nem grego, nem escravo nem livre, *nem homem nem mulher*",[4] ou seja, todos, sem distinção, são filhos de Deus.

Todavia, como salientou Fábio Konder Comparato, "essa igualdade material dos filhos de Deus só valia, efetivamente, no plano sobrenatural, pois o cristianismo continuou admitindo, durante muitos séculos, a legitimidade da escravidão, *a inferioridade natural da mulher em relação ao homem,...*".[5] Na verdade, a mensagem evangélica e, especialmente, as pregações de São Paulo sobre a igualdade de todos os homens, foram compatibilizados com a desigualdade vigente na estratificada sociedade medieval, sob o argumento de que esta igualdade ocorria apenas no plano sobrenatural e seria mesmo verificada após a morte do corpo físico, no dia do Juízo Final.

A semente longínqua da mudança apenas adviria com o surgimento das teorias iluministas do Séc. XVIII que, rompendo com os costumes da sociedade classista medieval, combateu os privilégios nobiliárquicos e suas diferenciações hierárquicas de estamentos, possibilitando uma nova concepção da arena pública ao estender a todos os indivíduos, indistintamente, a posse de direitos inalienáveis, ou seja, a cidadania. Tratava-se de fundar um sistema social já não baseado nas tradições imemoriais dos títulos de nobreza, brasões e supostas linhagens familiares, mas sim na reta razão.

No entanto, apesar de todo um esforço por estender a igualdade cidadã em direção a toda a humanidade, ainda no Iluminismo, "a maioria dos filósofos e escritores reiterava as visões tradicionais sobre as mulheres, frequentemente, nas mesmas obras em que

---

da esquadra grega que navegaria em direção ao ataque à Cidade de Tróia. Outro brilhante exemplo da antiguidade pode ser *Antígona* de Sófocles. Todas as lendas mitológicas ou obras literárias da antiguidade clássica integram a imaginação da sociedade ocidental e contribuíram para sua formação cultural.

[4] Epístola aos Gálatas 3, 28 (grifo nosso). Sobre o tema, vale conferir: LAFER, Celso. *A Reconstrução dos Direitos Humanos*: Capítulo IV, p. 117-145, *Os Direitos Humanos e a Ruptura*. São Paulo: Companhia das Letras, 1988. Capítulo IV, p. 117-145.

[5] *A Afirmação Histórica dos Direitos Humanos*. 2ª ed. revista e ampliada. São Paulo: Saraiva, 2001, p. 17.

condenavam os efeitos dos limites da tradição sobre os homens [...] Frequentemente à custa de sua própria lógica, continuaram a reafirmar que as mulheres eram inferiores aos homens nas faculdades cruciais da razão e da ética e que deveriam, portanto estar subordinadas a estes. A maior parte dos homens das Luzes ressaltou o ideal tradicional da mulher silenciosa, modesta, casta, subserviente e condenou as mulheres independentes e poderosas".[6]

É inegável que muitas mulheres lutaram diretamente nas revoluções americana e francesa, mantendo sozinhas suas famílias e propriedades, enquanto os homens iam às batalhas, especialmente no caso da independência dos EUA, ou empenhando-se em levantes e manifestações públicas, vociferando nas ruas por alimentos para seus filhos, taxação de preços, empregos e educação para o gênero feminino, no caso das mulheres francesas. Não obstante tudo isso, foram elas desapontadas em ambos os movimentos revolucionários que lhes reservaram, ao final, novamente, os mesmos papéis domésticos da boa mãe, que não deve trabalhar fora, nem imiscuir-se em assuntos políticos, reservando-se à função de velar pela formação moral e virtuosa dos filhos da nação.

Assim, as revoluções liberais, não obstante contarem com efetivo apoio do gênero feminino, não dividiram igualitariamente as conquistas de direitos, ficando os homens evidentemente melhor aquinhoados. Entretanto, lançado o gérmen dos direitos humanos, naquela que foi sua primeira dimensão – a dimensão das liberdades públicas – a história se encarregaria de fazer justiça ao gênero feminino, ainda que sempre com algum atraso.[7]

Com efeito, a análise histórica dos direitos humanos indica que eles nascem como pretensões mais ou menos abstraídas em ideias-valores subsumíveis aos conceitos de liberdade, igualdade, solidariedade, fraternidade, vertidas em obras filosóficas, traduzidas à cultura popular em diversas manifestações artísticas, como resultado de lutas e reivindicações. Não sem razão legou-nos Ihering sua indelével máxima: *o Direito busca a paz, no entanto, não se conquista sem a luta.*

---

[6] PINSKY, Carla Bassanezi; PEDRO, Joana Maria. *Mulheres, Igualdade e Especificidade*. PINSKY, Jaime *et* Carla Bassanezi (orgs.). HISTÓRIA DA CIDADANIA. São Paulo: Contexto, 2003, p. 266-7.

[7] Nesse sentido, Carla Bassanezi Pinsky e Joana Maria Pedro enfatizam que "embora as ativistas da Revolução Francesa tenham sido derrotadas (e, posteriormente, por muito tempo, repudiadas e esquecidas) e conquistas femininas específicas tenham sido desprezadas, sua memória e seu legado serão retomados, mais tarde, nos diversos campos de ação de mulheres em suas lutas a partir da terceira década do século XIX" (Op. cit., p. 270).

Desde a criação de organismos internacionais de defesa dos direitos humanos, surgidos, notadamente, no pós-guerra, estas reivindicações generalizadas passaram a ser consagradas, programaticamente, em convenções internacionais, às quais vão aderindo as nações que, a partir da ratificação, se comprometem a introduzir na legislação interna aqueles postulados contidos na convenção internacional. Dentre os inúmeros compromissos internacionais ratificados pelo Estado brasileiro em convenções internacionais, merecem destaque:

a) A Convenção sobre a Eliminação de Todas as Formas de Discriminação contra a Mulher, generalizadamente conhecida pela sigla CEDAW *(Convention on the Elimination of All Forms of Discrimination Against Women)* aprovada pela Assembléia Geral da ONU em 18 de dezembro de 1979. Foi assinada pelo Brasil, com reservas, em 31 de março de 1981. Após a Constituição de 1988, que preconizou a igualdade de gênero, o Brasil ratificou-a plenamente;

b) Convenção Interamericana para Prevenir, Punir e Erradicar a Violência contra a Mulher, também conhecida por Convenção de Belém do Pará. Foi adotada pela Organização dos Estados Americanos (OEA) em 06 de junho de 1994 e ratificada pelo Brasil em 27 de novembro de 1995;

Revelando também preocupação com a violência intrafamiliar, na esteira dessas convenções internacionais, proclamadas sob o propósito de combater a discriminação contra a mulher e todas as formas de desigualdade de gênero, a Constituição Federal, em seu art. 226, § 8º, impõe ao Estado assegurar a *assistência à família, na pessoa de cada um dos que a integram, criando mecanismos para coibir a violência, no âmbito de suas relações.* A Constituição demonstra, expressamente, a necessidade de políticas públicas no sentido de coibir e erradicar a violência doméstica, especialmente aquela contra os integrantes mais fragilizados da estrutura familiar: idosos, mulheres e crianças. A Carta Democrática de 1988 e diversas leis posteriores consagraram princípios, garantias e direitos aos quais o Brasil aderiu, mormente, como resultante do processo de redemocratização.

Na teoria dos direitos fundamentais, a expressão *direitos humanos* é preferencialmente usada para indicar estas aspirações mais genéricas vertidas nos documentos internacionais, ao passo que *direitos fundamentais* designam estas mesmas pretensões positivadas na ordem jurídica interna, quando finalmente ganham proteção do Estado e, por isso mesmo, força cogente.[8]

---

[8] PEREZ LUÑO, Antonio Henrique. *Derechos Humanos, Estado de Derecho y Constituición.* 5ª ed. Madrid: Tecnos, 1995, p. 30-1.

Neste diapasão, a revelar o caráter sistêmico das modernas sociedades complexas, nas últimas décadas, começou-se a observar uma forte tendência à especificação dos direitos humanos em coletividades determinadas ou mesmo em interesses bastante particularizados. É o caso das normas internacionais contra o genocídio, a discriminação racial, ou de proteção da criança e do adolescente, do idoso, dos portadores de necessidades especiais e da mulher.

Especificamente, quanto à igualdade de gêneros, sob o impacto da atuação do movimento de mulheres, a Conferência dos Direitos Humanos de Viena de 1993 (que tanto inspirou a Convenção de Belém do Pará) redefiniu as fronteiras entre o espaço público e a esfera privada, superando a divisão que até então caracterizava as teorias clássicas do Direito. A partir desta reconfiguração, os abusos que têm lugar na esfera privada – como o estupro e a violência doméstica – passam a ser interpretados como crimes contra os direitos da pessoa humana. Consta que a Declaração de Viena, de 1993, foi o primeiro instrumento internacional que especializa a expressão *direitos humanos da mulher,* conforme o seu art. 18, Parte I:

Os *Direitos humanos das mulheres* e das crianças do sexo feminino constituem uma parte inalienável, integral e indivisível dos direitos humanos universais. A participação plena e igual das mulheres na vida política, civil, econômica, social e cultural, em nível nacional, regional e internacional, e a erradicação de todas as formas de discriminação com base no sexo constituem objetivos prioritários da comunidade internacional.

A violência com base no gênero da pessoa e todas as formas de assédio e exploração sexual, incluindo as resultantes de preconceitos culturais e tráfico internacional, são incompatíveis com a dignidade e o valor da pessoa humana e devem ser eliminadas. Tal pode ser alcançado através de medidas de caráter legal, da ação nacional e da cooperação internacional em áreas tais como o desenvolvimento socioeconômico, a educação, a maternidade e os cuidados de saúde, e assistência social.

Os Direitos do homem das mulheres deverão constituir parte integrante das atividades das Nações Unidas no domínio dos direitos do homem, incluindo a promoção de todos os instrumentos de Direitos humanos relacionados com as mulheres.

A Conferência Mundial sobre Direitos do Homem insta os Governos, as instituições e as organizações intergovernamentais e não governamentais a intensificarem os seus esforços com vista à proteção e ao fomento dos Direitos do homem das mulheres e das crianças do sexo feminino.

Esta especialização de direitos em diferentes atores sociais pressupõe a hipossuficiência, sob algum aspecto, do destinatário do âmbito de proteção da norma legal. Todos os casos antes citados de proteção especial referem-se a interesses cujos titulares, mais ou menos determináveis – conforme se trate de interesses individuais ou transindividuais – são hipossuficientes.

No caso da violência contra a mulher, tal hipossuficiência decorre de todo este desenvolvimento histórico, antes resumido, que a colocou em uma posição submissa frente ao homem, encarada como o "sexo frágil", detentora de menores responsabilidades e importância social. O homem, desde a infância, foi sendo preparado para atitudes hostis, para arrostar perigos e desafios, mesmo com o uso da violência. As próprias atividades lúdicas normalmente incitadas à infância masculina são relacionadas ao uso da força, das armas, do engenho, ao passo que a mulher, pelo contrário, foi historicamente preparada para a subserviência e a passividade.

Diante desse quadro, endêmica no Brasil, a violência contra a mulher é comprovada, se não suficientemente pelas estatísticas apresentadas por ONGs e órgãos públicos, pela simples observação das atividades policiais e forenses em cujo cotidiano a criminalidade intralares ocupa significativo espaço.[9] Nas classes sociais mais desfavorecidas, é resultado do baixo nível educacional, de uma lamentável tradição cultural, do desemprego, drogadição e alcoolismo e mesmo nas classes economicamente superiores, relaciona-se a uma parte desses mesmos fatores. Todavia, sem dúvida que, ao longo da história, tanto no aspecto legal, quanto no operacional, o Direito e seus operadores pouco fizeram para transformar esta realidade cultural, de modo que também a impunidade se erige como um dos fatores criminógenos da violência doméstica contra a mulher.

Que fazer, então, para transformar uma realidade cultural secular de violência de gênero? Optou o legislador pelo uso do Direito, com seu reconhecido poder contrafático, apostando em que, longe de ser mero consectário dos costumes de uma sociedade, o Direito pode ser um instrumento de transformação da realidade, prenhe de desigualdades e injustiças.[10] O Sistema Legal pode e deve

---

[9] A então Ministra Nilcéa Freire, na Exposição de Motivos do Projeto de Lei encaminhado ao Congresso Nacional que, com diversas modificações ulteriores no parlamento, deu origem à Lei 11.340/06, enfatiza que "ao longo dos últimos anos, a visibilidade da violência doméstica vem ultrapassando o espaço privado e adquirindo dimensões públicas". A Pesquisa Nacional de Amostra Domiciliar – PNAD – do Instituto Brasileiro de Geografia e Estatística – IBGE –, no final da década de 1980, constatou que 63% das agressões físicas contra as mulheres acontecem nos espaços domésticos e são praticadas por pessoas com relações pessoais e afetivas com as vítimas.

[10] Este poder metamórfico do Direito sobre a realidade, já foi apontado por Norberto Bobbio, que assentando-se em Hobbes, prelecionou: "encontrando-se num mundo hostil, tanto em face da natureza quanto em relação aos seus semelhantes, segundo a hipótese hobbesiana de *homo homini lupus*, o homem buscou reagir a essa dupla hostilidade inventando técnicas de sobrevivência com relação à primeira, e de defesa com relação à segunda. Essas últimas são

transformar estados de iniquidade, mas, para tanto, é preciso reconhecer que a norma legal não tem existência autônoma em face da realidade, sua essência é sua *vigência*, ou seja, *o telos da norma é concretizar a situação por ela regulada.* Para além de uma função conservadora, própria das sociedades antigas e imutáveis, o caráter plenamente dinâmico da civilização contemporânea impõe admitir-se plenamente este poder metamórfico do Direito,

> concebendo-se a norma não apenas como uma forma vazada em palavras solenes, mas como um texto que anseia por tornar-se substância, por ser eficaz, resulta impossível separar a norma e a realidade histórica em que se encontra contextualizada, pois é esta realidade o solo mesmo do vigor normativo ou do seu definhamento. Essa pretensão de eficácia da norma jurídica, para atingir sua meta, deve, portanto, levar em conta as condições técnicas, naturais, econômicas e sociais de uma realidade, bem como o substrato espiritual de cada sociedade, traduzido nas concepções sociais concretas e no arcabouço axiológico que permeia a comunidade. Não se trata de a norma submeter-se a esta realidade, aviltando-se à condição de seu mero reflexo, pois a pretensão de eficácia é um apanágio autônomo da norma constitucional [e de qualquer norma legal] pelo qual esta procura imprimir ordem e conformação à realidade política e social.[11]

Parte-se, destarte, do reconhecimento sociológico de que não há, substancialmente, uma igualdade entre homens e mulheres. Tal isonomia em *terra brasilis*, predominantemente formal, circunscrita está a um inarredável princípio constitucional, refletido múltiplas vezes na legislação ordinária, todavia não se transferiu completamente da solenidade dos textos constitucionais para a *praxis* cotidiana.

A concretização da igualdade de gêneros se constitui, sem sombra de dúvidas, em um direito humano basilar cuja ausência é consectário da mutilação ou inocuidade de vários outros direitos humanos dele decorrentes. O valor histórico da igualdade, como consabido, se enquadra dentre os direitos humanos de segunda geração, relativos que são a uma importante conquista pós-iluminista. Todavia, a inserção da igualdade no quadro dos direitos humanos carreou alterações à própria concepção precedente de liberdade que caracterizava os direitos de primeira dimensão. A liberdade, depois da aceitação da igualdade material como uma pretensão social legítima, já não era uma liberdade de poucos, mas uma liberdade disseminada que só se faria sentir e vivenciar completamente a partir

---

representadas pelos sistemas de regras que reduzem os impulsos agressivos mediante penas, ou estimulam os impulsos de colaboração e de solidariedade através de prêmios" (*A Era dos Direitos.* Op. cit., p. 55).

[11] PORTO, Pedro Rui da Fontoura. *Direitos Fundamentais Sociais:* considerações acerca da Legitimidade Política e Processual do Ministério Público e do Sistema de Justiça para sua Tutela. Porto Alegre: Livraria do Advogado, 2006, p. 74.

da igualdade real. No horizonte da segunda dimensão dos direitos humanos, a liberdade não é uma liberdade burguesa individualista, mas uma liberdade adjetivada pela isonomia material, que amplia os horizontes de realização pessoal, prostrando obstáculos situados no preconceito e na discriminação.

É neste panorama que o Estado Democrático de Direito deve perseguir obstinadamente a homogeneidade social, sem a qual nenhuma liberdade será efetiva, posto que remanescerão zonas obscuras de opressão, servilismo, discriminação, exploração que, como se sabe, são antagonistas da liberdade e incompatíveis com a dignidade da pessoa humana. Forçoso, então, admitir a desigualdade real como pressuposto para a sua desconstrução.[12]

Parte, pois, o legislador hodierno da evidente constatação de que, em nossa sociedade, a mulher ainda é reiteradamente oprimida, especialmente pelo homem, e que tal opressão é particularmente mais grave porque ocorre principalmente no ambiente doméstico e familiar, sendo, por isso mesmo, a gênese de outras desigualdades. E enquanto persistir esta situação de violência contra a mulher, o Brasil não será uma sociedade livre, igualitária ou fraterna, objetivos fundamentais da República, sacralizados no pórtico da Carta Democrática de 1988 e, consequentemente, não se caracterizará materialmente como um Estado Democrático de Direito.

Tem-se, pois, que a Lei 11.340/06 tem por objetivo erradicar ou, ao menos, minimizar a violência doméstica e familiar contra a mulher. Violência que, na acepção do art. 7º da referida lei, abrange formas outras que a *vis corporalis*. Ademais, o legislador pretende sejam utilizados diversos instrumentos legais para dar combate à violência contra a mulher, sendo o Direito Penal um deles. Depreende-se disso que este diploma legal não se constitui, exclusivamente, em lei penal, mas uma lei com repercussões na esfera administrativa, civil, penal e, inclusive, trabalhista. Elogiável a previsão da defesa judicial de direitos coletivos e difusos provenientes da referida lei, contida no art. 37, legitimando-se, para tanto, o Ministério

---

[12] Com efeito, "à medida que os direitos fundamentais vão evoluindo de uma concepção formal e individual para outra democrática e substancial; na proporção em que o Direito começa a inter-relacionar-se com outras ciências sociais, como a Sociologia, a Ciência Política e a Economia, admitindo a existência de desigualdades que se fazem sentir no plano econômico, social, cultural e técnico; conforme o Estado foi abandonando aquele viés liberal abstencionista, evoluindo para um Estado gerador de políticas públicas niveladoras das desigualdades econômicas, geradoras de homogeneidade social, sem dúvida, a possibilidade de acesso efetivo à justiça firmou-se como direito fundamental do cidadão na perspectiva individual ou coletiva, que o Estado Democrático de Direito deve garantir, como decorrência inarredável do contrato social" (PORTO, Pedro Rui da Fontoura. Op. cit., p. 189).

Público ou associação cujas finalidades guardem pertinência com o tema da violência doméstica e, nesse ponto, permitiu inclusive a dispensa da pré-constituição ânua, quando se verificar, na região, a inexistência de outras associações ou entidades capazes de tutelar judicialmente os interesses transindividuais albergados na lei, elencados no art. 3º da Lei Maria da Penha.

É verdade que, como normalmente ocorre e, neste ponto, contrariando infelizmente justos postulados do minimalismo, será o direito penal o ramo jurídico mais convocado a dar sua contribuição no *enforcement* destinado à implementação dos objetivos da novel legislação, visto que sua maior força coativa, seus custos orçamentários mais baixos e sua menor dependência ideológica habilitam-no a um papel sempre mais imediatista na concretização dos objetivos legais.

Inovação importante advém do novo conceito de violência doméstica e familiar adotado pela Lei Maria da Penha, tão amplo que contempla não apenas a clássica *vis corporalis*, como também as formas de violência, classificadas como psicológica, patrimonial, sexual e moral. É preciso convir, todavia, que ao especializar tipos penais preexistentes com a característica complementar da violência doméstica ou familiar, a lei incidirá seus efeitos de forma mais significativa nos delitos de menor e médio potencial ofensivo, historicamente sujeitos à Lei 9.099/95. Em relação a crimes de maior potencial ofensivo ou hediondos, as alterações operadas são menores, limitando-se à incidência de uma agravante genérica (art. 43), à possibilidade, agora prevista em lei, de medidas protetivas a serem determinadas pelo Juiz com atribuições específicas para o Juizado de Violência Doméstica e Familiar contra a Mulher (arts. 22 a 24). Estas, as medidas protetivas, às quais se agregam a possibilidade de prisão em flagrante do agressor, mesmo em casos de lesões leves e ameaças, bem como a de decretação de prisão preventiva em tais hipóteses, constituem, possivelmente, as maiores novidades da Lei Maria da Penha e, de seu manejo mais ou menos eficaz, dependerá a efetividade maior ou menor da referida lei no que tange à proteção penal do bem jurídico em questão.

1.1. A hermenêutica da Lei 11.340/06: os fins sociais da Lei Maria da Penha e a condição de vulnerabilidade da mulher vítima de violência doméstica ou familiar

O direito não deve apenas refletir a faticidade, regrando-a timidamente, sem compromissos com a emancipação social e a consequente instrumentalização do Estado em democrático de direito. O direito puramente reflexivo perderia seu poder metamórfico, configurando o que Ferdinand Lassale, em meados do Séc. XIX, em tom crítico, denominou "Constituição folhas de papel". Para ele, havendo conflito entre a constituição jurídica e os *fatores reais do poder*, aquela sucumbiria imolada diante das forças sociais e culturais, muito mais poderosas do que simples textos legais.[13]

Simplificando o pensamento de Lassale, cujo importante mérito foi sustentar uma visão sociológica das constituições, a constituição deve refletir as mudanças engendradas no solo social, sob pena de principiar sua ruína, pois, mais importante que as constituições "folhas de papel" da ordem burguesa então emergente, seriam os fatores reais do poder operantes na comunidade, que representavam a "constituição real" de cada sociedade. Lassale, destarte, nega aos textos escritos o poder metamórfico da ordem pressuposta.[14]

O diagnóstico lassaliano, entretanto, não se concretizou plenamente, como defluência do desenvolvimento, nas últimas décadas, em todo o ocidente, de uma *teoria da constituição* que aproxima, como complementares, direito e política, e advoga o poder transformador do texto constitucional, capaz de catalisar as forças progressistas sempre vigorantes na sociedade, transferindo suas aspirações para o sistema legal e político. Na visão neoconstitucionalista, à qual nos filiamos, a Constituição irradia sua força normativa, condicionando a validade do universo legal infraconstitucional, e aspirando tornar-se um existencial que domina o imaginário do intérprete, constituindo-se no fundamento crítico de toda hermenêutica jurídica e política.

A doutrina da "normatização da Constituição" é crucial para a chamada "Teoria Material da Constituição"e tem por texto símbolo a aula inaugural de Konrad Hesse na Universidade de Freiburg, em 1959, intitulada "A Força Normativa da Constituição" *(Die normative Kraft der Verfassung)*, em que Hesse polemiza com Lassale, afirmando que a Constituição não é apenas uma "folha de papel", pois "não está desvinculada da realidade histórica concreta, mas também, não é simplesmente condicionada por ela. Em face da Constituição real, a Constituição jurídica possui significado próprio". Hesse critica a bipolarização do pensamento constitucional de sua época, caracterizada por um isolamento entre "norma" e "realidade", entre "ser"

---

[13] LASSALE, Ferdinand. *A Essência da Constituição*. Tradução de Que é uma Constituição? Rio de Janeiro: Lumen Juris, 1998. (Coleção Clássicos do Direito), p. 41.

[14] PORTO, Pedro Rui da Fontoura. Op. cit., p. 69.

e "dever ser", capaz de engendrar, de um lado, a observação de normas despidas de faticidade e, de outro, uma realidade não afetada pelos elementos normativos. Na sua concepção, a norma constitucional não tem existência autônoma em face da realidade, pois vige com pretensão de tornar-se eficaz, ou seja, a essência teleológica da norma constitucional é tornar-se realidade, modificando o curso da história da qual não pode ser isolada.[15]

Este papel transformador da Constituição e do Direito infraconstitucional já fora anunciado por todos os que, filiando-se a uma visão *implementadora* dos direitos humanos, como Norberto Bobbio, defendem a ideia de que, na atualidade, mais importante que justificar, no positivismo ou no jusnaturalismo, o fundamento último dos direitos humanos, é transferi-los da solenidade dos textos para a *práxis* cotidiana,[16] impondo a submissão dos poderes políticos, econômicos e sociais aos valores constitucionais, que existencializam o Estado Democrático de Direito, tecnologia social que ultrapassa os anteriores conceitos de Estado Liberal e Estado Social, agregando à atividade estatal e à ordem jurídica um conteúdo utópico de transformação da realidade.[17]

Neste diapasão, mais do que para regulamentar quaisquer relações econômicas ou sociais, a Lei Maria da Penha ingressa no sistema jurídico brasileiro com uma finalidade muito determinada:

---

[15] BERCOVICI, Gilberto. A Constituição Dirigente e a Crise da Teoria da Constituição. *In Teoria da Constituição* – Estudos sobre o Lugar da Política no Direito Constitucional. Rio de Janeiro: Lumen Juris, 2003, p. 108-9. No mesmo rumo, Lenio Streck e Luciano Feldens, discorrendo sobre a força normativa da Constituição no Estado Democrático de Direito, asseveram que "nesse sentido, há que se indagar acerca do alcance da normatividade da Constituição, seu papel dirigente e suas perspectivas compromissárias. Ultrapassando posturas enciclopedistas, a partir do aprendizado das lições do 'Debate de Weimar', *parece-nos evidente que uma teoria da Constituição deve estar umbilicalmente ligada à Teoria do Estado*. Conseqüentemente, a evolução do Estado deve ser analisada em paralelo à trajetória do Direito e das Constituições. Desse modo, resta cristalino que *o Direito não se imuniza aos saltos paradigmáticos do Estado*. O perfil nitidamente intervencionista que caracterizou o Estado Social e que continua presente no atual estágio do Estado Democrático de Direito aponta para um Direito de conteúdo não apenas ordenador (Estado Liberal) ou promovedor (Estado Social), mas, sim, *potencialmente transformador*." (STRECK, Lenio Luiz; FELDENS, Luciano. *Crime e Constituição* – A Legitimidade da Função Investigatória do Ministério Público. Rio de Janeiro: Forense, 2003, p. 4-5, grifos no original).

[16] Para Norberto Bobbio, o problema fundamental em relação aos direitos do homem, hoje, não é tanto o de *justificá-los*, mas o de *protegê-los*. Trata-se de um problema não filosófico, mas político". "Nossa tarefa, hoje, é muito mais modesta, embora também mais difícil". Mesmo a busca dos *fundamentos possíveis* "não terá nenhuma importância histórica se não for acompanhada pelo estudo das condições, dos meios e das situações nas quais este ou aquele direito pode ser realizado" (*A Era dos Direitos*. Rio de Janeiro: Campus. 1992. Tradução de Carlos Nelson Coutinho. 15ª Tiragem, p. 24).

[17] MORAIS, Jose Luis Bolzan de. *Do Direito Social aos Interesses Transindividuais*. Porto Alegre: Livraria do Advogado, 1996, p. 76.

contribuir para modificar uma realidade social, forjada ao longo da história, que discrimina a mulher nas relações familiares ou domésticas, aviltando-a à condição de cidadã de segunda categoria, rebaixando sua autoestima e, por consequência, afetando-lhe a dignidade humana.

É óbvio que só a lei não conseguirá alcançar este desiderato se o conjunto de aplicadores, tanto do setor público como do privado, estiverem tomados por pré-juízos de desprezo ou indiferença em relação à mensagem normativa. Um texto legal, por si só, não modifica uma realidade fática sedimentada por séculos, embora a finalidade de toda lei seja regrar o contexto ambiental ao qual foi endereçada.

É necessário o reconhecimento prévio de parte da comunidade de intérpretes acerca dos preconceitos ilegítimos que habitam seu imaginário e que constituem barreiras ideológicas contra o novo do texto legal, ou seja, *não se pode olhar o novo com os olhos do velho*, há que se remover o terreno dos velhos materiais e abrir-se para o texto com o espírito desarmado, disposto a aceitá-lo.

A Lei 11.340/06, por sua proposta inovadora e sua mudança de paradigmas, parece sujeitar-se aos mesmos preconceitos interpretativos que, durante tanto tempo, barraram a aplicação da própria Constituição. Em efeito, a Carta de 1988, no limiar de sua vigência, foi vista como um ente isolado, um compartimento estanque e incomunicável no universo jurídico, um setor – a Constituição e o direito constitucional – que não liberava seu significado, não irradiava seus efeitos sobre a totalidade do sistema legal.

É que, historicamente, a maioria de nossas Constituições foi, de fato, simples estatutos jurídicos da organização do Estado. A CF de 1988, entretanto, nasce comprometida com a implementação dos direitos fundamentais e traça entre seus objetivos precípuos a conquista de uma sociedade livre, justa e solidária, sem discriminações de qualquer natureza, fundando o Estado Democrático brasileiro, entre outros, nos princípios da cidadania e da dignidade da pessoa humana.

Ora, a Lei 11.340/06 tem por objetivo concretizar, no plano infraconstitucional, o preceito contido no art. 226, § 8º, da CF, que impõe ao Estado a obrigação de coibir a violência no âmbito das relações domésticas. O princípio da não discriminação encontra-se vertido em diversas passagens do texto constitucional[18] e impõe ao

---

[18] Especificamente nos arts. 1º a 3º da CF, que fundam os princípios da República, que são o respeito à plena cidadania, a dignidade da pessoa humana e o objetivo de construir uma sociedade livre, justa e solidária, sem preconceitos de raça, sexo, cor, idade e quais outros.

Violência doméstica e familiar contra a mulher

Estado atitudes não apenas absenteístas, mas também protagonistas no sentido de, mediante ações afirmativas, equilibrar a desigualdade existente no plano fático entre diversos agentes sociais, na busca de uma sociedade livre, justa e solidária, baseada na dignidade da pessoa humana, no pleno exercício da cidadania, livre de preconceitos de qualquer natureza.

Assim, a Lei 11.340/06 ingressa no sistema jurídico como uma lei afirmativa que deve ser interpretada tendo em conta o fim constitucional a que se destina – inibir a discriminação de gênero no âmbito doméstico ou familiar, traduzida em diversas modalidades de violência –, levando em consideração a condição de vulnerabilidade da mulher nestes mesmos âmbitos.

A nosso ver, o predomínio de aspectos culturais é que conduz tanto à ação dos agressores, como à omissão das autoridades e da sociedade; dois ingredientes – ação individual e omissão social ou pública – que colaboram para a perpetuidade do ciclo nefando de violência contra a mulher. Com relação aos atores políticos e sociais, é necessário promover uma nova hermenêutica libertadora que abra a compreensão do intérprete para o texto constitucional suporte da Lei 11.340/06, assim como para os preceitos neoparadigmáticos desta mesma lei, sugerindo-se, em apertada síntese, a reflexão de Hans-Georg Gadamer acerca do processo hermenêutico.

A Hermenêutica Gadameriana assenta-se na análise da *"estrutura 'pré-conceitual' de toda a compreensão"*. Nossa compreensão do mundo provém de expectativas de sentidos gestadas em nossa tradição histórica, à qual nos submetemos mesmo inconscientemente. Para Gadamer, *não é a história que nos pertence, nós é que pertencemos a ela.*[19] Manfredo Araújo Oliveira, comentando este aspecto do pensamento gadameriano, anota, com precisão, que "nossa historicidade não é limitação, mas condição de possibilidade de toda a compreensão: compreendemos através de nossos pré-conceitos que se gestaram na história e são agora 'condições transcendentais' de nossa compreensão".[20]

---

[19] Enfatiza Gadamer que "muito antes de que nós compreendamos a nós mesmos na reflexão, já estamos nos compreendendo de uma maneira autoevidente na família, na sociedade e no Estado em que vivemos. A lente da subjetividade é um espelho deformante. A autorreflexão do indivíduo não é mais que uma centelha na corrente cerrada da vida histórica. *Por isso os preconceitos de um indivíduo são muito mais que seus juízos, a realidade histórica do seu ser."* (GADAMER, Hans-Georg. *Verdade e Método*. 4. ed. Petrópolis: Vozes, 2002, p. 415-6, grifo nosso).

[20] OLIVEIRA, Manfredo Araújo. *Reviravolta Lingüístico-pragmática na Filosofia Contemporânea*. São Paulo: Loyola, 1996, p. 227-8. Para este estudioso de Gadamer, nossa subjetividade é condicionada por seu mundo "historicamente mediado e lingüisticamente interpretado". A hermenêutica supera a filosofia da subjetividade kantiana (que já representara indiscutível

Mas, para Gadamer, "preconceito" não tem sempre o sentido pejorativo que normalmente se lhe atribui, pois está ínsito em sua definição que ele possa ser valorizado negativa ou positivamente. Na verdade, proclama Gadamer: "se se quer fazer justiça ao modo de ser finito e histórico do homem, é necessário levar a cabo uma drástica reabilitação do conceito de preconceito e reconhecer que existem preconceitos legítimos". E a questão que ele nos propõe: "Em que se diferenciam os preconceitos legítimos de todos os inumeráveis preconceitos cuja superação representa a inquestionável tarefa de toda a razão crítica"?[21]

Eis o grande desafio da Hermenêutica: construir pré-compreensões autênticas e eliminar aquelas capazes de eclipsar o verdadeiro sentido dos textos legais metamórficos da realidade social. Destarte, Gadamer diagnostica que quem quer compreender um texto, antes realiza um projetar e tão logo lhe apareça um primeiro sentido no texto ele logo o estende ao todo. Isso ocorre porque o leitor já lê a partir de certas expectativas de sentido predeterminadas. A compreensão está, pois, condicionada a este projeto prévio que, naturalmente, pode ir sendo revisado à medida que se aprofunda no sentido. É possível, sem dúvida, que o projeto seja frustrado e substituído ao longo do texto por outros mais adequados. Por isso "elaborar os projetos corretos e adequados às coisas, que como projetos são antecipações que apenas devem ser confirmadas 'nas coisas', tal é a tarefa constante da compreensão". E pontifica o autor: "a compreensão somente alcança sua verdadeira possibilidade, quando as opiniões prévias, com as quais ela inicia, não são arbitrárias. Por isso faz sentido que o intérprete não se dirija aos textos diretamente, a partir da opinião prévia que lhe subjaz, mas que examine tais opiniões quanto à sua legitimação, isto é, quanto à sua origem e validez".[22]

Ou seja, para bem interpretar um texto legal, tem-se que ter em mente que a mensagem da lei não traz um sentido em si mesmo independente do ser cognoscente, ao contrário, o intérprete também lhe atribui sentido a partir de suas pré-compreensões gestadas em sua mundaneidade, em sua pertença à história. Destarte, antes de aplicar um texto como o da Lei 11.340/06, é necessário consultar nossos pré-juízos a fim de que eles não velem o novo que o texto pretende comunicar.

---

evolução) na medida em que tematiza o contexto da tradição na qual o sujeito emerge como sujeito finito e histórico. A tradição é "mais ser do que consciência", isto é, mais inconsciente.

[21] GADAMER, Hans-Georg. *Verdade e Método*, p. 416.

[22] *Ibid.*, p. 402-3.

Para tanto, é que aqui se sugere o recurso à hermenêutica filosófica, que se dá através da *espiral hermenêutica,* em cujo seio há um constante ir e vir entre o intérprete e o texto e é preciso abrir-se para o texto a fim de que ele possa comunicar sua mensagem histórica, permitindo a essa circularidade evoluir, formando não um círculo fechado, mas um círculo espiral, no qual, a cada contato entre texto e intérprete, este evolua um pouco mais em sua relação de captação e atribuição de sentido.

Gadamer, com acuidade, observou que "a lente da subjetividade é um espelho deformante", de modo que, a forma subjetiva com que se interpreta um texto, presidida esta interpretação por preconceitos ilegítimos, pode neutralizar os propósitos do texto, ou em casos outros, exacerbá-los para além dos seus limites.

Este é um risco efetivo em se tratando da Lei 11.340/06. Cuidando-se de uma lei que muda paradigmas e cuja aprovação e defesa vêm amparadas em relevantes convenções internacionais às quais o Brasil aderiu, a Lei Maria da Penha, tanto pode prestar-se a uma hermenêutica veladora dos seus propósitos, de parte daqueles que situados fora deste momento histórico, em que se persegue obstinadamente não só a igualdade de gêneros como a reparação de um passado de desigualdade, acelerando a equalização entre homens e mulheres; como ainda, modo inverso, pode sujeitar-se a uma interpretação radical, que corre o risco de desprestigiá-la pela via do excesso de proteção à mulher, nos casos em que esse excesso desborde do propósito de compensação das desigualdades históricas forjadas pelo patriarcalismo.

A historicidade a que nos referimos e que deve compor o horizonte de sentido do intérprete da Lei 11.340/06 concerne à fase da história, ao menos do ocidente, em que por todos os lados se promove a defesa intransigente dos direitos humanos, para além de sua positivação em tratados internacionais e legislações internas, especializando-os em setores bem determinados da população mais vulnerável, buscando compensar formalmente as desigualdades gestadas na faticidade. Esta pertença histórica do homem moderno exige uma atitude positiva que rompa com o passado de discriminação e instaure o novo pensamento solidário e dignificante que anseia por se tornar realidade. A resistência contra a Lei 11.340/06 é uma recalcitrância do pretérito, das ideias primevas que ainda persistem entronizadas nos pré-juízos de inúmeros aplicadores do direito e que lamentavelmente parece que está a ganhar alento nesta quadra histórica de retrocesso social.

Estando entre os propósitos fundamentais da lei a equalização sociocultural-econômica entre homens e mulheres, é possível que esta realidade seja alcançada em algumas décadas. Este prognóstico pode ser efetuado na medida em que já se vê, em diversas regiões do Brasil, comunidades, locais ou regionais, onde o nível de igualdade é bem maior do que outros. De outro modo, o progresso da influência feminina na sociedade é indisfarçável e se surpreende na crescente importância da mulher em cargos públicos, políticos e em profissões de todas as naturezas antes dominadas apenas pelo homem (desde a construção civil até profissionais liberais e executivas empresariais). Por isso, em nosso sentir, se hoje o momento histórico a que pertencemos e ao qual temos de nos submeter nos impõe a aplicação comprometida, racional, a despeito de equilibrada da LMP, é possível que, em um futuro talvez não tão remoto, os propósitos da Lei 11.340/06 sejam alcançados, e ela própria se torne desnecessária, vindo a sofrer um processo de erosão histórica que prenuncie sua inconstitucionalidade progressiva.

É isto o que se pretende sustentar: a história, representada pelas multifárias relações entre miríades de sistemas sociais e axiológicos, determina um curso sobre o qual, individualmente, não temos domínio, mas apenas limitada e fragmentária influência. O estágio atual deste curso demanda espaço para aplicação da Lei Maria da Penha, variando, dentro do próprio Brasil, em intensidade, conforme as exigências regionais, reveladas pelos distantes índices estatísticos da violência nos estados e nas sub-regiões estaduais. O perene curso da história e a própria eficácia da Lei no futuro, representada nas estatísticas a serem coletadas, é que irá determinar até quando e em que medida continue ela sendo necessária.

Atualmente, entretanto, as estatísticas não contrariam a importância desta lei, dado que a violência contra a mulher continua muito presente em nosso cotidiano e, por isso mesmo, é sempre necessário um exame de consciência gadameriano sobre "a lente da subjetividade", uma análise freudiana em nossas pré-compreensões a fim de evitar a *transferência* de experiências pessoais que integram nossa visão de mundo e sejam capazes de ocultar o sentido da lei forçando uma interpretação/aplicação que reduza os efeitos inovadores da norma.

No ponto, calha registrar o disposto no art. 4º da LMP, segundo o qual "na interpretação desta Lei, serão considerados os fins sociais a que ela se destina e, especialmente, as condições peculiares das mulheres em situação de violência doméstica e familiar".

Violência doméstica e familiar contra a mulher

Esta advertência explícita não se presta apenas a fins solenes e formais. Há aqui o reconhecimento sociológico da vulnerabilidade da mulher no ambiente doméstico ou familiar, reflexo, aliás, de uma condição social igualmente indisfarçável. Isto impõe uma hermenêutica diferenciada inclusive quanto à sua aplicação penal que já não deve atrelar-se acriticamente a direito penal iluminista, ultragarantista que só volve os olhos ao acusado. Assim, princípios consagrados do direito penal mínimo devem ser relativizados quando se trate da Lei 11.340/06. Este é o caso do princípio da bagatela ou da insignificância que não se aplica em matéria de violência doméstica conforme consagrou a Súmula 589 do STJ.[23] É que ao interpretar-se a violência doméstica ou familiar contra a mulher em hipóteses de ameaças, vias de fato ou lesões leves, como casos sujeitos à insignificância já se está, em verdade, negando vigência à lei que veio ao mundo jurídico exatamente com o propósito de enfrentar este entendimento, que consistia em "varrer para baixo do tapete" sob o argumento da indevassabilidade da vida privada familiar, a violência doméstica e familiar contra a mulher.

---

[23] Textualmente: "É inaplicável o princípio da insignificância nos crimes ou contravenções penais praticados contra a mulher no âmbito das relações domésticas".

2. Dos aspectos criminais materiais da Lei Maria da Penha

Como já se salientou alhures, a Lei 11.340/06 não é exclusivamente uma lei penal; em seu bojo também se contemplam disposições administrativas, processuais, princípios gerais etc. É forçoso convir, entretanto, tratar-se de uma lei predominantemente penal, restando indiscutível que seu grande impacto vem se pronunciando nesta esfera jurisdicional. Além disso, cuida-se de norma que incrementa o poder punitivo do Estado e, consequentemente, diminui o *status libertatis* do indivíduo, gerando protestos de setores minimalistas e garantistas que a apontaram como uma lei alinhada ao movimento de "Lei e Ordem".[24] Sua legitimidade social advém, contudo, de uma realidade cruel de violência preconceituosa e histórica do homem contra a mulher, que se impõe sobre todas as críticas abolicionistas ou minimalistas, o que não significa esteja o hermeneuta dispensado de abrandar-lhe os excessivos rigores, harmonizando-a ao ordenamento jurídico do entorno, de molde a não se engendrar um microssistema penal desconexo e isolado, opção que o encaminharia ao definhamento.

E nesse sentido, de início, convém deixar claro que a Lei Maria da Penha originalmente não criou novos tipos penais,[25] mas traz em si dispositivos complementares de tipos penais constantes de outras leis, com caráter especializante, em referência aos quais exclui benefícios despenalizadores (art. 41), altera penas (art. 44), estabe-

---

[24] Muito embora tais protestos tenham sido bem tímidos, isto porque as teses garantistas/minimalistas são historicamente defendidas por setores políticos mais à esquerda que, igualmente, defendem a Lei 11.340/06 ou não querem opor-se ao movimento feminista. Neste caso, pode-se afirmar que a Lei Maria da Penha ensejou a formação de um pensamento de esquerda punitiva no Brasil, ao menos no concernente à violência doméstica. Ao revés, curiosamente, opondo-se à lei, especialmente mediante a invocação do princípio da isonomia entre homens e mulheres, surgiram de início manifestações bem ao gosto da direita, normalmente alinhada às teses repressivas.

[25] Somente com a Lei 13.641, de 3 de abril de 2018, foi inserido na própria Lei 11.340/06 o tipo penal de descumprimento de medida protetiva, tratando-se do primeiro e, até agora, único, tipo penal da Lei Maria da Penha.

Violência doméstica e familiar contra a mulher

lece nova majorante (art. 44) e agravante (art. 43), engendra inédita possibilidade de prisão preventiva (arts. 20 e 42) etc. A partir de sua vigência, ocorrem, por exemplo, versões especiais de lesões corporais leves praticadas em situação de violência doméstica ou familiar contra a mulher, do mesmo modo, ameaças, constrangimento ilegal, crime de periclitação da vida e da saúde, exercício arbitrário das próprias razões, dano, crimes contra a honra etc., todos em situações específicas que, como se sabe, prevalecem sobre as formas gerais, consoante determina o princípio da especialidade, esculpido no art. 12 do Código Penal.

Com referência à *majorante* prevista no inciso XI, agregado ao art. 129 do CP[26] pelo art. 44 da Lei 11.340/06, sua incidência opera-se nos casos de violência doméstica contra homem ou mulher, pois faz referência expressa aos casos de lesões leves previstas no art. 129, § 9º, do CP, nada ressalvando sobre aplicação exclusiva ao público feminino.

De outra parte, no tangente à *agravante* do art. 61, II, *f*, do CP, modificada pelo art. 43 da Lei 11.340/06, para o efeito de acrescentar a locução: *ou com violência contra a mulher na forma da lei específica*, tal acréscimo foi expletivo, pois, salvo melhor juízo, as expressões anteriores já seriam suficientes para contemplar o universo de fatos em relação aos quais se pretendia produzir um agravamento punitivo. Outrossim, haverá hipóteses em que referida agravante poderá levar a autêntico *bis in eaden*, como no caso do próprio art. 129, § 9º, do CP, sendo, pois, inaplicável, porque já integra o tipo penal. Em outros delitos, em que os elementos da agravante não integrarem o tipo penal em julgamento, ela poderá ser aplicada sem nenhuma oposição lógica (ex.: ameaça, crimes contra a honra etc.).

2.1. As formas de violência doméstica e familiar contra a mulher e os âmbitos e relações de proteção

Os dispositivos especializantes são os arts. 5º e 7º da Lei 11.340/06, que, em conceituando as diversas formas de violência doméstica e familiar contra a mulher, fazem incidir seus efeitos sobre tipos penais genéricos do Código Penal. A configuração da violência doméstica e familiar contra a mulher, todavia, não prescinde da presença simultânea e cumulativa de qualquer dos requisitos do

---

[26] CP, art. 129, inc. XI – Na hipótese do § 9º deste artigo, a pena será aumentada de um terço se o crime for cometido contra pessoa portadora de deficiência.

art. 7° em combinação com algum dos pressupostos do art. 5° da mencionada lei. Assim, somente será violência doméstica ou familiar contra a mulher aquela que constitua alguma das formas dos incisos do art. 7°, cometida em qualquer das situações do art. 5°. Poder-se-ia até estabelecer o seguinte quadro sinóptico:

Formas de violência doméstica e familiar contra a mulher	Âmbito/vínculo/relações exigidas para caracterização completa da violência doméstica ou familiar contra a mulher
Violência Física: é a ofensa à vida, saúde e integridade física. Trata-se da violência propriamente dita, a *vis corporalis*.	**Âmbito doméstico:** nesse caso, privilegia-se o espaço em que se dá alguma forma de violência referida na coluna anterior, bastando que tal se consume na unidade doméstica de convívio permanente entre pessoas, ainda que esporadicamente agregadas e sem vínculo afetivo ou familiar entre si.
Violência Psicológica: é a ameaça, o constrangimento, a humilhação pessoal.	
Violência Sexual: constrangimento com o propósito de limitar a autodeterminação sexual da vítima, tanto pode ocorrer mediante violência física como através da grave ameaça (violência psicológica).	**Âmbito familiar:** aqui já não prevalece a caráter espacial do lar ou da coabitação, mas sim o vínculo familiar decorrente do parentesco natural, por afinidade ou por vontade expressa (civil).
Violência Patrimonial: retenção, subtração, destruição de instrumentos de trabalho, documentos pessoais, bens, valores e direitos ou recursos econômicos.	**Relação íntima de afeto:** nesta modalidade *exige-se a convivência, mas dispensa-se tanto a coabitação* sob o mesmo teto, quanto o parentesco familiar, sendo suficiente relação íntima de afeto e convivência, *presente ou pretérita*. A adjetivação "íntima" já pressupõe que se trata de uma relação que ultrapassa os limites da simples amizade.
Violência Moral: em linhas gerais, são os crimes contra a honra da mulher.	

Em análise ao quadro acima, são lícitas quaisquer combinações entre as colunas da direita e da esquerda, de modo que poderá haver violência física, psicológica, sexual, patrimonial ou moral contra a mulher, no âmbito doméstico, familiar ou em razão de relações afetivas. Mas se qualquer dessas formas de violência contra a mulher não for praticada nesses âmbitos ou em razão de relações afetivas, atuais ou pretéritas, já não se poderá falar em violência contra a mulher, com a característica especializante de que aqui se cuida.

Os âmbitos e relações relacionados no art. 5° da LMP podem superpor-se, mas não são excludentes nem obrigatoriamente cumulativos. Assim, pode ocorrer que a ação violenta se dê entre pessoas que convivem na mesma unidade doméstica, tenham relações familiares de parentesco e ainda nutram relações afetivas.

No inciso I, ao tratar da violência doméstica "no âmbito da unidade doméstica, compreendida como o espaço de convívio permanente de pessoas, com ou sem vínculo familiar, inclusive as esporadicamente agregadas", o legislador teve em mente a situação de pessoas que vivem no mesmo espaço, ainda que sem vínculos familiares ou afetivos, como estudantes ou trabalhadores que necessitem viver em pensões ou habitações coletivas. Nesse caso, poder-se-ia qualificar a condição das empregadas domésticas, caso sejam vítimas de violência doméstica. Caberia objetar-se que sua relação não é de parentesco ou afetiva, mas puramente profissional, no entanto, a Lei 11.340/06 não teve em mente proteger a mulher apenas em casos de violência familiar ou afetiva, mas também naqueles de exclusiva violência doméstica, que perfeitamente se aplica a empregadas domésticas. Aliás, o vínculo laboral desnuda ainda mais uma relação de subserviência que justifica a aplicação desta lei de proteção, ao menos como regra. Excepcionalmente, poder-se-á convencer a jurisdição que não havia esta perspectiva de gênero e que a violência se inspirava apenas em razões de pretensa superioridade de classe, independentemente do sexo da vítima.[27]

Poder-se-ia questionar a razão pela qual a Lei 11.340/06 não alcança proteção à mulher fora das relações previstas no art. 5º. Ocorre que, neste caso, haveria proteção excessiva da mulher, uma vez que, no campo fático que transcende as relações domésticas ou familiares, a maior vítima da violência é, de longe, o homem.

Embora ao longo do texto, o legislador use sempre a expressão **violência doméstica e familiar**, é mais acertada a conclusão de que a lei pretenda diferenciar as duas hipóteses em casos de vio-

---

[27] Fabrício da Mota Alves, assessor parlamentar no Senado da República, registrando seu testemunho de quem assistiu aos debates que antecederam a aprovação da Lei 11.340/06, afirmou que este inciso I do art. 5º da referida lei, abrange, inclusive, agressões perpetradas contra empregadas domésticas, o que defluiria da dispensa do vínculo familiar e da possibilidade de agregação apenas esporádica (*Lei Maria da Penha: das discussões à aprovação de uma proposta concreta de combate à violência doméstica e familiar contra a mulher*. Disponível em <www. jusnavigandi.com.br>. Mais recentemente, o STJ já decidiu pela aplicação da LMP em caso de violência contra empregada doméstica, como se vê do seguinte aresto: *HABEAS CORPUS* SUBSTITUTIVO DE RECURSO ORDINÁRIO. INADEQUAÇÃO DA VIA ELEITA. ASSÉDIO SEXUAL. LEI MARIA DA PENHA. CRIME COMETIDO CONTRA EMPREGADA DOMÉSTICA. CONDIÇÃO DE VULNERABILIDADE COMPROVADA. COABITAÇÃO ENTRE AGRESSOR E VÍTIMA. VIOLÊNCIA DOMÉSTICA E FAMILIAR CONTRA A MULHER. REQUISITOS ATENDIDOS. COMPETÊNCIA DO JUÍZO ESPECIALIZADO. CONSTRANGIMENTO ILEGAL NÃO VERIFICADO. *HABEAS CORPUS* NÃO CONHECIDO (HC 500314 / PE *HABEAS CORPUS* 2019/0083059-1).

lência doméstica *e* de violência familiar, reservando à primeira, a situação em que as diversas formas de violência se dão no âmbito da unidade doméstica, sem necessidade de vínculos parentais, conforme previsão do art. 5º, I, da Lei 11.340/06, enquanto as situações de violência familiar estariam notadamente relacionadas às formas de violência praticadas entre parentes ou, em alguns casos, pessoas com vínculo afetivo (art. 5º, II e III).

Partindo-se dessa distinção, seria mais correto dizer-se "violência doméstica **ou** familiar" contra a mulher, mas convém frisar que a hipótese do art. 5º, III, referente "a qualquer relação íntima de afeto, na qual o agressor conviva ou tenha convivido com a ofendida, independentemente de coabitação", nem sequer exige para sua caracterização a coabitação doméstica ou formação de uma união estável e abrange relações que já foram dissolvidas pelo tempo, ampliando sobremaneira o alcance da lei para casos de simples namoro ou para violência praticada por pessoas já separadas.

2.1.1. *O problema do subjetivismo terminológico: qualquer relação íntima de afeto*

Esta terceira hipótese do art. 5º da LMP, que compreende, no conceito de violência doméstica e familiar contra a mulher, aquela praticada *em qualquer relação íntima de afeto, na qual o agressor conviva ou tenha convivido com a ofendida, independentemente de coabitação*, foi inicialmente contestada tendo em vista a amplitude típica que engendra. Nucci[28] sustentou a inaplicabilidade deste dispositivo, porquanto ele teria extrapolado o conceito de violência doméstica plasmado na própria Convenção Interamericana para prevenir e erradicar a violência contra a mulher, em cujo art. 2º, § 1º, se exige a coabitação presente ou passada, requisito dispensado pela Lei 11.340/06, no art. 5º, III. Com efeito, a lei interna, ao introduzir, no ordenamento jurídico interno, a regra internacional da qual o Brasil foi signatário, desbordou, em parte, do conceito de violência doméstica contemplado no âmbito da convenção supranacional.

Tal excesso, contudo, não tem o condão de tornar inaplicável a lei interna, visto inexistir necessária vinculação do legislador brasileiro aos estritos limites da normativa internacional que lhe serviu de inspiração. Mais censurável seria se a lei interna fosse promul-

---

[28] NUCCI, Guilherme de Souza. *Leis Penais e Processuais Penais Comentadas*. São Paulo: RT, 2006, p. 865. *Secundam* a mesma opinião Rogério Sanches Cunha e Ronaldo Batista Pinto, in: *Violência Doméstica – Lei Maria da Penha comentada*. São Paulo: 2007, p. 301.

gada em um nível menor de proteção do bem jurídico do que aquele estipulado no plano do Direito Internacional; em contrapartida, optar por um nível mais largo de proteção, afigura-se possível e até elogiável.[29]

Deste modo, o problema da hipótese do art. 5º, III, da LMP não está no fato de ter ou não ultrapassado limites conceituais de violência doméstica estabelecidos na *soft law* internacional que lhe serviu de inspiração, mas sim e doutro modo na sua redação, que ao circunscrever como espaço de violência doméstica *qualquer relação íntima de afeto, na qual o agressor conviva ou tenha convivido com a ofendida, independentemente de coabitação,* criminaliza uma abrangência de relacionamentos interpessoais tão larga que confronta perigosamente o princípio da taxatividade.[30]

Assim, ao dispensar a coabitação presente ou pretérita, satisfazendo-se apenas com *relação íntima de afeto,* o legislador fez uso de uma locução com amplo espectro significativo, que dificulta o efeito comunicativo que o Direito pretende ter com seu destinatário social. Com efeito, a norma é um fenômeno comunicativo e, tratando-se de norma penal, deve alcançar a maior objetividade possível, restringindo-se as possibilidades de interpretações ambíguas que atentam contra a segurança jurídica, permitindo aplicações subjetivas da regra. Tal técnica legislativa pode estar em dissintonia com o princípio da legalidade estrita e deslocar o poder criativo do direito penal da esfera legislativa para a jurisdicional, ensejando a *vigência* da norma, posto respeitado o princípio da *mera legalidade,* mas não

---

[29] Nesse sentido, o enunciado da Súmula 600 do STJ: "para configuração da violência doméstica e familiar prevista no artigo 5º da Lei 11.340/2006, Lei Maria da Penha, não se exige a coabitação entre autor e vítima".

[30] Ferrajoli, preocupado com o avanço das orientações substancialistas empenhadas em dar à noção de delito fundamentos ontológicos – como imoralidade, periculosidade, anormalidade psicofísica – sustenta ser insuficiente à função garantista do direito penal, a legitimação da norma através da conformidade a um princípio de mera legalidade, senão que a um de legalidade estrita "cuja função garantista reside no fato de que os delitos estejam predeterminados pela lei de maneira taxativa, sem reenvio (ainda que seja legal) a parâmetros extralegais, a fim de que sejam determinados pelo juiz mediante asserções refutáveis e não mediante juízos de valor autônomos". O renomado jurista italiano faz uma preciosa diferenciação entre *mera legalidade* e *legalidade estrita.* Aquela significa a reserva conferida ao legislador para predeterminar a lei e condiciona a *vigência* da norma à obediência ao processo legislativo de sua formação, ao passo que essa, a estrita legalidade, funciona "como uma regra metajurídica de formação da linguagem penal que para tal fim prescreve ao legislador o uso de termos de extensão determinada na definição das figuras delituosas, para que seja possível a sua aplicação na linguagem judicial como predicados 'verdadeiros' dos fatos processualmente comprovados". O princípio de estrita legalidade, além da vigência, condiciona a validade das normas penais, pois sua negação corresponde à produção de normas vigentes, mas cujos conteúdos significativos não atendem à garantia de taxatividade e, consequentemente, à decidibilidade da verdade jurídica de suas aplicações (*Direito e Razão.* São Paulo: Revista dos Tribunais, 2002, p. 303-5.

sua *validade* porque ignorada a *legalidade estrita* que tem supedâneo constitucional nos princípios da legalidade penal e da tripartição dos poderes.

Ademais, atentando-se ao conceito analítico tripartite de crime, como conduta típica, antijurídica e culpável, tem-se que a culpabilidade é integrada pela imputabilidade, potencial consciência da ilicitude e exigibilidade de conduta diversa. A potencial consciência da ilicitude é o *conhecimento profano do injusto*, a possibilidade que o indivíduo tem, mesmo ausente uma moral refinada, de entender que o ato que praticou atentava contra determinada norma legal.[31] Este conceito, requisito da culpabilidade, situa-se em um degrau cognitivo mais sutil do que a atual consciência da ilicitude, pois sua caracterização não exige que o sujeito ativo possua a consciência efetiva e atual de realizar uma conduta desconforme com a lei, mas é necessário que ele reúna condições intelectuais, culturais, sociais e pessoais que lhe permitissem, nas circunstâncias do fato, alcançar esta consciência.

É na verificação empírica da potencial consciência da ilicitude que reside a tênue distinção entre o inescusável desconhecimento da lei e sua errada interpretação. Destarte, a identificação casuística da potencial consciência da ilicitude recomenda uma técnica legislativa do Direito Penal que prime pela clareza redacional, para evitar ruídos no processo comunicativo entre a lei e a comunidade, justificando alegação de errada compreensão dos limites da norma, ou seja, erro de proibição escusável, que poderá excluir a culpabilidade do sujeito ativo, desde que ausente a potencial consciência acerca desses limites.

Tal se afirmou nas primeiras duas edições deste livro, por parecer plenamente razoável que, enfatizada a Lei Maria da Penha como uma lei que visa a coibir a violência *doméstica e familiar* contra a mulher, o efeito comunicativo gerado permita apreender como limite desta lei apenas aqueles casos de violência contra a mulher perpetrados no âmbito *doméstico e familiar*, e não aquelas outras, subjacentes às quais existam relações íntimas de afeto, mas sem

---

[31] Nesse sentido, Cézar Roberto Bitencourt preleciona que "para verificação da potencial consciência da ilicitude não se exige uma consciência técnico-jurídica, formal, mas apenas a denominada consciência profana do injusto, constituída do conhecimento da antissocialidade, da imoralidade ou da lesividade de sua conduta. E, segundo os penalistas, essa consciência [profana do injusto] provém das normas de cultura, dos princípios morais e éticos, enfim dos conhecimentos adquiridos na vida em sociedade. São conhecimentos que, no dizer de Binding, 'vêm naturalmente, com o ar que a gente respira'" (*Tratado de Direito Penal*, Vol. I., 8ª ed. São Paulo: Saraiva, 2003, p. 332).

convivência doméstica ou familiar. No mundo hodierno em que as relações afetivas se caracterizam crescentemente pela fragilidade dos vínculos, ausência de compromissos e de coabitação, isto poderia levar o agressor a uma errada interpretação dos limites legais, imaginando que, sem coabitação, o crime não estaria abrangido pelos efeitos mais gravosos da Lei 11.340/06. Convencendo-se o julgador de que houve erro de proibição invencível, restaria afastada a aplicação da Lei Maria da Penha.

Outro corolário da taxatividade, intimamente relacionado com a noção de clareza redacional, que contempla restrições a conceitos indeterminados, fortemente moralizados e, portanto, particulares, é o que recomenda à legislação penal a tipificação de fatos verificáveis empiricamente quando da coleta probatória. Ao contrário, não se aconselha a entronização típica de elementos normativos de caráter axiológico, cuja verificação processual fique, ao depois, dificultada.

Ora, a criminalização das "relações íntimas de afeto", sem um apanágio mais empiricamente verificável como a coabitação, acomete frontalmente o princípio da taxatividade, corolário fundamental da legalidade estrita (*nullum crimen sine praevia lege, scripta et stricta*), tornando crítica a aplicação desta norma como redigida. Tal se prende mesmo à consideração prática de que a locução legal "qualquer relação íntima de afeto" não é necessariamente vinculada à relação doméstica ou familiar. Ao contrário, um simples namoro, do tipo mais comum em tempos hodiernos, exatamente é um modo de relação em que até pode ser aprofundada a intimidade sexual entre os envolvidos – e parece ser este o significado da ideia de "convivência" usada no texto – mas tais relações normalmente não contemplam qualquer comprometimento doméstico ou familiar, nem tampouco coabitação.

Ademais, a comprovação pura e simples de uma "relação íntima de afeto" será sempre uma tarefa hercúlea, pois forçará o juiz a adentrar na intimidade dos envolvimentos, comparando dados de difícil apreensão com conceitos indeterminados e sumamente pessoais. Deste modo, tratando-se de uma situação-limite – as ditas relações íntimas de afeto – só poderão prestar-se à caracterização de violência doméstica quando emergirem evidentes à constatação judicial, lastreadas em razoável espectro probatório que revele, mesmo dispensada a coabitação, a existência de relação do tipo namoro, desde que não efêmero ou eventual, além do nexo causal entre a relação e a agressão, como o que ocorre, por exemplo, por não aceitação do rompimento do namoro.[32]

Atualmente, cumpre admitir que, não obstante a validade lógica dos argumentos antes invocados, a lei vem sendo aplicada mesmo em relações afetivas bem pouco estabilizadas, o que produz uma consciência "profana", ou seja, generalizada ainda que superficialmente, de que isto possa ocorrer, afastando, em princípio, a tese do erro de proibição inevitável por errada compreensão dos limites legais.

2.2. Sujeitos ativo e passivo dos delitos de violência doméstica: presunção absoluta ou relativa de vulnerabilidade

Convém salientar, igualmente, que a Lei 11.340/06 se refere exclusivamente à violência contra a mulher, estabelecendo um **sujeito passivo próprio** dessas formas de violência específica, mas não predetermina nenhum sujeito ativo, de modo que, aparentemente, não apenas o homem, mas também outra mulher poderia ser sujeito ativo de violência doméstica ou familiar contra a mulher.

Todavia, esta última conclusão, referente ao sujeito ativo do delito, demanda uma maior reflexão. Com efeito, inicialmente, afirmei que tanto o homem quanto a mulher poderiam ser sujeito ativo de delitos caracterizados por violência doméstica e familiar contra a mulher[33] e assim se concluiu a partir de uma análise literal da lei que, embora frise apenas a mulher como sujeito passivo da violên-

---

[32] A Jurisprudência do STJ vem se inclinando pelo reconhecimento da violência doméstica em situações de relação íntima de afeto com convívio pretérito, sempre que houver uma relação de causalidade entre a violência e a relação amorosa passada. No Conflito de Competência 100654/MG, a Terceira Seção alerta a que "não se pode ampliar o termo – relação íntima de afeto – para abarcar um relacionamento passageiro, fugaz ou esporádico". O mesmo órgão fracionário, no CC 91.979, não conheceu hipótese de violência doméstica na agressão entre namorados sem prova de convivência. Nesta decisão, ainda diferenciou coabitação, que seria dispensável, e convivência, esta como relacionamento duradouro, não efêmero e eventual. Todavia, não obstante o alerta doutrinário, a Corte vem admitindo a aplicação da Lei 11.340/06 em casos de namoro, como exemplo de relação íntima de afeto: "o namoro é uma relação íntima de afeto que independe de coabitação; portanto, a agressão do namorado contra a namorada, ainda que tenha cessado o relacionamento, mas que ocorra em decorrência dele, caracteriza violência doméstica" (HC 92875/RS).

[33] Nesse sentido, posicionei-me inicialmente, *in* PORTO, Pedro Rui da Fontoura. Anotações preliminares à Lei nº 11.340/06 e suas repercussões em face dos Juizado s Especiais Criminais. *Jus Navigandi*, Teresina, ano 10, n. 1169, 13 set. 2006. Disponível em: <http://jus2.uol.com.br/doutrina/texto.asp?id=8917>. Acesso em: 14 fev. 2007. Publicado ainda nos *sites* <www.tj.rs.gov.br.institucional.estudos> e <www.mp.rs.gov.br.caocrim>. No mesmo sentido: NUCCI, Guilherme de Souza. *Leis Penais e Processuais Penais Comentadas*. São Paulo: Revista dos Tri-

cia doméstica e familiar, nada refere quanto ao gênero do sujeito ativo. Destarte, se a lei não faz distinção, não caberia ao intérprete distinguir o sexo do sujeito ativo destes crimes.

No entanto, é preciso interpretar a norma sempre levando em conta princípios como o da razoabilidade e proporcionalidade, não descurando que a Lei Maria da Penha trata desigualmente o homem e a mulher, incrementando a severidade penal sempre que uma mulher for vítima de violência doméstica ou familiar. Ao relativizar um valor constitucional tão caro como o da igualdade, a Lei 11.340/06 demanda uma interpretação restritiva, colimando não generalizar o que é excepcional. Esta "desigualdade" de tratamento legal aos gêneros feminino e masculino seria inconstitucional não estivesse justificada racionalmente no *enforcement* de compensar as desigualdades operadas no plano fático. Deste modo, a razão que informa a Lei 11.340/06 se situa em uma pressuposta superioridade de forças do homem sobre a mulher construída cultural e historicamente, em que o homem hierarquizou relações, posicionando-se nos lugares predominantes da estrutura social, com o que se determinaram a submissão e a discriminação contra a mulher. Como já se salientou, esta superioridade cultural geral masculina se traduz em potencial de intimidação[34] e consequente dominação no seio familiar, econômico e social, que inspira, em sua totalidade, a Lei 11.340/06. Onde inexiste esta razão, também inexiste fundamento para aplicação desta norma excepcional.

Insta frisar ainda que toda a história da Lei 11.340/06, desde as convenções internacionais que lhe serviram de supedâneo, aponta o homem como o maior agressor da mulher. Agressões perpetradas por mulheres contra mulheres, ainda que em âmbito doméstico, familiar ou afetivo não têm relevância estatística que justifiquem uma lei própria para dissuadi-las e, nesse caso, podem bem estar reprimidas por meio da tipificação genérica de violência doméstica do art. 129, § 9º, do CP, sem as restrições mais severas contidas na Lei 11.340/06.

---

bunais, 2006; e CUNHA, Rogério Sanches; PINTO, Ronaldo Batista. *Violência Doméstica*. São Paulo: Revista dos Tribunais, 2007.

[34] Suely Souza de Almeida lembra ainda a maior facilidade e interesse de acesso às armas que o homem possui, como decorrência, inclusive de atividades lúdicas comuns na infância masculina, "na medida em que a construção de referenciais de masculinidade supõe o aprendizado da violência" (Risco de vida e impunidade: Indicadores para uma Política de Judicialização da Violência Doméstica. In ALMEIDA, Suely Souza de *et al* [org.]. *Violência Doméstica – Bases para a Formulação de Políticas Públicas*. Rio de Janeiro: Revinter e FAPERJ, 2003, p. 30).

Outro aspecto que deve ser considerado é que, embora não restrinja especialmente o homem como sujeito ativo dos crimes de violência doméstica e familiar contra a mulher, a própria lei, nos seus prolegômenos, estabelece em seu art. 5°, *caput*, que:

> Para os efeitos desta Lei, configura violência doméstica e familiar contra a mulher qualquer ação ou omissão *baseada no gênero* que lhe cause morte, lesão, sofrimento físico, sexual ou psicológico e dano moral ou patrimonial:[35]

Ao *basear no gênero* o conceito de violência doméstica e familiar contra a mulher, o legislador, forçosamente, está restringindo este conceito à violência praticada pelo homem contra a mulher. A ideia de *gênero* é muito cara ao movimento feminista; trata-se efetivamente de um conceito que *revela a relação de discriminação e violência praticada pelo homem contra a mulher*, por isso que a *violência praticada entre mulheres não é baseada no gênero e não caracteriza a violência doméstica e familiar de que trata a Lei 11.340/06.*[36] Com efeito, uma mulher não pode discriminar a outra por pertencer ao gênero feminino, já que ambas pertencem ao mesmo gênero.

Com efeito, quando, no ambiente doméstico, afetivo ou familiar, uma mulher agride, ameaça, ofende ou lesa patrimonialmente outra, o sucedido criminoso opera-se entre partes supostamente iguais – duas mulheres – e não justifica um tratamento mais severo à mulher que agride outra do que àquela que lesiona, ofende ou ameaça um homem. A Lei 11.340/06 não finaliza dar uma proteção indiscriminada à mulher, mas sim protegê-la em face do homem, o qual se beneficia de uma construção cultural discriminatória, que naturalizou relações sociais patriarcais forjadas na história, daí por que não se aplica a referida legislação quando sujeito ativo for do gênero feminino, *podendo-se, destarte, afirmar que o sujeito ativo de*

---

[35] Tal dispositivo repete quase integralmente o art. 1° da Convenção Interamericana para Prevenir, Punir e Erradicar a Violência contra a Mulher – Convenção de Belém de Pará, que foi um dos instrumentos de Direito Internacional Público que inspiraram a Lei 11.340/06.

[36] Ela Wiecko Wolkmer de Castilho, em palestra proferida no Ciclo de Estudos sobre a Lei Maria da Penha, em Porto Alegre, programado pelo Centro de Estudos do TJRS, no dia 1°/12/06, proclamou solenemente que *há um problema de violência doméstica. A violência de gênero é uma violência do homem contra a mulher.* Em igual sentido, a Ministra Nilcéa Freire, da Secretaria Especial de Políticas para as Mulheres, na exposição de motivos do projeto de Lei do Executivo que deu origem à Lei Maria da Penha, também enfatiza que a violência de gênero, base da novel legislação, é uma violência perpetrada pelo homem contra a mulher: Cabe especial atenção a um conceito basilar previsto na proposta – a relação de gênero – "a violência intra-familiar expressa dinâmicas de poder e afeto, nas quais estão presentes relações de subordinação e dominação. *As desigualdades de gênero entre homens e mulheres* advêm de uma construção socio-cultural que não encontra respaldo nas diferenças biológicas dadas pela natureza. Um sistema de dominação passa a considerar natural uma desigualdade socialmente construída, campo fértil para atos de discriminação e violência que se 'naturalizam' e se incorporam ao cotidiano de milhares de mulheres" (grifos nossos).

crimes praticados em situação de violência doméstica ou familiar contra a mulher, para os efeitos da Lei 11.340/06, é apenas o homem.

Além disso, é importante considerar que a ação ou omissão que existencializa as diversas formas de violência doméstica e familiar, segundo o *caput* do art. 5º da Lei 11.340/06, deve ser *baseada no gênero*, ou seja, fundadas na relação de discriminação contra a mulher.

Objetivamente, parece que toda violência do homem contra a mulher é baseada no gênero, mas ela inaugura apenas uma presunção *juris tantum*, visto ser possível que, em alguns casos, o agressor logre provar que sua ação não esteve subjetivamente inspirada em qualquer discriminação de gênero contra a mulher. É que a configuração do delito, com os atributos especializantes da Lei 11.340/06, não prescinde da verificação do elemento subjetivo da conduta que inspira, em um grau mais profundo, o ânimo antijurídico. Nas causas criminais presididas pela violência de gênero, o elemento subjetivo genérico é a prática das diversas formas de violência enunciadas no art. 7º da referida lei; especificamente, porém, esta finalidade delitiva deve estar informada por um preconceito de gênero.

Ocorre que esta discriminação, por ser fato notório no meio social, é presumida sempre que ocorrerem as hipóteses dos arts. 5º e 7º da Lei Maria da Penha, sendo, entretanto, possível ao agressor convencer em contrário, com o que seriam afastadas as restrições impostas pela Lei da Violência Doméstica, especialmente, aquelas opostas aos benefícios da Lei 9.099/95.

Embora se sustente aqui a especialização dos sujeitos ativo e passivo, a jurisprudência vem oscilando quanto à tese de que apenas o homem poderia ser sujeito ativo de infrações penais abarcadas pela Lei Maria da Penha.[37] O STJ chegou a suscitar um critério para caracterizar violência doméstica na agressão de mulher a mulher: o da *vulnerabilidade* da vítima.[38]

---

[37] O TJRS decidiu inicialmente em mais de uma oportunidade no sentido de que o sujeito ativo da Lei 11.340/06 é apenas o homem (nesse sentido, Conflito de Jurisdição nº 70037954187, Terceira Câmara Criminal de 30/09/2010; Apelação Crime nº 70050632892, Primeira Câmara Criminal de 14/11/2012 e Conflito de Jurisdição nº 70050746023, Primeira Câmara Criminal de 17/10/20120). No mesmo rumo, consta decisão do TJRJ, 8ª Câmara (Conflito de Jurisdição nº 70050746023 de 17/09/2008).

[38] Nesse sentido, o CONFLITO DE COMPETÊNCIA nº 88.027, de cuja ementa extrai-se o seguinte: 1. Delito contra honra, envolvendo irmãs, não configura hipótese de incidência da Lei nº 11.340/06, que tem como objeto a mulher numa perspectiva de gênero e em condições de hipossuficiência ou inferioridade física e econômica. 2. Sujeito passivo da violência doméstica, objeto da referida lei, é a mulher. Sujeito ativo pode ser tanto o homem quanto a mulher, desde que fique caracterizado o vínculo de relação doméstica, familiar ou de afetividade. 2. No

Deste modo, sempre que se verificasse, no caso concreto, uma situação de vulnerabilidade da ofendida estar-se-ia diante de uma situação de violência doméstica ou familiar contra a mulher, independentemente do gênero do sujeito ativo.

Perfilhando-se a essa orientação, Renato Brasileiro de Lima sustenta que "parece haver verdadeira presunção absoluta de vulnerabilidade" sempre que um homem pratique violência doméstica ou familiar contra a mulher, "todavia, quando esta mesma violência é perpetrada por uma mulher contra outra no seio de uma relação doméstica, familiar ou íntima de afeto, não há falar em presunção absoluta de vulnerabilidade do gênero feminino. Cuida-se, na verdade, de presunção relativa".[39]

Tangente à primeira conclusão do autor – a de que haveria uma presunção absoluta de vulnerabilidade nas agressões praticadas por homens contra mulheres nos limites da Lei 11.340/06 –, embora se verifique acentuada tendência neste sentido nas cortes superiores, há decisões isoladas no sentido de que, tais casos, a presunção de vulnerabilidade pode ser afastada por prova em contrário.[40]

Já a segunda conclusão – quando a agressão parte de mulher contra mulher, a presunção de vulnerabilidade é relativa – está, sim, de acordo com o entendimento ora adotado no STJ.[41]

---

caso, havendo apenas desavenças e ofensas entre irmãs, não há qualquer motivação de gênero ou situação de vulnerabilidade que caracterize situação de relação íntima que possa causar violência doméstica ou familiar contra a mulher. Não se aplica a Lei nº 11.340/06.

[39] LIMA, Renato Brasileiro. *Legislação Criminal Especial Comenta*. Niterói/RJ: Impetus, 2013, p. 938.

[40] Nesse sentido, o próprio autor cita precedente do STJ, 3ª Seção, CC 96.533/MG, julgado em 05/12/2008, em que não foi admitida a aplicação da Lei 11.340/06 no caso de agressões mútuas entre namorados, motivadas por ciúmes da namorada, posto que ausente a perspectiva de gênero e a vulnerabilidade ou hipossuficiência da vítima. Aliás, o STJ tem repetido inúmeras vezes em suas decisões sobre o tema que *o legislador, ao editar a Lei Maria da Penha, teve em conta a mulher numa perspectiva de gênero e em condições de hipossuficiência ou inferioridade física e econômica em relações patriarcais. Ainda, restou consignado que o escopo da lei é a proteção da mulher em situação de fragilidade/vulnerabilidade diante do homem ou de outra mulher, desde que caracterizado o vínculo de relação doméstica, familiar ou de afetividade* (CC n. 88.027/MG, Ministro Og Fernandes, DJ 18/12/2008).

[41] Em resumo, o STJ admite, como sujeito ativo da violência doméstica ou familiar contra a mulher, tanto o homem quanto a mulher, desde que, *em um e outro caso*, se verifique a vulnerabilidade da vítima e a perspectiva de gênero. Essa demonstração fica a cargo da acusação, que deve demonstrar os elementos constitutivos do *jus puniendi* estatal, no caso, a tipicidade com as características especializantes da Lei 11.340/06. Todavia, é forçoso reconhecer que há uma tendência a não se exigir prova escorreita e plena nesse sentido. Os julgados parecem propor uma presunção ao menos relativa em referência ao tema como se vê de ementa recente da Sexta Turma do STJ, Rel. Min. Nefi Cordeiro, julgado em 09/3/2021: "não se exige, na Lei Maria da Penha, vulnerabilidade concreta, pois legalmente presumida, de modo que

Nossa posição, contudo, continua divergente porque entendemos que, neste último caso, presume-se a igualdade entre as partes envolvidas, inexistindo a *perspectiva de gênero* referida no STJ e, no mínimo, a acusação é que deveria comprovar a vunerabilidade da vítima e a motivação de gênero. Sem essa demonstração, a cargo do órgão acusador, não haveria uma automática aplicação da Lei Maria da Penha.[42]

Este tema da vulnerabilidade pode suscitar instigantes e complexas discussões interdisciplinares para diferenciar o que o STJ denomina: *a) perspectiva de gênero* e *b) vulnerabilidade,* como dois requisitos que se agregam aos dos arts. 5º e 7º da Lei Maria da Penha, para autorizar sua aplicação.

O primeiro está ínsito no *caput* do art. 5º, quando determina que se considera violência doméstica, toda ação ou omissão, *baseada no gênero,* ou seja, é necessário que o autor da violência pratique a ação desde uma perspectiva de gênero, isto é, inspirado pela crença na superioridade hierárquica do gênero masculino. Excepcionalmente, há mulheres que acreditam nesta superioridade como é o caso da sogra que maltrata a nora por acreditar que esta deva se submeter aos caprichos do marido, seu filho mimado. Ela própria é guiada por um inconsciente construído por vivências em que o homem dominava a mulher, sempre submissa e subserviente e pretende transferir suas pré-compreensões para a relação presente entre o filho e a nora. Este exemplo, é, todavia, infrequente e por isso, quando se tratar de agressões entre mulheres, não deve haver presunção de vulnerabilidade e perspectiva de gênero, nem mesmo relativa, cabendo ao órgão acusatório demonstrar tais pressupostos, ainda que minimamente.

O outro requisito apontado pelo STF – a vulnerabilidade – está difuso em toda a *ratio essendi* da Lei 11.340/06, mas é no art. 4º da mencionada lei que melhor o surpreendemos.[43] A *condição peculiar*

---

inaplicável o argumento de que não haveria demonstração de uma relação de dominação e superioridade entre o réu e a vítima, nem de que seja o gênero o motivo do crime, como se dá no feminicídio, assim também não sendo válida a exigência do acórdão de que 'não restou comprovado nos autos que a suposta ameaça noticiada na inicial acusatória tenha sido motivada por ser a vítima do sexo feminino'" (AgRg no AREsp 1698077).

[42] Frise-se, contudo, que, em se tratando de convivência homoafetiva entre mulheres, será mais razoável entrever-se uma hierarquização da relação que coloque um agente no papel masculino e outro no feminino, visualizando-se, com mais clareza, a relação de gênero em perspectiva psicossocial e não apenas biológica.

[43] Art. 4º. Na interpretação desta Lei, serão considerados os fins sociais a que ela se destina e, especialmente, as condições peculiares das mulheres em situação de violência doméstica e familiar.

da mulher vítima de violência doméstica é a de pessoa fragilizada e vitimizada, isto é, vulnerável.

Mas daqui pode emergir outra diferenciação: vulnerabilidade e hipossuficiência são conceitos absolutamente iguais? Com efeito, aparentemente os tribunais vêm tratando os dois conceitos como sinônimos, porém, é possível distingui-los. A nosso ver, a hipossuficiência significa uma situação desfavorável estabilizada, técnica, jurídica e economicamente, pressupondo a vulnerabilidade, já o contrário não é verdadeiro, visto que o conceito de vulnerabilidade é psicossocial. Pode a mulher *estar* vulnerável, sem ser hipossuficiente. Assim que, eventualmente, mulheres de condições socioeconômicas mais elevadas, posto que independentes, podem *ficar* vulneráveis como decorrência de uma agressão iminente ou recém-ocorrida, mesmo sem *ser* hipossuficientes.

Nesse sentido, partindo-se do conceito de hipossuficiência como técnica, jurídica e econômica, temos de admitir que muitas mulheres, na sociedade contemporânea, sobretudo nos nichos de modernidade, não são hipossuficientes, pois dominam técnicas de defesa pessoal, conhecimentos acerca de seus direitos e recursos econômicos que não as colocam à mercê do público masculino e isto, aliás, é um avanço desejável até nos propósitos da lei.

De qualquer modo, como regra, estas mulheres podem estar vulneráveis em face da violência doméstica, porém, não se pode sustentar, nesse ponto, uma presunção absoluta, cumprindo ao julgador avaliar, em cada caso, o nível desta vulnerabilidade, a fim de dosar com adequação as medidas legais de proteção compatíveis, já que a decisão a este respeito se dá em prazo célere e mediante sumária cognição.

Para aprofundar a cognição, o recomendável seria a designação de audiência de justificação para deferimento ou mesmo manutenção das medidas de proteção deferidas e, para um exame mais profícuo, o encaminhamento do casal à avaliação da equipe multidisciplinar.

Embora a resposta sobre a ocorrência de presunção absoluta ou relativa (*jure et de jure* ou *juris tantum*) de vulnerabilidade da mulher seja por demais complexa, a opção pela presunção relativa aqui adotada mantém a coerência com os pontos de vista defendidos neste trabalho: o respeito que o direito deve ter para com a faticidade (ainda que não ignorando sua finalidade contrafática) e a ideia de que a Lei Maria da Penha veio regular certos estereótipos que nem sempre correspondem a esta faticidade (e que devem corresponder cada vez menos na exata medida em que a lei alcance seus objetivos).[44]

2.2.1. A (in)comunicabilidade das condições de caráter pessoal em casos de violência doméstica e familiar contra a mulher ao coautor/partícipe (art. 30 do Código Penal)

Outra questão que se apresenta à análise é a da coautoria ou participação e da comunicabilidade das circunstâncias relativas às vinculações de parentesco (ascendente, descendente, irmão, cônjuge ou companheiros) ou das relações domésticas, de coabitação, hospitalidade ou convivência de que trata o art. 129, § 9º, do CP e outros casos de violência doméstica e familiar contra a mulher.

A solução do problema reside na regra do art. 30 do CP, no qual consta que *não se comunicam as circunstâncias e as condições de caráter pessoal, salvo quando elementares do crime*. A regra é, pois, a da incomunicabilidade das circunstâncias e condições de caráter pessoal, salvo em duas hipóteses cumulativas: a) que estas condições ou circunstâncias sejam *elementares* do crime; b) que elas sejam de conhecimento do coautor ou partícipe.

No caso do art. 129, § 9º, do CP, as relações de parentesco, convivência, coabitação, domésticas e de hospitalidade, mencionadas expressamente no texto incriminador, constituem elementares do tipo penal e, portanto, sendo de conhecimento do coautor ou partícipe a ele se comunicam.

Assim, no caso da mulher que ajuda homem a agredir sua companheira, esposa ou namorada, obrando em situação de violência doméstica, e tendo conhecimento das relações domésticas, familiares ou de convivência entre estes, também ela responde pelo delito do art. 129, § 9º, do CP com as restrições do art. 41 da Lei 11.340/06, que proíbe os benefícios da Lei 9.099/95 em situações de violência doméstica contra a mulher. Caso contrário, se, por exemplo, ignorasse as relações específicas entre eles, responderia apenas pelo delito do art. 129, *caput*, do CP e ainda poderia beneficiar-se da Lei 9.099/95 em sua plenitude.

---

[44] De qualquer modo, vale salientar que o STJ vem se perfilhando à tese da presunção absoluta de vulnerabilidade da mulher em casos de violência doméstica e familiar, com adotar o entendimento de que "a mulher possui na Lei Maria da Penha a proteção acolhida pelo país em direito convencional de proteção ao gênero, que independe da demonstração de concreta fragilidade, física, emocional ou financeira" (AgRg no RHC n. 74.107/SP, Sexta Turma, DJe de 26/09/2016). Tal tese sinaliza uma política criminal razoável nesta quadra histórica em que estamos retrocedendo em matéria de direitos humanos e vivências democráticas.

O mesmo não ocorrerá, entretanto, em relação a outros delitos enquadráveis nos conceitos dos arts. 5º e 7º da LMP, como a ameaça, constrangimento ilegal, invasão de domicílio, crimes contra a honra ou contra a dignidade sexual, por exemplo. Tais delitos não têm as relações domésticas ou familiares do art. 5º da Lei 11.340/06 como elementares, mas apenas como complementos especializantes, e, portanto, estas circunstâncias externas ao tipo, não se comunicam aos coautores e partícipes, de modo que a estes não se aplicará a Lei Maria da Penha.

2.2.2. A orientação sexual da vítima e a questão do transexual – Conceitos de gênero e sexo, a sexualidade psicossocial e a sexualidade biológica

Além da conceituação dos tipos de violência e seus âmbitos espaciais ou relacionais de realização, a Lei de Violência Doméstica introduz um rol de medidas protetivas destinadas ao resguardo dos interesses pessoais e patrimoniais da vítima real ou potencial, tais como, afastamento do agressor do lar, fixação de distância mínima de aproximação, restrição à posse de armas, restrições ao direito de visitas, fixação provisória de alimentos, restrições à comercialização de bens etc. – ao qual se agrega a possibilidade de prisão em flagrante do agressor, mesmo em casos de lesões leves e ameaças, bem como a de decretação de prisão preventiva em tais hipóteses.

Ademais destas medidas de caráter cautelar e processual, a Lei d e Violência Doméstica repercute materialmente sobre o agressor, na medida em que lhe veda determinados benefícios legais, notadamente a transação penal, a suspensão condicional do processo e a aplicação de penas pecuniárias, institutos reconhecidamente despenalizadores e descarcerizadores.

Deste modo, produzindo efeitos processuais, especialmente cautelares, assim como materiais, importa delimitar com precisão quem pode ser considerado sujeito passivo da violência doméstica e familiar contra a mulher, uma vez que a literalidade legal refere-se à *mulher*.

Muito embora o próprio título da lei seja claro no sentido de que se trata de uma lei destinada a reprimir a violência doméstica e familiar *contra a mulher*, o parágrafo único do art. 5º da Lei 11.340/06 polemiza quando, depois de conceituar os âmbitos em que se estabelecem as relações domésticas, familiares e de afeto, preconiza que *as relações pessoais enunciadas neste artigo independem de orientação sexual*. Para Maria Berenice Dias, uma vez que a violência de que trata a Lei 11.340/06 é aquela que se dá no ambiente doméstico e familiar, resulta óbvio que a lei, ao desconsiderar a orientação sexual da vítima para os fins da sua proteção, está reconhecendo a família formada entre pessoas de mesmo sexo que já não pode mais ser considerada apenas sociedade de fato. A articulista assevera que:

> No momento em que é afirmado que está sob o abrigo da lei a mulher, sem se distinguir sua orientação sexual, alcançam-se tanto lésbicas como travestis, transexuais e transgêneros que mantém relação íntima de afeto em ambiente familiar ou de convívio. Em todos esses relacionamentos, as situações de violência contra o gênero feminino justificam especial proteção.[45]

Maria Berenice é reconhecida por suas ideias de vanguarda, especialmente no direito de família, em cuja seara defendeu teses pioneiras, especialmente voltadas ao reconhecimento da união homossexual como uniões estáveis para os efeitos da proteção legal. Na primeira edição de seu livro sobre violência doméstica e familiar contra a mulher, comentando o pensamento de Maria Berenice, escrevemos que,

> [...] o texto da militante desembargadora poderia levar a algum equívoco não fosse a ressalva expressa na parte final do excerto: só se trata de violência doméstica aquela perpetrada contra o gênero feminino, pois, com efeito, tratando-se de homens, ainda que com funcionalidade feminina, como travestis ou transexuais, a proteção especial da Lei 11.340/06 importaria em analogia *in malan parten*, absolutamente vedada em Direito Penal.

> Mesmo um transexual que, cirurgicamente, logrou modificar sua genitália para assemelhar-se a uma mulher e, com isto, tenha alterado seu registro de nascimento, continua geneticamente a ser um homem e, salvo melhor juízo, equipará-lo a uma mulher, importaria em analogia desfavorável ao réu o que é vedado em Direito Penal em homenagem ao princípio da legalidade estrita.[46]

Todavia, em que pese a taxatividade imposta pelo princípio da legalidade estrita em matéria de direito penal, novas decisões judiciais acerca do tema vêm impondo uma reflexão mais ousada sobre a questão.

No Recurso Especial 1008398/SP, de 15/10/2009, o Superior Tribunal de Justiça, em voto da Ministra Nancy Andrighi, admitiu

---

[45] DIAS, Maria Berenice. Violência doméstica e as uniões homoafetivas. Jus Navigandi, Teresina, ano 11, n. 1185, 29 set. 2006 . Disponível em: <http://jus.com.br/revista/texto/8985>. Acesso em: 31 jan. 2013. No mesmo sentido, Rogério Sanches Cunha e Ronaldo Batista Pinto (*Violência Doméstica* – Lei Maria da Penha Comentada. São Paulo: Saraiva, 2007, p. 33) sustentam que as medidas previstas na lei se aplicam também às uniões homossexuais, mas são cuidadosos em restringir seu âmbito apenas a vítimas mulheres.

[46] PORTO, Pedro Rui da Fontoura. *Violência Doméstica e Familiar contra Mulher* – Análise Crítica e Sistêmica. Porto Alegre: Livraria do Advogado, 2007, p. 35.

a alteração do prenome e do designativo de gênero para transexual submetido à cirurgia de redesignação sexual. Relevantes foram os fundamentos da decisão, que invocou expressamente princípios de bioética, aduzindo que, à falta de fôlego do direito para acompanhar a faticidade, é justo buscar nos princípios gerais de direito e mesmo na interdisciplinariedade, a necessária oxigenação para a solução das novas e mais complexas situações. Nesse ponto, a dignidade da pessoa humana deve ser resguardada, em um âmbito de tolerância, para que a mitigação do sofrimento humano possa ser o sustentáculo de decisões judiciais, no sentido de salvaguardar o bem supremo e foco principal do Direito: o ser humano em sua integridade física, psicológica, socioambiental e ético-espiritual.

Segundo a ministra-relatora, a situação fática do recorrente se assemelha à de todos os transgêneros: afronta sua dignidade humana, mantendo-o em estado de anomalia, angústia e constrangimento, conservar em seus assentos documentais um prenome masculino, assim como esta designação de gênero, em respeito a uma realidade biológica que é de todo negada pela sexualidade psicossocial. Ainda mais quando já realizada a cirurgia de adequação da própria morfologia masculina à feminina.

Na mesma linha de argumentação, em 05 de maio de 2011, o Supremo Tribunal Federal julgou a arguição de descumprimento de preceito fundamental (ADPF) 132, em cujo seio pontificou que:

> A Constituição não interdita a formação de família por pessoas do mesmo sexo, consagrando o juízo de que não se proíbe nada a ninguém senão em face de um direito ou de proteção de um legítimo interesse de outrem, ou de toda a sociedade, o que não se dá na hipótese em julgamento que tratava do reconhecimento da união estável como entidade familiar, uma vez que inexistente qualquer direito dos indivíduos heteroafetivos à sua não-equiparação jurídica com os indivíduos homoafetivos. (...) ante a possibilidade de interpretação em sentido preconceituoso ou discriminatório do art. 1.723 do Código Civil, não resolúvel à luz dele próprio, faz-se necessária a utilização da técnica de "interpretação conforme a Constituição". Isso para excluir do dispositivo em causa qualquer significado que impeça o reconhecimento da união contínua, pública e duradoura entre pessoas do mesmo sexo como família. Reconhecimento que é de ser feito segundo as mesmas regras e com as mesmas consequências da união estável heteroafetiva.[47]

Destarte, reconheceu o STF que à união homoafetiva se podem aplicar as mesmas regras legais pertinentes à união estável que já fora equiparada constitucionalmente ao matrimônio formal e que tem regulamentação legal e jurisprudencial no Brasil.

---

[47] Disponível em: <http://www.stf.jus.br/>

Violência doméstica e familiar contra a mulher

Posteriormente a esta decisão do Supremo Tribunal Federal, a Quarta Turma do Superior Tribunal de Justiça, por maioria, proveu recurso de duas mulheres que pediam para ser habilitadas ao casamento civil. Seguindo o voto do relator, a Turma concluiu que a dignidade da pessoa humana, consagrada pela Constituição, não é aumentada nem diminuída em razão do uso da sexualidade, e que a orientação sexual não pode servir de pretexto para excluir famílias da proteção jurídica representada pelo casamento.[48]

Antes disso, em 15/7/2010, o Senado argentino, após 14 horas de debate e pressionado por diversas manifestações populares, por 33 votos contra 27, aprovou o casamento homoafetivo, fazendo da Argentina o primeiro país latino-americano e o décimo no mundo a admitir tal modalidade matrimonial.

Destarte, tendo na retina este panorama histórico condicionante da função hermenêutica, é de se curvar ao argumento de que a ressalva contida no parágrafo único do art. 5º da Lei 11.340/06 (Lei da Violência Doméstica e Familiar contra a Mulher, cognominada "Lei Maria da Penha") possa inspirar, juntamente com outros argumentos, importantes decisões como o reconhecimento da homoafetividade para os efeitos da proteção do direito de família e sucessões, o que restou reconhecido pelo Supremo Tribunal Federal e a mais recente admissão do casamento civil entre pessoas do mesmo sexo pelo Superior Tribunal de Justiça.

Com efeito, para o Direito Penal de bases iluministas, prevalece a defesa intransigente dos postulados penais, dentre eles o da proibição de analogia desfavorável ao réu, como desdobramento necessário do princípio da legalidade. Tem-se de reconhecer, todavia, que vários destes princípios vêm sofrendo relativizações nos últimos tempos, sem que isso represente, necessariamente, maiores riscos ao Estado Democrático de Direito. Antes pelo contrário, a flexibilização dos dogmas pode, em muitos casos, significar capacidade de adaptação do sistema jurídico em face do processo de complexificação social, em aceleração na pós-modernidade. Em tais casos, a adaptabilidade às mudanças ocorridas no entorno, a seletividade e adequada solução dos novos conflitos, representa condição de sobrevivência do ordenamento legal, enquanto o enclausuramento cognitivo em relação ao meio pode levar à perda energética do sistema e sua crescente diluição.

---

[48] Vide *site* do STJ em: <http://www.stj.jus.br/>

Como já se salientou, a Lei da Violência Doméstica e Familiar contra a Mulher (Lei 11.340/06) não veicula qualquer norma penal incriminadora, não se surpreendendo entre seus inúmeros dispositivos nenhum novo tipo penal. Entretanto, referida lei introduz no sistema processual penal as denominadas medidas protetivas (arts. 22 a 24) e proíbe a aplicação dos benefícios legais da Lei 9.099/95. Estas têm caráter predominantemente cautelar e por isso, não importando diretamente em punição, mas injunções destinadas à proteção ao bem jurídico, seria sustentável aduzir que não se submetem à regra geral que proíbe analogia *in malan partem*. Contudo, referida lei introduz regras evidentemente materiais como é o caso da norma do art. 41 da Lei Maria da Penha, pois, com afastar a aplicação da Lei 9.099/95 e seus benefícios despenalizadoras às hipóteses de violência doméstica e familiar contra a mulher, tal dispositivo incrementa o *jus puniendi* estatal e reduz o *status libertatis* individual. De igual forma, o art. 17 da Lei 11.340/06 proíbe a aplicação de penas pecuniárias em hipóteses de violência doméstica. Eis a razão de nossa pretérita resistência contra a analogia entre o transexual e a mulher, esta prevista expressamente como beneficiária da proteção penal do mencionado instrumento legislativo.

Todavia, há que se reconhecer a tendência no Direito Penal moderno de não se destinar exclusivamente à garantia do acusado, como também voltar uma mirada à figura da vítima, esta personagem historicamente esquecida nas transformações anteriores da ciência criminal. Para além de sua inquestionável função garantista, é unanimidade entre os melhores doutrinadores a finalidade de proteção de bens jurídicos atribuída ao Direito Penal. De outra parte, muitos novos bens jurídicos se agregaram ao elenco tradicional. Novos setores de vulnerabilidade foram reconhecidos na história recente em processos de *diferenciação* como decorrência dos novos tempos.

Deste modo, já não há apenas menores, mas crianças e adolescentes. Não são apenas homens e mulheres, mas outras opções sexuais para além dos sexos biológicos. No ponto, há que se diferenciar o transgênero do simples homossexual; este aceita seu sexo biológico, mas se relaciona com pessoas do mesmo sexo. O transexual ou transgênero, diferentemente, cultiva toda uma personalidade sexual diversa daquela que biologicamente lhe foi dada, inclusive buscando cirurgicamente a alteração de sua natureza física. Vai mais longe e, já autorizado pela jurisprudência, muda nome e registro civil.

Violência doméstica e familiar contra a mulher

Se no passado recente a cirurgia de mudança de sexo chegou a ser considerada crime de lesão corporal gravíssima, atualmente até mesmo o poder público, através da Portaria GM 1.707, de 18 de agosto de 2008, do Ministério da Saúde, formalizou diretrizes éticas e técnicas para atenção ao processo transexualizador no Sistema Único de Saúde (SUS). A normatização levada a efeito pelo Poder Público Federal em parte respondeu a exigência imposta em Ação Civil Pública proposta pelo Ministério Público Federal, visando a impor ao SUS o pagamento deste tipo de cirurgias. Vale salientar que onze anos antes, o Conselho Federal de Medicina, através da Resolução 1492/97, já havia aprovado a realização de cirurgias de transexualização em hospitais universitários no Brasil.

O sistema jurídico – composto de estruturas axiológicas e institucionais – não pode ignorar a existência social de indivíduos transexuais que, diferentemente dos homossexuais, não se contentam com suas características anátomo-morfológicas e, para além de assumir um comportamento psicossocial próprio do gênero pelo qual autonomamente optaram, não raro, se submetem livremente à redefinição cirúrgica do fenótipo sexual.

Deste modo, nossa hipótese é a de que o conceito social de gênero, por mais amplo do que sexo, permite advogar a aplicação da Lei Maria da Penha em prejuízo do agressor de um transexual. Pensar o contrário resultaria em solução discriminatória, que intensifica ou reascende, no plano legal, um preconceito que ainda existe no âmbito social, mas ao qual se busca dar combate. Este indivíduo já reconhecido em lei como mulher, tanto que se lhe admite este atributo da personalidade civil, não seria assim reconhecido no âmbito do Direito Penal, sofrendo, destarte, discriminação, pois ficaria em uma espécie de limbo legal, ou seja, o próprio sistema o discriminaria, quando, ao revés, deveria perceber a existência do problema social, transpondo-o para dentro do sistema e solucionando-o.

O direito deve operar no meio social sem paradoxos ou compartimentos estanques capazes de engendrar incoerências endógenas: se no direito civil ou direito de família já se admite o reconhecimento da união estável e se autoriza, ao menos em nível jurisprudencial, o casamento entre pessoas do mesmo sexo, também o direito penal, sem necessariamente fragmentar seus princípios históricos, pode estender sua força protetiva em favor do transexual, dadas as peculiaridades do transgênero.

A questão bioética que perpassa o dilema reside em eleger a proeminência ou do atributo biológico ou daquele psicológico da personalidade. A indagação que emerge é saber o que identifica uma pessoa em relação a si própria ou no meio em que vive: suas características biológicas, bem visíveis na sua morfologia; ou suas características psicológicas, as quais, posto que mais herméticas, se traduzem no seu modo de ser, vestir-se, portar-se em grupo, ou até mesmo, na forma como reconhecida em seu meio social?

María Susana Ciruzzi preceitua que:

> La personalidad se construye en el devenir del tiempo. Si bien nacemos con ciertas características propias, nuestra personalidad se va estructurando a través de la interacción e influencia de terceros y del medio circundante. No resulta concebible un ser humano – ergo, persona – carente de personalidad, esto es de aquella característica forjada en la interrelación social.[49]

Com efeito, as distinções biológicas entre um homem e uma mulher são infinitamente menores que as diferenças de papéis sociais esperados de cada um dos gêneros. O ser humano nasce e, conforme características de sua genitália, será rotulado, já se aguardando dele um determinado comportamento, ao que se poderia denominar gênero. Assim, a definição do gênero é um fenômeno muito mais social do que biológico e, conquanto não se possa negar que certas características biológicas possam influenciar no desenvolvimento dos papéis sociais – força física, emoções hormonais – parece certo que estas mesmas características não são determinantes, na medida em que a própria evolução histórica também modifica os papéis dos gêneros.

Assim, hodiernamente, a força física e a agressividade já não são exclusivos atributos masculinos, admitindo o meio social mulheres com tais caracteres, do mesmo modo que a vaidade já é plenamente aceitável entre os homens. Vive-se a era da relativização das dicotomias estritas, em que, ao menos no mundo ocidentalizado, se percebe, claramente, acentuada flexibilização dos papéis sociais dos gêneros.

Outra relevante modificação comportamental diz respeito à teleologia da família. No passado, a família tinha uma finalidade precípua: a procriação da espécie. Com o superpovoamento do espaço terrestre após a ocupação da América e dos últimos territórios habitáveis, o propósito de procriação perde força, e a família passa a ser uma necessidade psicossocial como *locus* privilegiado para relações de afeto e combate à solidão tendencial ao individualismo moder-

---

[49] CIRUZZI, María Susana. *El Caso Ahumada Núñez*: una crítica desde la visión interrelacional de la Bioética y el Derecho Penal. MJ-DOC-5178-AR – MJD5178 Microjuris.com. Fecha: 31-ene-2011.

no. Na mesma esteira, o próprio ato sexual se transforma finalisticamente, pois, com efeito, existem outras formas de gerar ou ter filhos no mundo contemporâneo (fertilização *in vitro*, adoções, inclusive internacionais) e, ademais, nem todos os parceiros desejam prole, de modo que a relação sensual passa a ser um ato de prazer ou de afeto, e não de procriação.

Não se destinando, necessariamente, à procriação, acatam-se, no âmbito cultural contemporâneo, outras formas de práticas sexuais e de personalidades sexuais diversas da sexualidade hetero-afetiva praticada entre indivíduos, em que há perfeita consonância entre a rotulagem sexual biológica e a identidade sexual psicos-social desenvolvida em conformidade com o padrão sexual aceito tradicionalmente. Claro que contra este "acatamento" militam as naturais resistências próprias de séculos em que vigentes outros padrões culturais vinculados à definição sexual estritamente biológica.[50]

Com efeito, historicamente, a heterossexualidade, associada ao estrito binarismo de gênero, configura a matriz cultural em cujo marco a sexualidade sempre teve sentido. O binarismo estrito, feminino – masculino, postula uma simplificação das múltiplas facetas da individualidade sexual e de gênero, a partir do qual sempre se julgou a normalidade/anormalidade dos comportamentos sexuais e das diversas experiências de gênero e afetividade, produzindo intenso sofrimento e discriminação a todos quantos não se adaptem perfeitamente aos rótulos estereotipados na cultura sexista proeminente:

> A heterossexualidade e a adequação aos estereótipos ganham força de compulsoriedade. Butler (2003) afirma que o alinhamento entre sexo – gênero – desejo é a estrutura fundante da heteronormatividade ou heterossexualidade compulsória. Um corpo biologicamente sexuado nascido teria como destino unívoco a expressão do gênero que lhe seria correspondente, que por sua fez determinaria a característica do objeto de amor ou de erotismo: o outro sexo ou sexo oposto.[51]

Constata-se, facilmente, que a incongruência entre a sexualidade psicológica e a biológica produz sofrimento psíquico e, con-

---

[50] O direito esteve ao longo de sua história sempre influenciado, ora pelo pensamento religioso, ora pelo direito natural, ambos, obviamente, atrelados à ideia de sexo como instrumento de procriação, uma vez que é assim e só assim que o sexo é praticado na natureza, tido como o reflexo da vontade de Deus.

[51] LIONÇO, Tatiana. Atenção Integral à Saúde e Diversidade Sexual no Processo Transexualizador do SUS – avanços, impasses, desafios. *Physis Revista de Saúde Coletiva*. Rio de Janeiro: 19[1]: 43-63, 2009. Disponível em: <http://www.slideshare.net/unidadetematicat3/atencao-integral-a-saude-e-diversidade-sexual-no-processo-transexualizador-do-sus-avancos-impasses-desafios-lionco-2009>.

sequentemente, a emergência de enfermidades psicossomáticas, cuidando-se, até mesmo, de um problema de saúde pública. Assim, no propósito humanista de estender a felicidade para o maior número de pessoas, nada justifica a discriminação em razão da divergência entre a sexualidade biológica e a psicológica, devendo prevalecer esta última, especialmente quando definida inequivocamente, como resultado de uma autonomia de vontade que, não produzindo nenhum dano a terceiros, deve vir respeitada e salvaguardada pelo sistema legal.

Contudo, indubitavelmente, no dilema em questão – aplicação da Lei de Violência Doméstica contra a mulher em benefício do transexual como sujeito passivo – deve-se levar em conta que se confronta matéria sensível: *o princípio da legalidade* em matéria penal, de sorte que qualquer ampliação do conceito de mulher deve ser efetuada com reflexão e parcimônia a fim de não se provocar uma fratura em princípio histórico construído com grande esforço filosófico e de indiscutível função garantista.

É que se considerar exclusivamente a predominância psicológica de um conjunto comportamental normalmente associado à sexualidade feminina como forma de definir o sujeito passivo da Lei 11.340/06 abriria uma exceção que poderia assumir proporções demasiadas, incluindo o homem homossexual e o travesti, em afronta exacerbada ao princípio da legalidade.

Ademais, é preciso levar em conta que este mesmo raciocínio serviria para excluir da proteção legal a lésbica, pois, se o que vale é a sexualidade psicossocial, uma lésbica, por assumir uma identidade psicossocial predominantemente masculina, não seria protegida pela lei, e isto iria expressamente contra o disposto no art. 5º, parágrafo único, da Lei em comento, o qual é expresso em afirmar que as relações domésticas ou familiares abrangidas por ela "independem de orientação sexual", o que significa que a lei beneficia a mulher independentemente de sua orientação sexual masculinizada.

Desse modo, a hipótese aqui defendida é a de que o transexual que tenha optado pela redefinição sexual de seu fenótipo possa ser abrangido no âmbito de proteção da Lei 11.340/06, pois, nesse caso, não se está a cogitar de uma analogia com a mulher, mas da própria inclusão deste indivíduo no conceito de mulher, na medida em que se flexibiliza este conceito, afastando do binarismo estrito, para um binarismo amplo em que o transexual, por adaptar sua sexualidade biológica à psicossocial, ingressa, definitivamente e sem possibilidade de nenhuma ressalva discriminatória, no conceito de mulher.

Violência doméstica e familiar contra a mulher

Deste modo, preserva-se incólume o princípio da legalidade em direito penal, ao mesmo tempo em que se evita um paradoxal tratamento discriminatório pela própria lei que derivaria da invisibilidade normativa do transexual redesignado aos efeitos do direito penal.[52]

A reflexão ora levada a efeito não se aplica ao travesti nem ao homossexual que não tenham optado pela redesignação sexual, uma vez que tais indivíduos não assumem em sua plenitude o gênero oposto ao definido biologicamente, estando, não raro satisfeitos com sua genitália e até mesmo com determinadas características sociais do gênero biológico, de modo que a aplicação da Lei 11.340/06, em relação a tais indivíduos, realmente, viria em afronta evidente à taxatividade estrita defluente do princípio constitucional da legalidade.

O direito não se imuniza à evolução social, ao contrário, está em constante interação com o ambiente que pretende regular. Destarte, ao observar o ambiente em sua crescente complexidade, o sistema normativo capta os problemas mais relevantes para seu interior, aumentando sua própria complexidade interna, todavia, com isso ganha espaços do mundo, reforçando sua identidade. Neste processo, o sistema legal regulamenta seu entorno, constituindo-se em instrumento gerador de congruência social, na medida em que constitui uma tecnologia social elaborada com o fim de preservar o homem de si mesmo. Com efeito, a sustentação racional do discurso jurídico é o controle e a transformação racional da sociedade natural em sociedade civilizada.

A expressão "direitos humanos" é "oportunamente enfática", mas ela não se refere a direitos que pertencem a um "homem abstrato" eterno e essencial, subtraído do fluxo da história, mas a um homem situado historicamente. Os direitos humanos não decorrem da natureza humana, mas da civilização humana e, como tais, eles não são imutáveis, porém suscetíveis de ampliação e transformação, como nos dão conta as sucessivas gerações de direitos. Norberto Bobbio, engajando-se à sua orientação juspositivista (e contrárias às concepções naturalistas do direito), nesta esteira, preleciona que:

> Sabemos hoje que também os direitos ditos humanos são o produto não da natureza, mas da civilização humana; enquanto direitos históricos eles são mutáveis, ou

---

[52] Nesse sentido, vale destacar decisão do Tribunal de Justiça de Santa Catarina, tomada ainda em 2009, ocasião, em que, ao julgar conflito de competência 2009.006461-6, decidiu pela plena aplicação da Lei 11.340/06 ao transexual hermafrodita que realizou cirurgia de trangenitalização.

seja, suscetíveis de transformação e de ampliação. (...) Não é preciso muita imaginação para prever que o desenvolvimento da técnica, a transformação das condições econômicas e sociais, a ampliação dos conhecimentos e a intensificação dos meios de comunicação poderão produzir tais mudanças na organização da vida humana e das relações sociais que criem ocasiões favoráveis para o nascimento de novos carecimentos e, portanto, para novas demandas de liberdade e de poderes.[53]

Com efeito, a complexidade crescente do mundo deriva do incremento das diferenciações, como aquela ora suscitada. A dicotomia absoluta de rótulos sociais – feminino/masculino – já não é suficiente nas sociedades pós-modernas em que há enorme relativização dos papéis sociais em face de novas facetas da individualidade, caracterizadas pela apreensão de características femininas pelo masculino e vice-versa.

Neste contexto, o direito penal, mesmo atrelado ao princípio da legalidade, não pode tornar invisível uma parcela cada vez mais representativa da população, negando-lhe autonomia e dignidade e, deste modo, paradoxalmente, reproduzindo um contexto de discriminação ao qual lhe compete inclusive reprimir. Ao revés, cumpre-lhe, a partir de uma nova interpretação do conceito de gênero, resguardar também a vulnerabilidade do transexual, sob o pálio da Lei de Violência Doméstica.

2.3. As duas formas de lesões corporais leves qualificadas pela violência doméstica e familiar – contra homem e contra mulher

Insta frisar também aspecto com repercussão no tangente à definição dos sujeitos ativo e passivo. É que este conceito especializante de *violência doméstica* não foi introduzido no ordenamento jurídico penal pela Lei Maria da Penha, mas anteriormente a ela, mediante o acréscimo do § 9º ao art. 129 do CP, pela Lei 10.886/2004, pelo qual já se havia estabelecido um tipo qualificado de lesões corporais leves, especializado como de violência doméstica, entretanto, sem especificação do gênero dos sujeitos ativo e passivo.

Com efeito, conforme já se asseverou alhures, a Lei Maria da Penha, quando publicada, não criou novos tipos penais,[54] entre-

---

[53] *A Era dos Direitos*. Rio de Janeiro: Campus, 1992, p. 32-3.

[54] Afirma-se isto porque, sem dúvida, o acréscimo de uma agravante genérica em inovação do art. 61, II, *f*, do Código Penal e uma majorante específica para lesões praticadas com violência doméstica contra pessoa portadora de deficiência não se constituem propriamente em tipos novos, mas inovações circunstanciais dos tipos penais previamente insculpidos na legislação.

tanto redimensionou a pena fixada para a preexistente hipótese do art. 12, § 9º, do Código Penal, que já se referia à violência doméstica, e havia sido acrescentada pela Lei 10.886/2004, a qual efetivamente estabelecera nova qualificadora ao tipo penal relativo às lesões leves, quando praticadas contra *ascendente, descendente, irmão, cônjuge ou companheiro, ou com quem conviva ou tenha convivido, ou, ainda, prevalecendo-se o agente das relações domésticas, de coabitação ou de hospitalidade.*

A Lei 11.340/06 manteve integralmente o texto do Código Penal, modificado pela Lei 10.886/04, apenas ampliando a pena máxima para três anos e reduzindo a mínima para três meses. Ou seja, se a pena anterior para a lesão corporal praticada em situação de violência doméstica era de 06 meses a 01 ano, a partir da Lei Maria da Penha passa a ser de 03 meses a 03 anos. Compreende-se que ao ampliar o limite máximo de 01 para 03 anos, o legislador retirou este crime do conceito de menor potencial ofensivo, de modo que já não se aplica a transação penal nem mesmo quando for praticado contra homem. Entretanto, também reduziu a severidade da resposta penal na mesma medida em que diminuiu a pena mínima de seis para três meses. Isto é particularmente verdadeiro, porquanto a dosimetria deve *sempre partir do limite penal mínimo*, operando aumentos a cada circunstância judicial desfavorável, agravante ou majorante.

A combinação da Lei 11.340/06 com o art. 129, § 9º, do CP engendra um aparente paradoxo entre os dispositivos daquela lei que, a toda evidência, configuram como sujeito passivo da proteção legal, a mulher, com o tipo do § 9º do art. 129 do Código Penal, a qual não faz distinção entre homens e mulheres. Assim, para efeitos deste último dispositivo legal, importa a violência praticada no ambiente doméstico contra homens e mulheres, adultos e crianças. A Lei 11.340/06 é espécie da qual o § 9º do art. 129 do CP é gênero, pois enquanto aquela se refere especificamente à violência contra a mulher, instrumentalizando diversos meios para sua dissuasão, este se refere genericamente a todos os outros tipos de violência doméstica, também graves por ocorrerem no âmbito doméstico, mesmo contra homens ou crianças. Forçoso concluir, entretanto, que sempre que a forma qualificada de lesões leves do art. 129, § 9º, do

---

Ademais, como já se salientou, é verdade que a lei opera transformações complementares e especializantes sobre tipos preexistentes, quando estabelece que nos crimes, quaisquer que sejam eles, praticados com violência doméstica contra a mulher, não se aplica a Lei 9.099/95. Posteriormente, doze anos após, a Lei 13.641/18 acrescentou o art. 24-A à Lei Maria da Penha, tipificando o crime de descumprimento de medida protetiva de urgência.

CP for praticada em situação específica de violência contra a mulher, então as demais restrições da Lei 11.340/06 se farão incidentes, como se explicará melhor na sequência desta análise.

Afirma-se, pois, surgirem, a partir da Lei 11.340/06, dois tipos de lesões corporais qualificadas pela violência doméstica:

a) **forma genérica**: é a que deflui da tipificação expressa do § 9º do art. 129 do CP, o qual não faz restrições ao gênero dos sujeitos ativo e passivo. Conforme se sustenta neste trabalho, aqui estariam tipificadas as agressões praticadas: a.1) por homens ou mulheres contra pessoas do sexo masculino; e, a.2) por mulheres contra mulheres (esta última hipótese assenta-se nas considerações traçadas quando se tratou do tema *sujeitos ativo e passivo*);

b) **forma específica:** é a que decorre da combinação do art. 129, § 9º, do CP com os artigos 5º e 7º da Lei 11.340/06. Nesse caso, os sujeitos ativo e passivo são, específica e respectivamente, homem e mulher (conforme considerações lançadas na seção relativa a *sujeito ativo e passivo).*

Frise-se que, em um e outro caso, a pena será a mesma: detenção de três meses a três anos e o incremento da pena máxima para além de dois anos, sabidamente, excluiu ambas as hipóteses da categoria legal de crimes de menor potencial ofensivo. A diferença residirá, basicamente, na incidência dos benefícios despenalizantes da Lei 9.099/95 que, no tangente à forma específica de violência doméstica e familiar contra a mulher, estão plenamente afastados, segundo o art. 41 da Lei 11.340/06, ao passo que, com relação à forma genérica, tal afastamento não se operaria sobre a suspensão condicional do processo e a exigência de representação como condição para ajuizamento da ação penal.

2.4. O afastamento da Lei 9.099/95 nos casos de lesões corporais leves praticados com violência doméstica ou familiar contra a mulher

Desde a entrada em vigor da Lei 9.099/95, que, mormente no relativo ao regramento dos Juizados Especiais Criminais, estabeleceu os princípios norteadores da informalidade, celeridade, oralidade e economia processual (art. 62 da Lei 9.099/95), sempre houve uma preocupação acerca de, até que ponto, a nova tendência para um direito penal conciliador e mais flexível, baseado na vontade do ofendido, não colocava em risco as fragilizadas vítimas da violência doméstica.

Com efeito, embora originalmente não criou novos tipos penais, a Lei 11.340/06 certamente opera como complemento de tipos penais precedentes, sendo conveniente uma reflexão acerca dos limites desta influência, isto porque, ao se configurar qualquer crime como praticado em situação de violência doméstica ou familiar contra a mulher nos termos da lei em questão, uma consequência importante se sobressai: *a regra do art. 41 que determina a não aplicação da Lei 9.099/95 aos crimes praticados com violência doméstica ou familiar contra a mulher.*

Ao que se sabe, a opção pelo afastamento dos Juizados Especiais Criminais e da Lei 9.099/95 adveio do movimento feminista, pois o projeto original enviado pela Secretaria Especial de Políticas para as Mulheres não excluía a violência doméstica contra a mulher do âmbito dos Juizados Especiais Criminais, mas tão somente estabelecia diferenciações no procedimento e nas penas aplicáveis.[55] Entretanto, observações empíricas denunciaram que as mulheres, vítimas de violência doméstica, eram, em certas ocasiões, pressionadas a aceitar conciliações que, nem sempre, ajustavam-se à sua vontade e, mesmo quando insistiam na representação, viam seu agressor livrar-se mediante prestações pecuniárias. Nesse sentido, Carmen Hein Campos, integrante da ONG Themis – Assessoria Jurídica e Estudos de Gênero de Porto Alegre, RS, noticia pesquisa realizada junto aos Juizados Especiais Criminais da capital gaúcha, onde teria diagnosticado uma banalização da violência doméstica que já partiria da própria definição de infração de menor potencial ofensivo, a sugerir uma posição hierárquica inferior de tais categorias típicas. Para a pesquisadora:

> Tal banalidade é afirmada pelos números dessa violência nos Juizados: 70% dos casos julgados nos Juizados Especiais referem-se à violência conjugal e 90% deles terminam em conciliação com a renúncia da vítima à representação. É precisamente na conciliação que reside um dos maiores problemas para as mulheres nos Juizados: a decisão terminativa do conflito é, na grande maioria das vezes, induzida pelos juízes. [...] Então, na prática, o grande número de renúncias é originado pelo comportamento do próprio magistrado. Tal postura fere o direito da vítima de ver aplicada a pena. A preocupação dos juízes parece ser a de diminuir o número de processos, que é bastante elevado. Pouco importa se a vítima sai satisfeita com a solução dada

---

[55] Com efeito, de acordo com o projeto original encaminhado pelo Poder Executivo, a violência doméstica continuaria no âmbito dos JECrims, prestigiando a celeridade e informalidade destes juizados, estabelecendo-se, contudo algumas diferenças em relação aos demais crimes de menor potencial ofensivo, quais seriam: ouvir-se separadamente a mulher acerca de seu interesse no prosseguimento do feito; dividir a audiência preliminar em duas fases, em meio às quais o casal seria encaminhado à avaliação da equipe multidisciplinar, perícias e providências cautelares, instrumentalizando a transação penal ou a decisão judicial; garantir a assistência de advogado à mulher vítima; exigir que a audiência fosse presidida por Juiz ou mediador graduado em Direito e capacitado em questões de gênero; proibição de penas pecuniárias ou de cestas básicas.

ao caso. É por isso que nos Juizados, a conciliação com a renúncia do direito de representação é a regra.[56]

Resultante, pois, da pressão do movimento feminista, que via nos Juizados Especiais instrumentos de "banalização da violência doméstica", o Congresso Nacional, modificando a ideia original do projeto de lei do Executivo, afastou a Lei 9.099/95 no caso de violência doméstica e familiar *contra a mulher*, conforme dicção expressa do art. 41 da Lei 11.340/06,[57] donde se concluir que, caso o crime do art. 129, § 9º, do Código Penal seja praticado contra homem, a Lei 9.099/95 segue, em parte, incidente.

Diz-se "em parte", porque, a *transação penal* está afastada, de qualquer modo, neste tipo de lesão leve com violência doméstica ou familiar, como corolário da ampliação do teto sancionatório para três anos, o que descaracteriza a infração penal como de menor potencial ofensivo; resta, entretanto, ainda possível a exigência de *representação* e a possibilidade de *suspensão condicional do processo*, que seguem incidentes nos restantes casos em que a violência doméstica *não é específica* contra a mulher, pois seus pressupostos são outros que não o limite superior da pena em dois anos.

Assume-se aqui esta conclusão, pois, na medida em que o afastamento da Lei 9.099/95 foi determinado apenas quanto aos "crimes praticados com violência doméstica ou familiar *contra a mulher*", a violência doméstica contra pessoas do sexo masculino, continua sujeita às regras anteriores. Deste modo, no caso de lesões corporais leves contra sujeitos masculinos, ainda que praticadas nas hipóteses de violência doméstica do art. 129, § 9º, do CP, persiste a exigência de representação do art. 88 da Lei 9.099/95 (pois indubitável tratar-se também de lesões leves, não se aplicando quando se tratar de lesões graves ou gravíssimas). Da mesma forma, segue possível, em tais casos, a suspensão condicional do processo do art. 89 da referida Lei, a qual pressupõe somente que a pena mínima não seja superior a um ano, nada referindo em relação ao limite máximo.

Problemático foi o caso do art. 129, § 9º, do CP em casos de violência específica contra a mulher, em relação ao qual o legislador,

---

[56] CAMPOS, Carmen Hein. *Os Juizados Especiais Criminais (JECRIMs) e a Conciliação da Violência Conjugal*. In: *Violência Doméstica – Bases para formulação de Políticas Públicas*. Rio de Janeiro: Revinter, FAPERJ, 2003, p. 43. As conclusões de Carmen Hein Campos foram citadas pela Procuradora Federal Ela Wiecko Wolkmer de Castilho, quando de sua palestra no Ciclo de Estudos sobre a Lei Maria da Penha, promovido pelo Centro de Estudos do TJRS, em 01/12/06 em Porto Alegre-RS.

[57] Art. 41. Aos crimes praticados com violência doméstica e familiar contra a mulher, independentemente da pena prevista, não se aplica a Lei nº 9.099, de 26 de setembro de 1995.

no art. 41 da LMP, afastou *in totum* a aplicação da Lei 9.099/95 e, como em seu bojo encontra-se a exigibilidade de representação nos crimes de lesões corporais leves (art. 88 da Lei 9.099/95) conclui-se que também estará afastada esta condição de procedibilidade para tal forma delitiva. O assunto, contudo, não foi pacífico e deu margem a intrincada controvérsia doutrinária e jurisprudencial, até a solução definitiva pelo Supremo Tribunal Federal na ADI 4424, que decidiu pela constitucionalidade do art. 41 da Lei 11.340/06 e pela consequente inaplicabilidade de todos os regramentos e benefícios da Lei 9.099/95 em hipóteses abarcadas pela Lei Maria da Penha. O centro da polêmica residiu especialmente acerca da exigibilidade ou não de representação na hipótese do art. 129, § 9º, do CP contra mulher. Pede-se vênia, destarte, para rememorar alguns dos argumentos que vinham sendo invocados no seio desta discussão.

Acerca da aplicação de institutos despenalizadores da Lei 9.099/95 em casos de violência doméstica e familiar contra a mulher também o STJ editou a Súmula 536 assentando que "a suspensão condicional do processo e a transação penal não se aplicam na hipótese de delitos sujeitos ao rito da Lei Maria da Penha".

Salienta-se que, ao final do livro se encontram esquemas sinópticos comparativos do crime de lesões corporais do art. 129, § 9º, do CP (violência doméstica) quando praticado contra homens ou contra mulheres.

2.5. A histórica polêmica da disponibilidade da ação penal pela vítima nos casos do art. 129, § 9º, do CP

Uma das polêmicas mais acirradas na interpretação da Lei 11.340/06 travou-se quanto à exigibilidade de representação da mulher nos crimes do art. 129, § 9º, do CP resolvida com o julgamento da ADI 4424 pelo Supremo Tribunal Federal.

Inicialmente, modo especial na primeira instância, vinha sendo vencedora a tese favorável à ação penal condicionada que harmonizava a regra geral do art. 41 da Lei 11.340/06, a qual determina o afastamento da Lei 9.099/95 nos casos de violência doméstica e familiar contra a mulher, com outras normas daquela lei que enfatizam a figura da representação nos crimes praticados com violência contra a mulher, como é o caso dos arts. 12, I, e 16 da Lei Maria da Penha.

Assim é que, em uma interpretação sistemática dos três dispositivos, afirmava-se que o afastamento da Lei 9.099/95 foi determinação genérica, relativa aos institutos despenalizadores alheios à autonomia volitiva da vítima – a transação e a suspensão condicional do processo – ordinariamente vistos como institutos essencialmente despenalizadores. Entretanto, a representação continuaria exigível nos crimes de lesões corporais mesmo ante a qualificadora do § 9º do art. 129 do CP, visto que, apesar de ser também uma medida despenalizadora, ela preservava a autodeterminação da vítima, outorgando-lhe o poder de decidir acerca da instauração do processo contra o acusado.

Isto seria ainda mais verdadeiro, na medida em que o legislador cercou de garantias a decisão da vítima sobre representar, ou não, como a imposição legal de que a desistência ocorra em presença do juiz e ouvido o Ministério Público, além da possibilidade de estar beneficiada por medidas de proteção previstas nos arts. 22 e 23 da Lei, o que lhe resguardaria maior liberdade de opção.

Sob tais enfoques, sustentou-se persistir a exigibilidade de representação mesmo nos crimes de lesões leves, praticadas em situação de violência doméstica contra a mulher, pois o legislador pretendeu afastar apenas os benefícios de natureza estrita da Lei 9.099/95, no caso, a transação penal e a suspensão condicional do processo.

Embora este entendimento viesse ganhando prevalência na primeira instância e até mesmo em tribunais superiores, o STF pôs fim à polêmica decidindo que a interpretação literal do art. 41 da Lei 11.340/06 não deixa dúvidas acerca do afastamento da Lei 9.099/95 dos casos de violência doméstica e familiar contra a mulher.

Mas esta conclusão que restou vencedora no STF também tem supedâneos político-criminais convincentes. O primeiro deles está em afirmar que o legislador quis afastar dos casos de violência doméstica e familiar contra a mulher as medidas despenalizadoras da Lei dos Juizados Especiais Criminais, tidas como insuficientes para o enfrentamento da criminalidade doméstica, eleita como uma das mais socialmente nefastas porque tende a marcar indelevelmente a memória dos filhos e assim perpetuar-se de geração em geração.

Partindo-se desse pressuposto, é preciso convir que, embora a Lei 9.099/95 seja uma lei específica sobre os Juizados Especiais Cíveis e Criminais, em cujo âmbito estão previstas medidas despenalizadoras como a transação penal e a suspensão condicional do processo, a verdade é que a exigência de representação também é uma medida despenalizadora clássica, compartilhando, deste modo, da mesma natureza que as demais ali estabelecidas, na

Violência doméstica e familiar contra a mulher

medida em que constitui obstáculo evidente ao direito de punir estatal. Nesse rumo, Ada Grinover afirma que:

> [...] a transformação da ação penal pública incondicionada em ação penal pública condicionada significa despenalização. Sem retirar o caráter ilícito do fato, isto é, sem descriminalizar, passa o ordenamento jurídico a dificultar a aplicação da pena de prisão. De duas formas isso é possível: a) transformando-se a ação pública em privada; b) ou transformando-se a ação pública incondicionada em ação condicionada. Sob a inspiração da mínima intervenção penal, uma dessas vias despenalizadoras (a segunda) foi acolhida pelo art. 88 da Lei 9.099/95.[58]

Ademais, desde quando passou a ser exigida a representação nos delitos de lesões corporais leves pela Lei 9.099/95, houve quem se preocupasse com seu efeito despenalizador, especialmente no âmbito das relações domésticas, em que a pressão pela renúncia ou desistência da representação se faria mais evidente. Nesse sentido, Nereu Giacomolli, quando do início da vigência da Lei 9.099/95, já obtemperava que "a doutrina tem tal mudança como medida despenalizadora, ao talante da conveniência da vítima ou de seu representante legal. Por outro lado, não se pode olvidar que as lesões ocorridas no âmbito doméstico restarão acobertadas pelo empecilho criado pelo legislador, ou seja, da exigência da manifestação inequívoca da vítima em ver seu agressor acusado".[59]

De outra parte, nem se pode afirmar que a exigência de representação em crimes de lesões corporais constitui tradição do nosso Direito, visto que tal condição de procedibilidade só foi incluída no sistema jurídico pela Lei 9.099/95. Antes disso, a manifestação da vítima no sentido de que não tinha interesse em que prosseguisse o feito, uma vez que o casal havia se reconciliado, que o fato foi isolado, que o agressor havia feito tratamento contra o alcoolismo, podia ser relevada para os efeitos de arquivar-se o inquérito policial ou absolver-se o acusado, invocando-se razões de "boa política criminal" ou ausência de justa causa, fundamentos de ordem pragmática que bem podiam, por vezes, encobrir uma atitude, hoje repudiada, de banalização da violência doméstica também no sistema de justiça.

Em 1995, talvez sob uma inspiração minimalista ou para contribuir para a desburocratização do sistema, esta *praxis* acabou

---

[58] GRINOVER, Ada Pellegrini *et al. Juizados Especiais Criminais*: comentários à Lei 9.099/95. 5ª ed. São Paulo: RT, 2005, p. 226. Em igual sentido, considerando a exigência de representação uma medida despenalizadora, vide GERBER, Daniel; DORNELLES, Marcelo Lemos. *Juizados Especiais Criminais*. Porto Alegre: Livraria do Advogado, 2006, p. 38.

[59] GIACOMOLLI, Nereu. *Juizados Especiais Criminais*. 2ª ed. Porto Alegre: Livraria do Advogado, 2002, p. 175.

sendo legitimada pelo legislador na regra do art. 88 da Lei 9.099/95, que transformou o crime de lesões corporais em delito de ação penal pública condicionada. É possível que, na Lei Maria da Penha, o Parlamento tenha reavaliado esta questão, concluindo que não foi de boa política criminal deixar-se ao alvedrio de vítimas altamente vulneráveis, a possibilidade de representar ou não em delito que causa tantos prejuízos à humanidade, pois, tendo por origem a violência doméstica desenvolvem-se muitas outras formas de violência. Seria simples acolhimento do aforismo iluminista de que *"na luta do fraco contra o forte, a lei liberta e a liberdade escraviza"*.

2.5.1. A ADI 4424 e a posição do Supremo Tribunal Federal: a dignidade da pessoa humana e a teoria do impacto desproporcional

Sensível ao antagonismo de interpretações, a Procuradoria-Geral da República (PGR) ingressou com Ação Direta de Inconstitucionalidade, em 31/5/2010, buscando dar interpretação conforme a constituição aos arts. 12, I, 16 e 41 da Lei 11.340/06 sustentando, na inicial, a tese de que a única hermenêutica compatível com a Lei Maior é aquela que entende ser o crime do art. 129, § 9º, do CP, de ação penal pública incondicionada. "A interpretação que faz a ação penal depender de representação da vítima, por outro lado, importa em violação ao princípio constitucional da dignidade da pessoa humana (art. 1º, III), aos direitos fundamentais de igualdade (art. 5º, I) e de que a *lei punirá qualquer discriminação atentatória dos direitos e liberdades fundamentais* (art. 5º, XLI), à proibição de proteção deficiente dos direitos fundamentais, e ao dever do Estado de coibir e prevenir a violência no âmbito das relações familiares (art. 226, § 8º)".

Baseando, primeiramente, a ADI no *princípio da dignidade da pessoa humana*, reporta-se a PGR à Convenção Americana sobre Direitos Humanos ("Pacto de San José da Costa Rica") que prevê em seu art. 5.1, o direito ao respeito à integridade física, psíquica e moral, no qual Luiz Flávio Gomes identifica a dignidade humana tão enfatizada na Carta Constitucional:

> O respeito à integridade física (biológica), psíquica (mental) e moral (relacionada com a honorabilidade) nada mais significa que expressão da dignidade da pessoa humana (contemplada no art. 1º, III, CF, como fundamento da República Federati-

va do Brasil). Cuida-se a dignidade humana do valor-síntese do modelo de Estado (constitucional e de Direito) que adotamos.[60]

E conclui o Sr. Procurador-Geral da República, "possível afirmar, sem medo de errar, que condicionar a ação penal à representação da ofendida é perpetuar, por ausência de resposta penal adequada, o quadro de violência física contra a mulher, e, com isso, a violação ao princípio da dignidade da pessoa humana".

Invoca a PGR, na sequência, *o princípio da igualdade*, aduzindo que um tratamento absolutamente igualitário entre homens e mulheres, que desconheça as diferenças sociais construídas no curso da história, representa uma discriminação indireta compatível com a teoria do "impacto desproporcional", segundo a qual toda atividade governamental, semiprivada ou privada ainda que concebida sem intenção discriminatória, deve ser condenada como atentatória ao princípio da igualdade quando, de sua implementação, resultarem efeitos nocivos de incidência desproporcional sobre certas categorias mais vulneráveis.[61]

E, neste ponto, agrega-se que teoria do *impacto desproporcional*, invocada na inicial da ADI 4424, pode ser observada tanto em ações como em *omissões* governamentais ou da própria sociedade, vez que a omissão legislativa – existente até o advento da Lei 11.340/06 – no tocante a uma repressão mais significativa da violência doméstica e familiar contra a mulher, produzia um efeito desproporcional para homens e mulheres, sendo mais benéfica àqueles.

Por fim, conclui também que a exigência de representação no caso de lesões corporais praticadas sob o regramento da Lei Maria da Penha, se reflete de modo diferente para homens e mulheres, facilitando a impunidade deste tipo específico de violência, que traduz uma discriminação atentatória contra os direitos e liberdades fundamentais. E acentua que um tratamento leniente para com a violência doméstica atenta contra o art. 5º, XLI, da CF e tem origem na tendência até então verificada de enaltecer a denominada "harmonia familiar" ainda que em detrimento dos seus integrantes mais vulneráveis.

Esta excessiva tolerância da violência doméstica, originada no pretexto de salvaguardar a harmonia supostamente reestabelecida na família, acaba por ocasionar uma *proteção deficiente* do bem jurí-

---

[60] GOMES, Luiz Flávio; MAZZUOLI, Valerio de Oliveira. *Comentários à Convenção Americana sobre Direitos Humanos*. 2ª ed. rev., atua. e ampl. São Paulo: Revista dos Tribunais, 2009, p. 39.

[61] BARBOSA, Joaquim. *Ação afirmativa e princípio constitucional da igualdade*. Rio de Janeiro: Renovar, 2001, p. 24.

dico tutelável pelo direito penal, uma vez que a desproporção não decorre apenas do excesso de proteção, como também de sua insuficiência.

Ao final, a PGR postula seja dada interpretação conforme a Constituição aos arts. 12, I, 16 e 41 da Lei 11.340/06, para o fim de declarar-se que:

(i) a Lei 9.099 não se aplica, em hipótese alguma, aos crimes cometidos no âmbito da chamada Lei Maria da Penha, como, de resto, está expresso em seu art. 41;

(ii) portanto, como consequência lógica e necessária, o crime de lesões corporais consideradas leves, praticado em ambiente doméstico, é de ação penal pública incondicionada;

(iii) a representação a que se referem os arts.12, I, e 16 da Lei Maria da Penha diz respeito a crimes em que esse requisito encontra previsão em lei outra que não a 9.099, como se dá, por exemplo, com a ameaça (art. 147, parágrafo único, CP).

Vale historiar que, antes de julgar a ADI 4424, já em 24 de abril de 2011, o STF julgou o HC 106212, prenunciando aquela que seria ao depois sua decisão na ADI 4424. No julgamento do HC mencionado, que dizia respeito a um processo-crime por contravenção de vias de fato, decidiu por unanimidade aquela corte:

VIOLÊNCIA DOMÉSTICA – ARTIGO 41 DA LEI Nº 11.340/06 – ALCANCE. O preceito do artigo 41 da Lei nº 11.340/06 alcança toda e qualquer prática delituosa contra a mulher, até mesmo quando consubstancia contravenção penal, como é a relativa a vias de fato.

VIOLÊNCIA DOMÉSTICA – ARTIGO 41 DA LEI Nº 11.340/06 – AFASTAMENTO DA LEI Nº 9.099/95 – CONSTITUCIONALIDADE. Ante a opção político-normativa prevista no artigo 98, inciso I, e a proteção versada no artigo 226, § 8º, ambos da Constituição Federal, surge harmônico com esta última o afastamento peremptório da Lei nº 9.099/95 – mediante o artigo 41 da Lei nº 11.340/06 – no processo-crime a revelar violência contra a mulher.

O Ministro Marco Aurélio de Mello, relator do HC, mencionou em seu voto:

Tenho como de alcance linear e constitucional o disposto no artigo 41 da Lei nº 11.340/2006, que, alfim, se coaduna com a máxima de Ruy Barbosa de que a "regra da igualdade não consiste senão em aquinhoar desigualmente aos desiguais, na medida em que se desigualam... Tratar com desigualdade a iguais, ou a desiguais com igualdade, seria desigualdade flagrante, e não igualdade real". O enfoque atende à ordem jurídico-constitucional, à procura do avanço cultural, ao necessário combate às vergonhosas estatísticas do desprezo às famílias considerada a célula básica que é a mulher.

Ayres Britto, em seu voto no HC 106212, contextualiza a questão muito mais no direito constitucional do que no direito penal e preleciona: "a Constituição é especialmente zelosa no trato jurídico da condição feminina, mas para conferir à mulher uma superioridade jurídica, como uma forma de compensação das desvantagens históricas experimentadas pela mulher como espécie do gênero humano". Insere o tema naquilo que denominou *constitucionalismo fraternal*, que transcende a simples inclusão social e econômica, mas persegue a plena integração comunitária de setores historicamente desfavorecidos na evolução histórica, como as mulheres, cuja desigualdade em relação aos homens gera instabilidade social. O direito visa a "sanear ambientes instabilizados por efeito de desigualdades que persistem no tempo e com intensidade suficiente para provocar sérios ou temerários desequilíbrios".

Em 09 de fevereiro de 2012, menos de um ano após o julgamento do HC 106212, o STF julgou a ADI 4424, resumida acima, e, com voto vencido do Ministro César Peluso, os demais ministros acompanharam o relator, Min. Marco Aurélio, no sentido de julgar procedente a ação proposta pela Procuradoria-Geral da República, reconhecendo a constitucionalidade do art. 41 da Lei Maria da Penha, para o efeito da inaplicabilidade de qualquer dos institutos da Lei 9.099/95 aos casos de violência doméstica e familiar contra a mulher e ser pública incondicionada a ação penal com base no art. 129, § 9º, do CP.

2.5.2. Breve escorço do papel da vítima no processo penal. O direito de autodeterminação da mulher. O moderno protagonismo da vítima no processo penal

Nas edições anteriores deste livro, ainda que listando a plêiade de argumentos contrários e favoráveis à exigibilidade de representação nas ações penais pelo crime do art. 129, § 9º, do CP contra a mulher, sempre me posicionei, ao final, no sentido da ação penal pública condicionada à representação. Hoje esta discussão está, em grande medida, prejudicada em face da decisão tomada na ADI 4424, que tem efeito vinculativo e *erga omnes* nos termos do art. 102, § 2º, da CF.

Todavia, é preciso reconhecer que a decisão tomada na ADI 4424 não levou em conta os argumentos normalmente apresentados pelos que sustentam posição oposta à que resultou vencedora.

Nosso temor é que a opção adotada pelo STF, com o passar do tempo, incremente a cifra oculta da violência doméstica, desestimulando o registro da ocorrência uma vez que a mulher seja sabedora de que, levado o fato ao conhecimento do Estado, este se apropriará do conflito com exclusividade, ao menos no que diz respeito às lesões corporais, visto que, tangente à ameaça, o crime continua sujeito à ação penal pública condicionada à representação.

É verdade que a mulher, em muitas regiões do país, está culturalmente atrasada, tem dificuldade de acesso à informação sobre seus direitos e muito mais à possibilidade de exercê-los, mas também é verdadeiro que compete ao Poder Público, através de políticas públicas de educação, criar condições favoráveis de pleno exercício da cidadania feminina, privilegiando seu livre-arbítrio.

Na análise desta intrincada questão, convém abrir um parêntese para analisar a história da vítima no processo penal.[62]

Na aurora do Direito Penal, a vítima viveu uma "idade do ouro", pois era a grande protagonista do papel punitivo a ela outorgado quase exclusivamente. Já no advento do Estado moderno, paradoxalmente, é relegada ao abandono da Justiça Criminal, tratada apenas com compaixão, demagogia ou filantropia e, deste modo, de sujeito passivo do crime foi neutralizada e relegada à condição de objeto.

É visível que o Direito Penal e a Criminologia intensificam seu foco de interesse na figura do infrator, em relação ao qual há todo um sistema de garantias, que pode ser facilmente vislumbrado em diversos incisos do art. 5º da Constituição; já, tocante à vítima, em todo o texto constitucional, consta apenas a tímida previsão do art. 245 da CF, determinando ao legislador ordinário a elaboração de lei para dispor acerca das hipóteses em que o Poder Público dará assistência aos herdeiros de pessoas vitimadas por crime doloso, sem prejuízo da reparação civil a cargo do agressor. Os escassos investimentos públicos em programas de ressocialização beneficiam sempre mais o infrator, deixando a vítima desamparada pelo sistema penal, sob o pretexto de que pode buscar sua reparação na Justiça Civil.

O objetivo inicial deste distanciamento entre sujeito ativo e passivo era facilitar a aplicação da lei penal de modo sereno e desapaixonado, propósito que se imaginava dificultado pela presença emocional da vítima na cena sancionatória, o que tenderia a transformar o julgamento em um momento de represália ou vingança. Assim que, em se caracterizando todo e qualquer crime como de dano ou perigo de dano a bens jurídicos ideais, a vítima real foi

---

[62] O resumo histórico a seguir baseia-se no magistério de Antonio García-Pablos de Molina na obra *Criminologia*. 3ª ed. Trad. Luiz Flávio Gomes. São Paulo: RT, p. 72 e segs.

sendo neutralizada no Direito Penal, tornando-se um objeto abstrato, anônimo e despersonalizado, em relação ao qual, quando muito, se lhe reserva o papel de testemunha e, ainda, para mais aviltá-la, sob a alegação de que tem interesse pessoal em que se puna o autor do crime, é trivial diminuir-se-lhe a credibilidade.

É dentro dessa realidade de neutralização que a vítima sofre duas vitimizações: a *primária*, decorrente do próprio crime que a vitimou, e a *secundária*, resultante do modo como é tratada pelo sistema legal, cujo formalismo, criptolinguagem, burocracia e até mesmo aviltamento por descrédito, tornam-na mais um objeto do que um legítimo sujeito de direitos. Tais constatações distanciam em muito a meta de trazer a vítima para dentro do sistema, ressocializando-a e reparando o dano sofrido, de forma mais pronta e solidária.

Ademais, nem se pode afirmar que o Direito Penal só é eficaz a partir da aplicação da pena. Notadamente, quando se trata da pena de prisão, considerada ineficaz para a ressocialização (prevenção especial), sua aplicação deve ser reservada apenas para os casos extremamente necessários. Como se sabe, a realidade prisional não recomenda, modo algum, lançar-se mão, descriteriosamente, da privação da liberdade, antes convém evitá-la sempre que possível, dando espaço para outras sanções menos drásticas e danosas. Outrossim, há uma forte tendência da moderna Criminologia e Direito Penal em facilitar a reparação do dano ao ofendido ou lançar mão das medidas da Justiça Restaurativa ou Terapêutica.

Tais tendências estão conformes ao princípio da intervenção penal mínima e subsidiária e não retiram o papel do Direito Penal de controlador da vida social. Ao contrário, a simples ameaça de processo penal com consequências bem mais rigorosas não raro é suficiente a levar o agressor a alterar seu comportamento agressivo, buscar ajuda psicológica ou, nos casos em que a relação de convivência não possa mais ser recuperada, submeter-se à separação judicial ou dissolução de união estável, com consequentes deliberações sobre a guarda, alimentos, partilha de bens etc.

Advogar-se que o sistema processual penal só funciona com o escopo de atender a uma reação binária – culpado ou inocente – amplifica o conflito original, que já não se estabelece apenas entre vítima e agressor, mas ainda entre a vítima e o sistema penal, o qual não se encontra apto a atender às expectativas da ofendida e não raro as frustra integral ou parcialmente. Quando isso ocorre, é previsível que a mulher vitimada pretenda desistir do encaminhamento processual, mediante retratação da representação, e, se assim procede, é então incompreendida pelos operadores do sistema que a julgam irracional, por fazer uma opção aparentemente ilógica ou por utilizar indevidamente da justiça penal, quando, não raro, fez apenas o uso suficiente e necessário às suas expectativas.[63]

Felizmente, o Direito Penal moderno "redescobriu" a vítima, carreando-a para o seio do sistema, na medida em que pode já ali, em determinados casos, perseguir a reparação do dano, sem necessidade de lançar mão de processo próprio na Justiça Civil. Não se trata de um retorno aos tempos da vingança privada, posto que o poder da vítima é controlado pelo Juiz e pelo Ministério Público, limitando-se, normalmente, à reparação do dano, mas, sem dúvida, representa um especial avanço frente aos institutos tradicionais da *persecutio criminis*. Tal protagonismo da vítima ganha mais realce nas pequenas e médias infrações, nas quais pode o Estado, mais justificadamente, abrir mão de parte de seu poder decisório e punitivo em favor de quem foi vitimado diretamente pelo delito. Em tais formas delitivas mais brandas, o interesse privado da vítima prevalece sobre o interesse público do Estado em exercer seu *jus puniendi*. Estas infrações menores, na lição de Luiz Flávio Gomes:

> [...] fazem parte do âmbito de "consenso", o que significa dizer que autorizam uma solução conciliatória para o conflito, bem diferente da tradicional, que exigia sempre inquérito policial, denúncia (obrigatória), processo, provas, contraditório, sentença etc. Foi fundamental para esse giro político-criminal estrondoso, o reconhecimento da insuficiência (ou mesmo falência) do sistema penal clássico (assim como do modelo penal clássico de Justiça Criminal), que não reúne condições para fazer frente, com sua atual estrutura e organização, a todas as infrações. Acabou a crença no *full enforcement*.[64]

Destarte, embora pareça irrecusável que, em muitos casos, a mulher vítima de violência doméstica sofrerá pressão para desistir da representação oferecida e que, dependendo de sua condição econômica ou social, esta pressão poderá exercer acentuada influência

---

[63] Elena Larrauri (*Mujeres y Sistema Penal – Violencia doméstica*. Montevidéo: Editorial BdeF, 2008, p. 96 e segs.) intenta demonstrar que a mulher se retrata da representação como resposta compreensível e racional à forma como o sistema penal está estruturado atualmente. Para a renomada articulista *"en ocasiones, todo el sistema parece estar más interesado en servir su propia lógica interna que en servir a las víctimas, a las cuales se las presenta como alguien que hace perder el tiempo y distrae a la institución de realizar su 'auténtico' cometido"*. Ainda sustenta que a clássica distinção entre direito penal material e processual contribui para ocultar os efeitos preventivos que o processo penal por si só, ainda que abortado pela vontade da vítima, pode produzir no comportamento do agressor e, apenas com isso, a vítima já alcançou seus propósitos, que eram efetivamente os de produzir, por pressão externa, uma reflexão sensível, um *insight* psicológico no homem com quem convive, capaz de levá-lo a uma melhora de conduta no relacionamento ou de resolver este relacionamento com seu término menos traumático possível.

[64] GOMES, Luiz Flávio. *Criminologia*. 3ª ed. São Paulo: RT, ano 2000, p. 479.

em sua decisão, não é menos certo asseverar que a Lei 11.340/06 também visa a minimizar ou eliminar por completo esta constelação de fatores perversos, criando condições propícias para uma decisão mais livre por parte da vítima, e o faz ao estabelecer importantes medidas protetivas que obrigam o agressor (arts. 22 e 23) e que beneficiam diretamente a ofendida (art. 24), além das garantias de transferência no serviço público e manutenção do vínculo empregatício (art. 9º, § 2º, I e II).

É forçoso convir que a alegada pressão para desistir da ação penal, normalmente imputada, quer ao réu, quer ao juízo, advém, outrossim, em muito maior ênfase, da dependência econômica e/ou emocional da mulher em relação ao homem agressor, o que só poderá ser afastado, através de políticas sociais capazes de fomentar a qualificação profissional da mão de obra feminina, geração de empregos, desenvolvimento de projetos de amparo psicossocial à mulher vitimizada e ao homem agressor etc.

Nossa experiência profissional permite-nos afirmar, que, grande parte das mulheres que recorrem às autoridades, queixando-se de seus maridos, não pretende sequer deles se separar, muito menos vê-los encarcerados, mas apenas que eles sejam aconselhados, compelidos e até mesmo intimidados pela autoridade, a que mudem seu comportamento agressivo, quase sempre decorrente do alcoolismo ou drogadição.

Um bom projeto de encaminhamento dessas famílias a uma terapia de grupo ou atendimento profissional na área de saúde psíquica resolveria grande parte dos problemas subjacentes à violência doméstica. Além disso, outro fator que muito leva a mulher a desistir do processo, é a ausência de assessoramento técnico-jurídico antes e durante a audiência de conciliação. Com efeito, a inacessibilidade a serviços de assistência judiciária faz com que a mulher compareça à audiência sem qualquer aconselhamento prévio ou acompanhamento presente de um advogado ou defensor público, o que a desestimula de representar, pois se vê, sem apoio ou orientação para tanto.

Nesse sentido, um projeto criativo seria plausível mediante convênios com universidades ou ONGs, especialmente os cursos de psicologia, assistência social e medicina para atendimento *pro bono* de famílias desestruturadas, antes mesmo do atendimento jurídico. Ademais, pode haver canalização de recursos obtidos junto aos próprios Juizados Criminais, relativos à prestação pecuniária, destinados a custear tais atendimentos. Em países em crise orçamentária, a criatividade dos operadores jurídicos engendra soluções inteligentes para velhos problemas aparentemente insolúveis.

De outro lado, não há como negar que, preservada a faculdade da representação por parte da vítima, se fortalece a autonomia da vontade da mulher. Se o objetivo da lei é o empoderamento *(empowerment)* da mulher, então, a melhor opção é a que preserva seu livre-arbítrio, outorgando-lhe a faculdade regrada de decidir sobre a deflagração do processo neste tipo de crime.[65] Caso contrário, o poder de decisão da mulher é transferido para o Estado esvaziando qualquer protagonismo feminino no processo penal.

Assim, em se mantendo a exigência de representação e, consequentemente, a oportunidade de conciliação, esta inclusive com possibilidade de reparação dos danos materiais e morais, não se está neutralizando a vítima no processo penal, ao contrário, é ela valorizada e elevada à condição de protagonista relevante, que pode beneficiar-se, direta e imediatamente, da possibilidade de decidir acerca do prosseguimento da ação penal.

Além de todas estas considerações, é preciso registrar a forte tendência observada entre os operadores do direito e mesmo por integrantes de cúpula do movimento feminista, favorável à exigência de representação, como condição de procedibilidade, nos delitos de lesões leves praticadas com violência doméstica contra a mulher. Ela Wolkmer de Castilho, palestrando em Ciclo de Estudos promovido pelo TJRS, asseverou que o tema foi discutido pelas ONGs e, nesse âmbito, a opção era pelo retorno da ação penal pública incondicionada, porém admite que "há uma interpretação crescente em favor da representação" e afirmou: "eu, pessoalmente, entendo que o retorno à ação penal pública incondicionada não favorece ao princípio da autonomia da vontade e empoderamento das mulheres". A seu ver, para preservar esta autonomia volitiva, a lei busca amparar a mulher em diversas garantias e medidas protetivas, para afastar

---

[65] Leila Linhares Barsted, depois de denunciar a desigualdade econômica entre os gêneros, e o sentimento de impotência que aflige as mulheres quando sabem que são titulares de direitos, mas têm dificuldade para demandá-los, enfatiza a função de empoderamento das mulheres como meio para implementação dos direitos de que são titulares: "a noção de *empoderamento (empowerment)* das mulheres tem sido utilizada na literatura feminista e foi adotada nos Planos de Ação das Conferências do Cairo e de Beijing, para designar a necessidade de processos sociais capazes de aumentar as potencialidades das mulheres e superar as discriminações. Petschesky e Judd assinalam que tal noção articula-se com a de titularidade de direitos inerentes à pessoa humana". (BARSTED, Leila Linhares. A Cidadania Feminina em Construção. In: *Violência Doméstica* – Bases para a Formulação de Políticas Públicas. Op. cit., p. 9).

qualquer resquício de vulnerabilidade.[66] A própria pesquisadora do Instituto Themis, Carmen Hein Campos, no mesmo artigo em que condenava a banalização da violência doméstica no âmbito dos JECRIMs, foi enfática em afirmar: "posiciono-me favoravelmente à possibilidade de a representação obedecer ao desejo da vítima, pois esse é o único momento em que ela é sujeito do processo penal".[67]

Concluindo, estamos em que a razão mais crucial e elevada para a admissão da representação, nos casos de lesões leves praticadas com violência doméstica contra a mulher, reside no caráter personalíssimo do fato, que recomenda, por ressalva à intimidade da própria vítima e ao seu livre-arbítrio, prevaleça sua vontade. Nesse sentido, não há como ignorar as preciosas considerações de Maria Lúcia Karan, a seguir transcritas:

> Quando se insiste em acusar da prática de um crime e ameaçar com uma pena o parceiro da mulher, contra sua vontade, está se subtraindo dela, formalmente dita ofendida, seu direito e seu anseio a livremente se relacionar com aquele parceiro por ela escolhido. Isto significa negar-lhe o direito à liberdade de que é titular, para tratá-la como se coisa fosse, submetida à vontade de agentes do Estado que, inferiorizando-a e vitimizando-a, pretendem saber o que seria melhor para ela, pretendendo punir o homem com quem ela quer se relacionar – e sua escolha há de ser respeitada, pouco importando se o escolhido é ou não um "agressor" – ou que, pelo menos, não deseja que seja punido.[68]

---

[66] Ciclo de Estudos sobre a Lei 11.340/06. Centro de Estudos do TJRS, promovido em 1º/12/06, em Porto Alegre. No mesmo sentido, manifestou-se a Defensora Pública paulista, Dra. Juliana Beloque, que também foi conferencista no evento, asseverando inclusive ter participado da elaboração da lei "e que a intenção não era acabar com a representação, mesmo porque o movimento feminista acredita na autonomia da vontade da mulher". Do mesmo modo, a Juíza gaúcha, Dra. Jane Maria Kohler Vidal, também palestrante no evento, manifestou-se peremptoriamente em favor da mantença da representação nos casos de lesões leves praticados em situação de violência doméstica contra a mulher. Nesta ocasião, mesmo a Desembargadora Maria Berenice Dias, outra palestrante do evento, que, inicialmente, parece ter se pronunciado pelo retorno a ação penal pública incondicionada, chegou a admitir que o poder de representar ou não aumenta o potencial de negociação da mulher nos acordos relacionados à dissolução da união ou separação judicial.

[67] Os Juizados Especiais Criminais e a Conciliação da Violência Conjugal. In: *Violência Doméstica* – Bases para a formulação de Políticas Públicas. Op. cit., p. 41.

[68] *Violência de Gênero*: o paradoxal entusiasmo pelo rigor penal. *Boletim do IBCrim*, nº 168, p. 6, nov. 2006. É preciso alertar que, nem sempre, a mulher desejará por fim à relação, em face de algum ato de violência doméstica e isto é um direito que ela tem. Possivelmente, seu objetivo seja apenas levar o marido/convivente a uma reflexão mais séria sobre seus atos, o que pode ser obtido antes mesmo do processo, através do contato com uma estrutura jurídica que disponha de alguns recursos de aconselhamento e acompanhamento psicossocial dos envolvidos. Nesse ponto, é interessante a avaliação que fez Ela Wolkmer de Castilho a respeito da natureza dos conflitos domésticos e familiares. Para a Procuradora Federal de Direitos Humanos, "esses conflitos interpessoais têm momentos que podem ficar apenas entre as partes, mas quando as partes envolvidas não conseguem resolvê-los, o Estado precisa intervir. Como intervir, realmente, é algo a ser pensado, porque esta intervenção do Estado não pode ser uma intervenção autoritária, ela tem que ser uma intervenção que privilegia a autonomia de von-

O que se percebe, quando se analisa a evolução da jurisprudência nos demais tribunais e, especialmente, no STJ, onde a tendência era reconhecer a autonomia da vontade da mulher nos crimes do art. 129, § 9º, do CP, é que o STF deu uma guinada e optou pelo processo penal clássico com o que, a nosso ver, condenou à inutilidade alguns dos propósitos diferenciados da Lei 11.340/06, especialmente, na parte onde prenunciava a ação profilática das equipes multidisciplinares, pois no rito do processo penal conflitivo não há espaço para a restauração do conflito nem para a ação de profissionais das áreas da psicologia ou assistência social.

E o receio que fica é que, sabendo que não poderá mais dispor do processo, a decisão da mulher sobre acionar ou não a máquina punitiva estatal continue a existir, mas agora recuada para um momento anterior ao da própria comunicação de ocorrência, o que é ainda mais prejudicial, pois incrementará a cifra oculta desta criminalidade e afastará a vítima do próprio sistema legal de proteção concebido pela Lei 11.340/06 e concretizado nas inúmeras medidas protetivas de urgência que, ao final, se constituem no mais importante avanço da própria lei.

2.6. A exigência de representação em outras infrações penais de menor potencial ofensivo

Além das hipóteses do art. 129, § 9º, do CP contra a mulher, a regra do art. 16 da Lei 11.340/06 estará em vigor para outros crimes que deverão sofrer consequências oriundas do impacto da lei sobre o precedente ordenamento penal. É o caso do delito de ameaça em situação de violência doméstica e familiar contra a mulher, cuja pena não é alterada, mas que, agora se transfere da competência dos Juizados Especiais Criminais (JECRIM) para os Juizados de Violência Doméstica e Familiar contra a Mulher (JVDFM), muito embora persista a exigência de representação, posto que fulcrada em parágrafo único do art. 147 do CP, afastados, porém, todos os institutos despenalizadores da Lei 9.099/95.

Convém assinalar, contudo, que, mantida a representação no crime de ameaça, é corolário lógico que a conciliação permanece possível, mesmo afastada a incidência da Lei 9.099/95, pois, con-

---

tade das partes, pois, se for autoritária, ela pode resolver o problema naquele momento, mas não vai disparar uma nova relação entre as pessoas, pautada pelo respeito à vontade própria de continuar esta relação, agora em um novo patamar" (Ciclo de Estudos sobre a Lei Maria da Penha. TJRS – Centro de Estudos, Porto Alegre – 1º/12/06).

Violência doméstica e familiar contra a mulher

ciliação e representação são institutos inter-relacionados, ou seja, a decisão sobre representar ou não sempre pode estar condicionada a algum tipo de conciliação, ainda que esta envolva a reparação de danos civis. Assim, uma vez que a Lei Maria da Penha previu a necessidade de uma autêntica audiência preliminar no Juizado de Violência Doméstica e Familiar contra a Mulher (JVDFM) como único momento em que possível a renúncia à representação, nesta solenidade se oportunizará a possibilidade de acordo entre as partes, vedada apenas a transação, caso inexitosa a conciliação.[69]

Outro impacto interessante da Lei Maria da Penha será que, em todos os delitos antes sujeitos à apuração policial por termo circunstanciado, agora, afastada a incidência da Lei 9.099/95, tal investigação deverá dar-se por inquérito policial.

Assim é que a opção legislativa da Lei 11.340/06 de afastar *in totum* a aplicação da Lei dos Juizados Especiais não parece coerente em face dos seus declarados objetivos, pois, enquanto aplicável, esta lei favorecia a repressão destes delitos de menor potencial ofensivo contra a mulher, mediante instrumentos e princípios simplificadores da *persecutio criminis*, que facilitavam o acesso à justiça de demandas neles baseadas. Com o advento da Lei Maria da Penha, retomados os instrumentos tradicionais mais burocráticos do inquérito policial e do processo criminal comum, as deficiências institucionais, defluentes das carências estruturais do Sistema de Justiça, poderão facilitar a impunidade em tais casos.

Sugere-se, pois, a realização de um inquérito policial simplificado, nos crimes que dependam de representação. É que a retratação da representação é possível até o recebimento da denúncia, conforme art. 16 da Lei Maria da Penha. Assim, para que não se perca o trabalho do Ministério Público de oferecer denúncia para, depois, a vítima dela se retratar antes de seu recebimento, será conveniente a realização de uma audiência pré-processual de conciliação nos moldes do art. 16 da Lei 11.340/06.

---

[69] Salienta-se que, para esta audiência de conciliação, é conveniente que o suposto agressor seja também intimado a comparecer, acompanhado de advogado. Nesse sentido, calha registrar o magistério de Guilherme de Souza Nucci, para quem o indiciado tem interesse em participar da audiência que pode resultar na extinção de sua punibilidade e, portanto é um espaço para exercício da sua ampla defesa (*Leis Penais e Processuais Penais Comentadas*. São Paulo: RT, 2006, p. 874). Todavia, é preciso cuidar para que este momento não seja de mais pressão para a mulher. Convém que o juiz ouça a mulher em separado, sem a presença do agressor, para que possa deliberar mais livremente sobre a representação. Importante, ainda, que a mulher esteja acompanhada de advogado ou defensor público, pois, certamente, este poderá orientá-la de forma mais livre que o Juiz ou o Promotor acerca de sua decisão, avaliando inclusive as perspectivas de eventual processo cível ou criminal.

Destarte, da mesma forma, a fim de evitar trabalho inútil da polícia, parece que esta audiência preliminar, para confirmação da representação, poderia ser efetuada à vista de elementos básicos de investigação, como o relato da vítima e, sendo possível, do indigitado agressor e exames médico-periciais ou atestados e prontuários médico-hospitalares provisórios. A identificação e eventual inquirição de testemunhas ficariam reservadas para as hipóteses em que houvesse ratificação da representação em juízo.

É verdade que o Superior Tribunal de Justiça chegou a afirmar que a automatização da audiência do art. 16 da LMP pode constituir constrangimento ilegal à mulher com o que ousamos discordar, já que há meios de conduzir esta solenidade judicial de modo a evitar constrangimentos e obter mais ganhos do que prejuízos. Uma das medidas é possibilitar a manifestação da mulher sozinha, sem a presença do agressor a fim de colher sua manifestação. De outra parte, caso a mulher não compareça à solenidade, tal atitude não deve ser tomada como renúncia tácita, pois, ao contrário, deve ser interpretada como desinteresse em retratar-se da representação, o que só pode ocorrer pessoalmente em face do juiz.

A audiência ainda se constitui em um momento importante para solução de diversos problemas circunstanciais – guarda dos filhos, posse dos bens do casal, alimentos etc. – que podem estar fomentando as razões subjacentes ao conflito. Uma vez que os juizados detêm competência cível e criminal para as causas defluentes de violência doméstica (art. 14 da LMP) podem homologar quaisquer acordos relativos a estes temas. Nesta audiência, ainda se pode encaminhar o agressor e a vítima à equipe multidisciplinar quando existentes na comunidade, inclusive monitorando o casal durante algum tempo.

A nosso ver, sem embargo da interpretação ora dada pelo STF na ADI 4424, a audiência de que trata o art. 16 da LMP pode ser designada previamente ao início do processo penal, até mesmo em hipóteses de lesões corporais leves do art. 129, § 9º, do CP, uma vez que se constitui no momento adequado para que a vítima possa sentir-se prestigiada pela Justiça tendo oportunidade de falar (longe de ser constrangida ou aviltada); para poder manifestar-se e ser devidamente orientada sobre seus direitos, os mecanismos processuais ao seu dispor e inclusive para ter seu caso sumariamente conhecido pelo Juiz, Ministério Público e Defensor e, sendo possível, ser ela e o agressor encaminhados à equipe multidisciplinar ou outros recursos técnicos existentes na comunidade para avaliação profissional, aconselhamento e orientação.

Violência doméstica e familiar contra a mulher

Muito embora, por força da interpretação do STF, em caso de lesão corporal, a ação penal seja pública incondicionada, outorgando-se ao Ministério Público a decisão sobre propor ou não a denúncia, a nosso ver, no atual estágio de maturidade e profissionalismo do Ministério Público, dispõe este órgão de uma discricionariedade regrada para propor a ação penal, fundamentando o arquivamento, por exemplo, na ausência de justa causa, sempre que esta não se fizer necessária ou razoável, inclusive homenageando a vontade manifesta da mulher que não se apresente como evidentemente viciada.

Outros delitos frequentes nos Juizados Especiais Criminais são as contravenções penais de vias de fato e perturbação do sossego, muito comuns na forma de violência doméstica. Ocorre que todas as contravenções são de ação penal pública incondicionada (art. 17 da LCP). Para quem sustentou a exigência de representação nos casos de lesões corporais em violência doméstica, por analogia, as vias de fato se sujeitariam à mesma condição de procedibilidade. Vencedora a tese de que a ação penal será incondicionada nas hipóteses do art. 129, § 9º, do CP, então já não se pode basear na analogia a solução quanto às vias de fato, que voltam à regra normal de todas as contravenções: ação penal pública incondicionada.

Inicialmente até se pensou que às contravenções poderiam ser aplicados os benefícios e rito da Lei 9.099/95, mesmo quando praticadas contra mulher em situação de violência doméstica ou familiar, isso porque, o art. 41 da Lei 11.340/06, afasta a aplicação dos institutos da Lei 9.099/95 apenas aos *crimes* praticados contra a mulher, nada referindo com relação às *contravenções* e não se poderia estender a vedação ao *delito anão* sem que com isso se laborasse em interdita analogia *in malam partem*.

No entanto, ao julgar o HC 106212, antes referido, o Ministro Marco Aurélio chegou a desaconselhar uma interpretação gramatical do art. 41 da LMP enfatizando a opção por uma hermenêutica teleológica. A ementa do acórdão publicado conclui que "o preceito do artigo 41 da Lei nº 11.340/06 alcança toda e qualquer prática delituosa contra a mulher, até mesmo quando consubstancia contravenção penal, como é a relativa a vias de fato".

A fim de não trair o princípio da legalidade, que proíbe analogia desfavorável ao réu e abrir deste modo um precedente perigoso no sistema penal, melhor seria a adequação legislativa para o fim de alterar a redação do art. 41 da LMP corrigindo o recorrente erro legislativo de referir-se apenas a crimes quando se deseja incluir no mesmo preceito legal a figura das contravenções, a exemplo do art. 14 da mencionada lei, que, se referindo à competência dos Juizados de Violência Doméstica e Familiar, refere-se a *causas*, e não a crimes, o que levou à conclusão de que, em se tratando de contravenções penais, o processo e julgamento correm nestes juizados, todavia, com a incidência dos benefícios e do rito da Lei 9.099/95.

Insta, de outra banda, frisar o impacto da Lei 11.340/06 no tocante aos *crimes de ação penal privada, quando praticados em situação de violência doméstica ou familiar contra a mulher*. Será o caso, exemplificativamente, dos crimes de dano simples, exercício arbitrário das próprias razões e crimes contra a honra. Com relação a eles, a lei apenas afastou a incidência da Lei 9.099/95, persistindo, porém, a regra da ação penal privada, uma vez que tal definição está prescrita no Código Penal.

2.7. A ação penal nos casos de violência sexual

O art. 7º, III, da Lei 11.340/06 assim conceitua a violência sexual, doméstica ou familiar contra a mulher:

III – a violência sexual, entendida como qualquer conduta que a constranja a presenciar, a manter ou a participar de relação sexual não desejada, mediante intimidação, ameaça, coação ou uso da força; que a induza a comercializar ou a utilizar, de qualquer modo, a sua sexualidade, que a impeça de usar qualquer método contraceptivo ou que a force ao matrimônio, à gravidez, ao aborto ou à prostituição, mediante coação, chantagem, suborno ou manipulação; ou que limite ou anule o exercício de seus direitos sexuais e reprodutivos;

Parte significativa das hipóteses típicas relacionadas ao dispositivo acima está localizada nos art. 213 a 218-C do CP e, nos termos do art. 225 do mesmo Código está sujeita à ação penal pública incondicionada conforme alteração introduzida pela Lei 13.718 de 24 de setembro de 2018.

2.8. A substituição da pena privativa da liberdade por restritivas de direitos do art. 44 do CP em casos de violência doméstica e familiar contra a mulher: a "ressurreição" do *sursis* e o problema da proporcionalidade

O novo tratamento penal dado à violência doméstica inviabiliza a substituição da pena privativa da liberdade por penas restritivas de direito, especialmente em caso de violência doméstica de que trata o art. 129, § 9º, do CP.

Como se sabe, um dos requisitos para esta substituição é a de que o delito não tenha sido praticado com violência ou grave ameaça à pessoa (art. 44, I, do CP), de sorte que em condenações por lesões leves, vinha-se admitindo a referida substituição, sob o argumento de que, por constituírem delito de menor potencial ofensivo, em que cabíveis medidas despenalizadoras pré-processuais – como a transação penal e suspensão condicional do processo – com muito mais razão, dever-se-ia admitir a substituição do art. 44 do CP.[70]

Ocorre que com a Lei 11.340/06, o crime do art. 129, § 9º, do CP deixou de ser um delito de menor potencial ofensivo, inadmitindo, portanto, as medidas despenalizadoras da transação penal ou da suspensão condicional do processo (nesse caso somente quando for praticado contra mulher), e não mais servindo, a argumentação antes mencionada, para justificar a substituição do art. 44 do CP. Nesse sentido, o enunciado da Súmula 588 do STJ pontifica que *"a prática de crime ou contravenção penal contra a mulher com violência ou grave ameaça no ambiente doméstico impossibilita a substituição da pena privativa de liberdade por restritiva de direitos"*.

A solução, para evitar-se excesso de encarceramento, será aplicar-se a suspensão condicional da pena com base no art. 77 do CP,[71] quando "não seja indicada ou cabível a substituição prevista no art. 44 deste Código [Penal]". É o caso do crime do art. 129, § 9º, do CP, porquanto, independentemente de o sujeito passivo ser homem ou mulher, tal delito já não admitiria a substituição do art. 44 do CP, vez que, cometido em situação de violência doméstica, a que o legislador recomendou mais rigor punitivo incrementando a pena máxima para três anos, não seria mais viável em seu socorro a alegação de tratar-se de infração de menor potencial ofensivo. Nesse caso, restaria, como benefício secundário, para sustar a privativa da liberdade, apenas a suspensão condicional da pena, não sendo o

---

[70] Nesse sentido, vide CAPEZ, Fernando. *Curso de Direito Penal* – Parte Geral. Vol. I. São Paulo: Saraiva, 2004, p. 369 e BITENCOURT, Cézar Roberto. *Tratado de Direito Penal*. Vol. I, 8ª ed. São Paulo: Saraiva, 2003, p. 455. Em sentido contrário, NUCCI, Guilherme de Souza. *Manual de Direito Penal*. 2ª ed. São Paulo: RT, 2006, p. 395, para quem, mesmo no caso dos delitos de menor potencial ofensivo, havendo violência ou grave ameaça, não seria cabível a substituição do art. 44 do CP. Esta última posição, entretanto não encontrava eco na jurisprudência.

[71] CP, art. 77. A execução da pena privativa de liberdade, não superior a 2 (dois) anos, poderá ser suspensa, por 2 (dois) a 4 (quatro) anos, desde que: I – o condenado não seja reincidente em crime doloso; II – a culpabilidade, os antecedentes, a conduta social e personalidade do agente, bem como os motivos e as circunstâncias autorizem a concessão do benefício; III – Não seja indicada ou cabível a substituição prevista no art. 44 deste Código.

condenado reincidente em crime doloso e concorrendo em seu favor as circunstâncias judiciais previstas no art. 77, II, do CP.

É possível que o mesmo instituto – *sursis* – seja ainda o indicado para outros delitos – ameaça, constrangimento ilegal, desobediência a ordem judicial, invasão violenta de domicílio, dano com emprego de violência contra a pessoa ou grave ameaça etc. – quando praticados em situação de violência doméstica ou familiar contra a mulher, visto que, agregada tal circunstância especializante, tais delitos refogem ao conceito de crimes de menor potencial ofensivo, já que, também, inadmitem a aplicação da Lei 9.099/95, conforme preceitua o art. 41 da Lei 11.340/06.

No tocante à aplicação da suspensão condicional da pena em crimes de violência doméstica e familiar contra a mulher interessante ainda observar que, conforme art. 78, § 1º, do CP, *no primeiro ano do prazo, deverá o condenado prestar serviços à comunidade (art. 46) ou submeter-se à limitação de fim de semana (art. 48).* A limitação de fim de semana é uma pena restritiva de direitos que, conforme art. 48 do CP, *consiste na obrigação de permanecer, aos sábados e domingos, por 5 (cinco) horas diárias, em casa de albergado ou outro estabelecimento adequado* e, ainda, consoante reza seu parágrafo único, *durante a permanência poderão ser ministradas ao condenado cursos e palestras ou atribuídas atividades educativas.* A comum inexistência de albergues penitenciários e ainda mais de recursos para que ministrados cursos e palestras em seu interior desmotiva o Poder Judiciário de aplicar esta modalidade sancionatória.

Ocorre que a Lei 11.340/06, em seu art. 45, acrescenta um parágrafo único ao art. 152 da Lei 7.210/84 (Lei de Execuções Penais), o qual precisamente trata dos cursos e palestras impositivos no seio da limitação de fim de semana, onde consta que *nos casos de violência doméstica contra a mulher, o juiz poderá determinar o comparecimento obrigatório do agressor a programas de recuperação e reeducação.* O parágrafo único agregado ao art. 152 da LEP, embora se situe em seção que trata da limitação de fim de semana não está jungido plenamente às demais imposições desta pena alternativa, de sorte que não é necessário que os programas de recuperação e reeducação ocorram nos sábados ou domingos no interior dos albergues.

Nos casos de violência doméstica contra a mulher (e não se vê porque tal regra não possa ser aplicada em qualquer caso de violência doméstica), quando o julgador verificar que a causa das agressões reside, por exemplo, no alcoolismo, drogadição, distúrbios emocionais do agressor, em vez de submetê-lo à prestação de serviços à comunidade no primeiro ano do *sursis*, pode impor-lhe a obrigação de comparecer a programas de recuperação ou reeducação, públicos ou privados, disponíveis na comunidade. Ademais, nos casos em que o Juizado já disponha de algum serviço de assistência social ou acompanhamento psicológico ou, preferencialmente, da equipe multidisciplinar, de que tratam os arts. 29 a 32 da Lei 11.340/06, será muito conveniente que esta equipe mesma possa montar programas próprios ou cadastrar os diversos programas existentes na comunidade, encaminhando o condenado e avaliando sua participação e evolução durante a suspensão condicional da pena.

O problema relativo à suspensão condicional da pena é sua possível desproporção com a pena concretizada, quando se aplique a prestação de serviços à comunidade. É que neste caso, quando da criação do *sursis*, instituto de origem europeia, deveras antigo, não se tinha um desenvolvimento teórico mais elucubrado do princípio da proporcionalidade e o beneplácito do art. 77 do CP, com fixar para todos os casos, a prestação de serviços comunitários ou limitação de final de semana, pode não ser benéfico nem proporcional para condenados a pena inferior a um ano, se comparado à técnica mais razoável do art. 44 do CP.

É que, neste caso, duas pessoas condenadas em coautoria por violência física doméstica, recebendo apenamentos diferentes, por exemplo, em face de atenuantes e agravantes, ao final cumprirão uma suspensão da pena, absolutamente igual. Se a pena for suspensa mediante a modalidade de limitação de final de semana consiste no comparecimento a programa social preventivo da violência, alcoolismo ou drogadição, nem haveria maior problema, pois a medida é aplicada em prol do próprio condenado. Problema maior ocorreria na condição de serviços comunitários durante o primeiro ano, pois, nesse caso, o *sursis* estaria afrontando a proporcionalidade e a própria individualização da pena.

Por esta razão, alguns julgados estão até aplicando a substituição do art. 44 do CP,[72] mas não nos parece seja esta a melhor solução, especialmente nos casos de lesões corporais leves em violência doméstica. É que tal delito se afasta hoje do conceito de crime de menor potencial ofensivo donde resulta que a violência corporal que o integra já não pode ser descurada para o efeito de desviar o obstáculo imposto de modo muito claro pelo art. 44, I, do CP e que já é excepcionado na hipótese dos crimes de menor potencial ofensivo.

---

[72] Nesse sentido, AC 70040469835, Terceira Câmara Criminal, TJRS.

Assim que, mormente quando a pena concretizada na sentença for significativamente inferior a um ano, a melhor solução seja mesmo fixar-se ou a limitação de final de semana, mediante obrigação de participação em programa preventivo da violência, alcoolismo, drogadição durante todo o primeiro ano ou recorrer ao que aqui se denomina *sursis* proporcional, que seria a fixação de prestação de serviços à comunidade no mesmo prazo da pena privativa da liberdade e as demais condições da suspensão condicional da pena previstas nos arts. 78 e 79 do CP, alternativa que já vem sendo adotada em julgados de primeira instância.

2.9. A violência patrimonial da Lei 11.340/06 e os crimes patrimoniais: as imunidades penais do art. 181 do CP

Interessa também avaliar o impacto da Lei 11.340/06 sobre os crimes contra o patrimônio, uma vez que o art. 7º da mencionada Lei, no seu inciso IV, inclui a "violência patrimonial" dentre as categorias de violência contra a mulher, conceituando-a como *qualquer conduta que configure retenção, subtração, destruição parcial ou total de seus objetos, instrumentos de trabalho, documentos pessoais, bens, valores e direitos ou recursos econômicos, incluindo os destinados a satisfazer suas necessidades.*

A leitura do inciso IV insere, entre os crimes praticados com violência doméstica ou familiar contra a mulher, todos os tipos penais contra o patrimônio que signifiquem a retenção, subtração, destruição de bens, documentos, valores e direitos, incluindo os destinados a satisfazer suas necessidades, mesmo que não praticados com violência real. Sendo, pois, propósito da lei alcançar, sob o conceito da violência doméstica, também os crimes patrimoniais não violentos como o furto, especialmente o furto de coisa comum, a usurpação, o dano, apropriação indébita e o estelionato, calha questionar se a Lei 11.340/06 revogou as causas de imunidade penal previstas nos incisos I e II do art. 181 do CP, das quais deriva isenção de pena ao agente que comete qualquer delito patrimonial, sem violência real ou grave ameaça, contra o cônjuge na vigência da sociedade conjugal, ascendente ou descendente, seja o parentesco legítimo ou ilegítimo, civil ou natural em hipóteses subsumíveis nos arts. 5º e 7º, IV, da Lei 11.340/06.

A nosso ver, a resposta afirmativa se impõe, e as imunidades ou impunibilidades absolutas do art. 181, I e II, do CP estão revogadas tacitamente pela Lei 11.340/06 quando se cuide de crimes praticados em situação de violência patrimonial contra a mulher. Frise-se que se trata mesmo de derrogação, ou seja, revogação parcial, porque se o delito for praticado pela mulher contra o homem persiste a escusa absolutória em questão. Nem sempre a revogação se dá na forma expressa, ela pode ocorrer na modalidade tácita sempre que a lei, mesmo não revogando expressamente a anterior com ela entre em colidência. Destarte, quando a Lei Maria da Penha enfatiza tão acentuadamente o caráter criminoso da violência patrimonial contra a mulher, conceituando as formas caracterizadoras desta modalidade de violência, deixou implícito que qualquer regra anterior que imunizasse penalmente o autor de delitos abrangidos no conceito ali sedimentado estava revogada, máxime porque, além de ser lei posterior, é lei especial que prevalece sobre o Código Penal.[73]

2.10. Os novos tipos penais relativos à violência doméstica e familiar contra a mulher: o descumprimento de medida protetiva e o crime de perseguição ou *stalking*

De início a Lei 11.340/06 não estabeleceu nenhum novo tipo penal, mas a Lei 13.641/18 acrescentou o art. 24-A ao seu texto, tipificando o crime de "descumprimento de medidas protetivas de urgência". Tal *novatio legis in pejus* não substitui a prisão preventiva que é medida cautelar destinada à proteção urgente do bem jurídico, da ordem pública ou de efetividade processual. O tipo penal em questão destina-se a preencher o vácuo de tipicidade então existente quando se discutia se o descumprimento de medidas de proteção configuraria o crime do art. 330 ou aquele do art. 359 do CP, havendo dificuldades para tipificação em um ou em outro.

Tal delito, a despeito de sua pena de 3 meses a 2 anos, não pode ser considerado crime de menor potencial ofensivo, nem a ele

---

[73] Em sentido contrário, Guilherme de Souza Nucci, comentando o inciso IV do art. 7º da Lei Maria da Penha, referente às hipóteses de violência patrimonial, asseverou não ver grande utilidade de sua previsão no contexto penal, pois, "lembremos que há as imunidades (absoluta ou relativa), fixadas pelos arts. 181 e 182 do Código Penal, nos casos de delitos patrimoniais não violentos no âmbito familiar". Ou seja, para este autor, as imunidades referidas não foram revogadas (In: *Leis Penais e Processuais Penais Comentadas*. São Paulo: Revista dos Tribunais, 2006, p. 867). Em igual rumo, Rogério Sanches Cunha e Ronaldo Batista Pinto entendem que, para afastar-se a imunidade absoluta do art. 181 do CP, seria necessária a revogação expressa, pois quando o legislador quis afastar essa imunidade, como no caso do crime patrimonial contra idoso, fê-lo expressamente. Ademais, acreditam que "razões de política criminal, que atua na preservação da família enquanto instituição, recomendam a adoção da das imunidades" (Violência Doméstica – Lei Maria da Penha Comentada Artigo por Artigo. São Paulo: RT. 2ª ed., Ano 2008. P. 64/65). Em igual sentido, Renato Brasileiro de Lima (*op. cit.*, p. 950).

ser aplicado quaisquer dos benefícios da Lei 9.099/95.[74] Ainda que se destine a proteger a administração da justiça em matéria de violência contra a mulher, igualmente tem como vítima imediata a própria mulher que sofrera violência doméstica. Ademais, o flagrante de descumprimento de medida de proteção permite autuação em flagrante delito, com possível conversão em prisão preventiva, calhando lembrar o disposto no art. 12-C, § 2º, da LMP, incluído pela Lei nº 13.827, de 2019, onde resta expresso que "nos casos de risco à integridade física da ofendida ou à efetividade da medida protetiva de urgência, não será concedida liberdade provisória ao preso".[75]

Outra tipificação que certamente se aplicará amiúde em casos de violência doméstica será o crime de perseguição, conhecido internacionalmente pela palavra inglesa *stalking*, o qual foi agregado pela Lei 14.132, publicada em 1º de abril de 2021, ao Código Penal no art. 147-A, com a seguinte redação:

> CP/Art. 147-A – Perseguir alguém, reiteradamente e por qualquer meio, ameaçando-lhe a integridade física ou psicológica, restringindo-lhe a capacidade de locomoção ou, de qualquer forma, invadindo ou perturbando sua esfera de liberdade ou privacidade.
>
> Pena – reclusão, de 6 (seis) meses a 2 (dois) anos, e multa.

Esta tipificação veio substituir e revogar expressamente a contravenção de perturbação do sossego prevista anteriormente no art. 65 da LCP[76] e, em efeito, tem uma abrangência típica maior e um preceito penal secundário mais severo. O tipo penal pressupõe reiteração, o que não significa necessariamente habitualidade. Basta que a conduta não seja isolada ou apenas pouco inconveniente e que, por repetida, já seja capaz de, alternativamente: a) representar uma ameaça à integridade física ou psicológica da vítima; b) restringir sua liberdade de locomoção; c) invadir ou perturbar sua esfera de privacidade ou liberdade.

---

[74] De igual modo descabe o benefício do acordo de não persecução penal previsto no art. 28-A do CPP, porque se trata de crime praticado no "âmbito de violência doméstica ou familiar, ou praticados contra a mulher por razões da condição de sexo feminino", conforme exceção prevista no § 2º, inc. IV do referido dispositivo legal.

[75] Esta previsão legal, entretanto, deve ser interpretada em conjunto com as regras atinentes à prisão preventiva cujos requisitos devem estar presentes para que se decrete a custódia cautelar e se negue a liberdade provisória ao indigitado agressor. Evidentemente, os riscos à integridade física ou à efetividade das medidas de proteção, quando presentes, configuram a traços largos a hipótese autorizadora da garantia da ordem pública.

[76] Art. 65. Molestar alguém ou perturbar-lhe a tranquilidade, por acinte ou por motivo reprovável: Pena – prisão simples, de quinze dias a dois meses, ou multa, de duzentos mil réis a dois contos de réis.

Os limites são muito sutis já que a lei penal não deve sujeitar-se a subjetivismos ou idiossincracias de modo a criminalizar quaisquer relações ou interações sociais, as quais podem ser reprimidas em setores menos estigmatizantes de controle social que a lei penal.

Destarte, será necessário que o ato de perseguir opere como ação significativa capaz de produzir os efeitos previstos em lei. Cuida-se, pois de crime de perigo concreto às liberdade pessoais do sujeito passivo, capaz de infundir-lhe fundado temor com danos potenciais à sua normalidade emocional ou riscos efetivos à sua integridade física. O crime é de ação livre e, portanto, pode ser praticado pessoalmente, por interposta pessoa ou por meios digitais (*cyberstalking*).

André Callegari menciona decisão proferida no Juizado de Instrução de Tudela (Navarra), segundo a qual, para configuração do *stalking* "não é suficiente a referência a que a conduta deva ser 'insistente e reiterada', mas que se deve exigir a existência de uma estratégia sistemática de perseguição, integrada por diferentes ações dirigidas a lograr uma determinada finalidade que as vincule entre si". Ademais, segundo referido julgado, "as condutas de *stalking* afetam o processo de formação de vontade da vítima no sentido de que a sensação de temor e intranquilidade ou angústia que produz o repetido ato de espreitar por parte do perseguidor e que lhe levam a mudar seus hábitos, seus horários, seus lugares de passagem, seus números de telefone, contas de correio eletrônico e inclusive de lugar de residência e trabalho".[77]

O delito ainda prevê majorante de metade da pena quando o crime for praticado "contra mulher por razões da condição de sexo feminino, nos termos do § 2º-A do art. 121 deste Código". Este dispositivo considera que há razões de condição de sexo feminino quando o crime envolve: I – violência doméstica e familiar; II – menosprezo ou discriminação à condição de mulher. A primeira hipótese concerne às situações de violência doméstica e familiar contra a mulher elencadas no art. 5º da LMP. Já o inciso II transcende tais hipóteses, bastando que a ação esteja motivada subjetivamente por um sentimento de desprezo ou depreciação à condição feminina que se pode externalizar, por exemplo, pela ideia de submissão ou sujeição da vítima a uma obsessão do perseguidor.

---

[77] CALLEGARI, André. Disponível em: <https://www.conjur.com.br/2021-abr-01/andre-callegari-primeiras-linhas-delito-stalking>.

Na sua modalidade básica, o *stalking* é um crime de menor potencial ofensivo, estando sujeito aos benefícios da Lei 9.099/95, mas quando se trate da forma majorada envolvendo violência doméstica e familiar contra a mulher, nos moldes da combinação entre o art. 5° e o art. 7°, inc. II,[78] da Lei 11.340/06, não se poderão aplicar quaisquer dos benefícios da mencionada lei ante a vedação contida no art. 41 desta lei.

Mas, caso a perseguição contra mulher não se enquadre nas hipóteses da Lei 11.340/06 (arts. 5° e 7°), cuidando-se de situação em que agressor e vítima não convivam na mesma unidade doméstica, não sejam parentes ou familiares, nem tenham tido qualquer relação íntima de afeto? Tal situação é deveras imaginável, pois não raro a perseguição está relacionada a uma obsessão unidirecional e não recíproca, por exemplo, no trabalho, na vida profissional em geral, nos negócios ou entre um fã e uma celebridade. Em tal caso, já não se poderá invocar o art. 41 da LMP para deixar de conceder ao agressor os benefícios da transação penal ou da suspensão condicional do processo, já que não se trata de violência doméstica ou familiar contra a mulher nos moldes da Lei 11.340/06. Mesmo quando se demonstre que a ação persecutória tem lastro em um sentimento de menosprezo ou discriminação contra o sexo feminino, requisito deveras subjetivo, ainda assim é possível não se configure nenhum das situações mais objetivas do art. 5° da Lei 11.340/06 e, mesmo que o apenamento desborde, por força da majorante, do conceito de crime de menor potencial ofensivo, descartando a transação penal, seria mister ofertar ao sujeito ativo a suspensão condicional do processo.

O acordo de não persecução penal, previsto no art. 28-A do Código de Processo Penal, ao largo da discussão sobre se o *stalking* configura caso de violência ou grave ameaça, a ele não se aplica por disposição expressa no aludido instituto, dando conta de que "nos crimes praticados no âmbito de violência doméstica ou familiar, ou praticados contra a mulher por razões da condição de sexo feminino, em favor do agressor".

---

[78] Referido inciso considera violência psicológica contra a mulher, "qualquer conduta que lhe cause dano emocional e diminuição da autoestima ou que lhe prejudique e perturbe o pleno desenvolvimento ou que vise degradar ou controlar suas ações, comportamentos, crenças e decisões, mediante ameaça, constrangimento, humilhação, manipulação, isolamento, vigilância constante, perseguição contumaz, insulto, chantagem, violação de sua intimidade, ridicularização, exploração e limitação do direito de ir e vir ou qualquer outro meio que lhe cause prejuízo à saúde psicológica e à autodeterminação" (grifo nosso).

3. Aspectos processuais da Lei 11.340/06

No seu art. 14, a Lei Maria da Penha estabelece que poderão ser criados Juizados Especiais da Violência Doméstica e Familiar contra a Mulher (JVDFM), com competência cível e criminal, aos quais se possibilitará funcionar no horário noturno, como meio de facilitar o acesso à Justiça, a exemplo do que já vem ocorrendo com os Juizados Especiais Cíveis. Aliás, neste ponto, a polícia civil já havia adotado a práxis de criar delegacias especializadas no atendimento à mulher (DEAMs), e as polícias militares operacionalizaram as patrulhas Maria da Penha, iniciativas louváveis que, como a experiência o demonstra, vêm ostentando bons resultados na tutela da coletividade feminina.

Quanto à jurisdição acerca das diversas matérias estabelecidas na Lei 11.340/06, seu art. 33, que trata das disposições transitórias, parece resolver a questão, quando estabelece que "enquanto não estruturados os Juizados de Violência Doméstica e Familiar contra a mulher, as varas criminais acumularão as competências cível e criminal para conhecer e julgar as causas decorrentes da prática de violência doméstica e familiar contra a mulher, observadas as previsões do Título IV desta Lei, subsidiada pela legislação processual vigente".

Como se vê, a Lei 11.340/06 pretende especializar um novo subsistema institucional dentro do sistema de justiça, com atribuições muito próprias: competência cível e criminal. Assim, a tradicional dicotomia cível e criminal, pode ser superada nesses juizados, onde ambos os reflexos legais – cível e criminal – de uma mesma relação intersubjetiva instabilizada por atos de violência doméstica ou familiar contra a mulher, serão apreciados sob única e comum instância judicial.

Sem dúvida, entretanto, que, em se tratando de crimes dolosos contra a vida, a competência do Júri deve prevalecer sobre a dos JVDFM, posto que altamente especializada, preponderante e ainda com *status* constitucional, conforme art. 5º, XXXVIII, *d*, da CF. Em tais casos, o julgamento criminal será forçosamente da Vara do Júri, enquanto os aspectos de família e cíveis do fato seguirão na competência do JVDFM ou das Varas Cíveis na falta deste.

3.1. O impacto da Lei 11.340/06 sobre a atividade policial civil e militar

Reconhecendo o legislador que, de regra, as autoridades policiais serão as primeiras a ter contato com mulher vítima de violência doméstica, valorizou sobremaneira sua função, prestigiando o trabalho mais dedicado e humano que já vem sendo desenvolvido de forma pioneira em delegacias especializadas em defesa da mulher ou mesmo nas delegacias distritais, bem como pela Polícia Militar, cujo treinamento já contempla aulas de direitos humanos. Daí por que estabeleceu, nos arts. 11 e 12, uma série de medidas a cargo das polícias civil e militar para prevenção cautelar da integridade física, moral e patrimonial da vítima. É bem verdade que, pela sua natureza, a maior parte destas medidas caberá à polícia judiciária, mas aquelas atitudes mais imediatas de proteção física direta da vítima também tocarão à polícia militar, normalmente, a que por primeiro tem contato com a ofendida e com a situação conflitiva.

Dispõe o art. 11 da Lei 11.340/06:

Art. 11. No atendimento à mulher em situação de violência doméstica e familiar, a autoridade policial deverá, entre outras providências:

I – garantir proteção policial, quando necessário, comunicando de imediato ao Ministério Público e ao Poder Judiciário;

II – encaminhar a ofendida ao hospital ou posto de saúde e ao Instituto Médico Legal;

III – fornecer transporte para a ofendida e seus dependentes para abrigo ou local seguro, quando houver risco de vida;

IV – se necessário, acompanhar a ofendida para assegurar a retirada de seus pertences do local da ocorrência ou do domicílio familiar;

V – informar à ofendida os direitos a ela conferidos nesta Lei e os serviços disponíveis, inclusive os de assistência judiciária para o eventual ajuizamento perante o juízo competente da ação de separação judicial, de divórcio, de anulação de casamento ou de dissolução de união estável. .

Enquanto *o art. 11 da Lei 11.340/06 relaciona providências imediatas* tocantes à polícia, nos casos de atendimento da mulher vítima de violência doméstica, *o art. 12 da mesma lei refere-se a procedimentos*, os quais serão analisados na sequência; ou seja, as providências têm um caráter mais imediato e informal, enquanto os procedimentos são mais burocráticos e formais e destinam-se a constituir os autos de inquérito policial, representações e requerimentos de medidas cautelares de prevenção.

3.1.1. Providências atribuídas à polícia

I – garantir proteção policial, quando necessário, comunicando de imediato ao Ministério Público e ao Poder Judiciário;

Dentre as providências atribuídas à polícia, aquela que se afigura de maior dificuldade prática será **garantir proteção policial** à mulher vítima de violência, visto ser consabido que, com o incremento geral da violência e da criminalidade, não há quadros funcionais das polícias civil e militar para tanto. Entretanto, será viável providencie a polícia alguma estratégia de atendimento prioritário a mulheres em situação de risco, ao menos nos primeiros dias de um rompimento afetivo, no início de algum processo de separação ou criminal, nas proximidades de uma audiência e até mesmo quando do comparecimento ao Fórum, em que os cuidados devem ser redobrados.[79]

Por outra, ao final do dispositivo em questão, a lei determina que a autoridade policial deva comunicar a proteção policial dispensada à mulher vítima de violência doméstica ou familiar, ao Poder Judiciário e ao Ministério Público. No que concerne ao Ministério Público, a comunicação antes referida se prestará aos seguintes objetivos:

a) incrementar o controle externo da atividade policial, determinado no art. 129, VII, da CF, permitindo ao *parquet* requisitar diligências complementares à autoridade policial, inclusive e especialmente as dos arts. 11 e 12 da Lei Maria da Penha (LMP);

b) diretamente ou com base no resultado de diligências próprias ou requisitadas à autoridade policial requerer ao juiz a adoção de medidas protetivas de urgência (arts. 22 a 24), conforme lhe autoriza o art. 19 da LMP, ou a decretação da prisão preventiva do agressor, conforme art. 20 da LMP;

c) facilitar o cadastro dos casos de violência doméstica e familiar contra a mulher, previstos no art. 26, III, da Lei 11.340/06.

Já no que tange ao Poder Judiciário, a comunicação de que trata o art. 11, I, parte final, da LMP, terá mais sentido se estiver no seio de algum expediente mais amplo, como um inquérito policial ou pedido de providências cautelares de competência do juiz. No

---

[79] Nesse sentido, calha registrar que, no Rio Grande do Sul, a Brigada Militar vem capacitando parte de sua corporação para atendimento de situações de violência doméstica em guarnições especialmente denominadas "Patrulhas Maria da Penha".

entanto, é preciso concordar que todas as medidas protetivas de urgência dos arts. 22, 23 e 24 podem ser deferidas de ofício pelo juiz, caso conclua por sua necessidade. Nesse caso, a simples comunicação de violência ou risco de violência contra a mulher por parte da polícia, autoriza o juiz ao deferimento de medidas protetivas de urgência em favor da mulher ou contra o agressor.

II – encaminhar a ofendida ao hospital ou posto de saúde e ao Instituto Médico Legal;

As providências protetivas elencadas nos incisos II a V são factíveis e, de regra, vêm sendo efetuadas. Destas, por óbvio, sobressai o encaminhamento da vítima a hospital ou posto de saúde e ao Instituto Médico Legal. Note-se a preocupação, em primeiro lugar, com a providência curativa de eventuais lesões sofridas pela vítima, que, por isso, deve ser encaminhada, de pronto, ao serviço médico curativo (hospital ou posto de saúde). Posteriormente, mas de preferência com a maior brevidade, a vítima deve ser encaminhada pela polícia ao Instituto Médico Legal, para realização dos laudos competentes.

Sempre que possível e mesmo em casos de lesões leves, recomenda-se à polícia e aos peritos do instituto médico legal, providenciem um levantamento fotográfico das lesões ou, sendo este inviável, façam acompanhar o laudo definitivo de um mapa anatômico, onde assinalados os ferimentos sofridos pela vítima, documentos que melhor comunicam às partes e ao juiz a sede, natureza e maior ou menor gravidade das agressões.[80]

III – fornecer transporte para a ofendida e seus dependentes para abrigo ou local seguro, quando houver risco de vida.

A providência deste inciso III pressupõe ao menos três requisitos:

a) que haja um abrigo ou local seguro disponível para albergar a mulher e, preferencialmente, seus dependentes também;

b) que a mulher esteja realmente em situação de risco não apenas de vida, mas ao menos quanto à sua integridade física, o que se extrai das informações por ela prestadas sobre a personalidade do agressor, seus antecedentes, seu acesso a armas, o conteúdo de suas ameaças etc.; é bom lembrar que quem está mais apto a predizer o risco é a própria mulher; sendo, portanto, bem razoável se dê consideração ao seu testemunho.

c) que a mulher concorde em sair de casa e não prefira o afastamento do agressor, já que não pode o policial decidir retirá-la de casa contra sua vontade.

---

[80] No item 3.1.2.1, far-se-á uma abordagem mais detalhada acerca do exame de corpo de delito em casos de violência doméstica ou familiar contra a mulher.

Quanto ao primeiro aspecto acima – *a existência de casas-abrigo femininos disponíveis ao menos regionalmente* –, trata-se de um dos objetivos gerais da lei, estampados no seu art. 35, II,[81] em cujo *caput* diz o legislador que a União, o Distrito Federal, os Estados e os Municípios *poderão criar* casas-abrigo para mulheres e dependentes menores em situação de violência doméstica e familiar. A locução verbal, todavia, significa que os entes federativos *deverão criar* tais albergues de proteção, seja diretamente, seja delegando tal atividade a organizações não governamentais devidamente fiscalizadas pelo poder público, as quais poderão muito bem se desincumbir de alguns dos outros objetivos da lei como os programas de atenção integral às vítimas da violência doméstica e seus dependentes, projetos educacionais de enfrentamento da violência doméstica e inclusive os de reabilitação dos agressores.[82] Entre cidades menores sugerem-se consórcios intermunicipais para a operacionalização de tais projetos. Vale frisar que já não existem dúvidas de que a violência é um problema complexo, de origem multifatorial, relacionado a temas como assistência social, educação, saúde e segurança pública e, portanto, as pastas governamentais respectivas devem assumir

---

[81] Art. 35. A União, o Distrito Federal, os Estados e os Municípios poderão criar e promover, no limite das respectivas competências: I – centros de atendimento integral e multidisciplinar para mulheres e respectivos dependentes em situação de violência doméstica e familiar; II – casas-abrigos para mulheres e respectivos dependentes menores em situação de violência doméstica e familiar; III – delegacias, núcleos de defensoria pública, serviços de saúde e centros de perícia médico-legal especializados no atendimento à mulher em situação de violência doméstica e familiar; IV – programas e campanhas de enfrentamento da violência doméstica e familiar; V – centros de educação e de reabilitação para os agressores.

[82] Impossível desconhecer a situação atual de crise orçamentária do Estado, em que pese a resistência estoica de vozes dissonantes que ainda acreditam em um Estado Social nos moldes da República de Weimar. Em tal quadro, calha trazer a lume o ensinamento de Pierre Rosanvallon (*A Crise do Estado Social*. Goiânia: UnB, 1997), para quem a função do Estado Providência era mediar o social e o econômico, corrigindo os efeitos do mercado. Porém, o peso da burocracia e da regulamentação tornaram os mecanismos de solidariedade estatal abstratos e formais. A distância entre o individual e o social tornou-se grande demais, enfatizando a hodierna necessidade de incentivar solidariedade social, produzindo um refluxo na tendência à atomização social. É nesse sentido que a Lei Maria da Penha, estabeleceu a possibilidade de convênios entre entes privados e entidades governamentais ou entre estas e entidades não governamentais que vêm ganhando crescente espaço na cena pública, ante a evidente constatação de que o Estado não consegue ocupar todos os espaços públicos. Traz-se à colação o art. 8°, VI, da LMP: "Art. 8° A política pública que visa coibir a violência doméstica e familiar contra a mulher far-se-á por meio de um conjunto articulado de ações da União, dos Estados, do Distrito Federal e dos Municípios e de ações não governamentais, tendo por diretrizes: I – [...] VI – *a celebração de convênios*, protocolos, ajustes, termos ou outros instrumentos de promoção de parceria entre órgãos governamentais ou entre estes e *entidades não-governamentais*, tendo por objetivo a implementação de programas de erradicação da violência doméstica e familiar contra a mulher" (grifo nosso).

as exigências legais pertinentes ao enfrentamento da violência doméstica.[83]

O estabelecimento de "casas de passagem" para mulheres vítimas de violência doméstica e seus filhos menores é uma obrigação do Estado de modo geral, mas como as exigências sempre recaem predominantemente sobre os municípios, é previsível que serão estes os mais instados para organização dos albergues. Todavia, há a justa expectativa de que Estados e União ingressem com recursos auxiliares para a construção ou manutenção destes estabelecimentos, até porque o sucesso nos resultados da Lei 11.340/06 depende em muito da necessária infraestrutura para sua realização.

Oportuno salientar que a disponibilização de abrigos para proteção temporária de mulheres e crianças vítimas de violência constitui *um direito difuso* de todas as mulheres vítimas reais ou potenciais de violência doméstica, ingressando no conceito de interesses "transindividuais, de natureza indivisível, de que sejam titulares pessoas indeterminadas e ligadas por circunstâncias de fato".[84] Destarte caracterizam-se por: a) "indeterminação dos titulares", pois concernem a conjunto de pessoas indeterminadas e geralmente indetermináveis; b) "unidas por situação fática comum", como a violência doméstica e, c) "indivisibilidade do objeto", vez que a satisfação de um só membro da coletividade de titulares implica, forçosamente, a satisfação de todos. Com efeito, as vítimas da violência doméstica são indetermináveis, pois, em tese qualquer mulher pode ter sofrido ou vir a sofrer violência de tal natureza. A situação fática que as une é a reiterada prática de violência intralares, noticiada pelas estatísticas e, por fim, a construção de abrigos e programas de proteção, atende aos interesses gerais de todas as vítimas atuais e potenciais.[85]

---

[83] Nesse sentido, dispõe expressamente o art. 9º da LMP: "a assistência à mulher em situação de violência doméstica e familiar será prestada de forma articulada e conforme os princípios e as diretrizes previstos na Lei Orgânica da Assistência Social, no Sistema Único de Saúde, no Sistema Único de Segurança Pública, entre outras normas e políticas públicas de proteção, e emergencialmente quando for o caso".

[84] Art. 81, parágrafo único, inciso III, do Código de Defesa do Consumidor.

[85] Vide PORTO, Pedro Rui da Fontoura. *Direitos Fundamentais Sociais*. Porto Alegre. Livraria do Advogado, 2006, p. 134-5. As palavras chave que conceituam o interesse difuso são *qualidade de vida e afetação ao gênero humano*. No memorável artigo: A tutela jurisdicional dos interesses difusos. *Revista Forense*, Rio de Janeiro, v. 75, n. 268, p. 67-78, out.-dez. 1979, Ada Pellegrini Grinover, antes mesmo do surgimento da Lei 7.347/85 no cenário jurídico nacional, discorrendo sobre o fenômeno jurídico do surgimento de interesses difusos, assim se pronunciava: "surgem, agora, a nível de massa, e por via substancial – enquanto o direito burguês concebia, normalmente, posições adquiridas por via formal e colocava o indivíduo, isoladamente considerado no centro do sistema – *interesses difusos*: ou seja, aspirações espalhadas e informais à

Esta característica de interesse difuso, que se pode atribuir à disponibilização de albergues de proteção de vítimas e programas de enfrentamento das causas da violência doméstica, tem o condão de transformar tais pretensões em potenciais causas de pedir de ações civis públicas a serem manejadas, tanto pelo Ministério Público, como por organizações não governamentais, cujo objetivo social guardar pertinência temática com o tema da violência doméstica, como precisamente dispôs o art. 37 da LMP:

> Art. 37. A defesa dos interesses e direitos transindividuais previstos nesta Lei poderá ser exercida, concorrentemente, pelo Ministério Público e por associação de atuação na área, regularmente constituída há pelo menos um ano, nos termos da legislação civil.
>
> Parágrafo único. O requisito da pré-constituição poderá ser dispensado pelo juiz quando entender que não há outra entidade com representatividade adequada para o ajuizamento da demanda coletiva.

Sobre este tema dos direitos difusos, necessária uma abordagem mais profícua em momento mais oportuno, visto que, sem dúvida alguma, os objetivos da lei serão minimizados, caso não ocorra, *pari passu* ao incremento da repressão criminal contra a violência doméstica, um paralelo desenvolvimento de programas sociais e educacionais que atinjam a violência nas suas origens, além, obviamente da criação de estruturas organizacionais capazes de dar atendimento às vítimas da violência doméstica e até mesmo aos protagonistas desta violência, eles mesmos resultantes de ciclos viciosos de violência.

Ainda, no tangente à providência em foco, é preciso ter em conta que somente se justifica a retirada da vítima de sua própria residência caso exista risco à sua integridade física, já que sempre presente a possibilidade de deslocamento do agressor. Ocorre que, o afastamento do sujeito ativo depende de ordem judicial e tal nem sempre será obtida instantaneamente, de modo que a retirada espontânea da vítima pode ser solução provisória, até que se providencie o afastamento judicial do sujeito ativo da violência, caso isto seja possível e recomendável.

De outra banda, é verdade que este afastamento da vítima nem sempre deverá ser em direção à casa de abrigo, podendo sê-lo também ao domicílio de familiares, o que, na maioria das vezes até

---

tutela de necessidades coletivas, sinteticamente referidas à 'qualidade de vida'. Necessidades e interesses, esses que sofrem constantes investidas e agressões, também de massa, o que põe à mostra a existência de outros conflitos metaindividuais, nem sempre e somente reconduzíveis ao contraste autoridade-indivíduo" (grifo nosso).

consulta melhor aos interesses da ofendida, por representar melhores acomodações e um ambiente mais receptivo e afetuoso.

Por último, é bom salientar a orientação às vítimas da violência: o afastamento de casa, em situação de violência doméstica, jamais importa em qualquer prejuízo posterior no curso de eventual processo de separação ou dissolução de união estável. Tal esclarecimento se faz necessário na medida em que é voz corrente a equivocada noção de que o cônjuge ou convivente que "abandona o lar" perde seus direitos no momento da partilha de bens, da determinação da guarda dos filhos e da pensão alimentícia.

IV – se necessário, acompanhar a ofendida para assegurar a retirada de seus pertences do local da ocorrência ou do domicílio familiar.

A proteção da vítima enquanto retira seus pertences pessoais da casa onde vive com o agressor é medida necessária, que pode prevenir desdobramentos mais graves. A própria autoridade policial, civil ou militar, em atuação na ocorrência, deverá determinar a medida de ofício, pois que tal lhe advém da própria lei.

Frise-se que a regra do art. 11, IV, da Lei 11.340/06 impõe, à autoridade policial, uma obrigação de proteção à vítima durante a retirada dos objetos pessoais da agredida do lar comum. Percebendo o risco de novas agressões, a autoridade policial deve esforçar-se ao máximo para proceder a este acompanhamento, cuja omissão pode conduzir à sua responsabilização por eventual crime perpetrado contra a agredida, cuja realização foi facilitada pela ausência de proteção. É que, estando obrigada por lei a dar proteção à vítima, eventual negativa da autoridade policial constitui hipótese de omissão penalmente relevante do art. 13, § 2º, *a*, do Código Penal, omissão do tipo impróprio que permite, por ficção legal, a imputação do resultado ao garantidor, legalmente obrigado, que faltou ao dever que a lei lhe houvera imposto.

Sobre este ponto, vale frisar outro aspecto: por ocasião do atendimento de uma ocorrência de violência doméstica onde houver informação de posse de arma de fogo por parte do agressor, sempre convém atitude preventiva de parte dos policiais que diligenciam no local dos fatos, tendente à apreensão do artefato letal.

Ocorre que a suspensão da posse, restrição do porte ou mesmo a busca e apreensão da arma de fogo, a ser deferida pelo juiz, não impede a polícia de, sempre que chamada a atender um caso de violência doméstica, já antecipadamente, proceder ao desarmamento do agressor, quando tal se mostrar oportuno e legalmente viável. *Assim, obviamente, possuindo ou portando armas quando da abordagem ou diligência policial no lar do casal, o agressor deve ser prontamente desarmado, mediante apreensão cautelar da arma que fica à disposição do juízo.*

Frise-se que, mesmo tendo autorização para o porte, caso haja indícios de que a arma fora utilizada para a prática de crime como ameaça, perseguição (art. 147-A do CP) lesões, tentativa de homicídio, constrangimento ilegal etc. deve ser apreendida imediatamente pela polícia, em atendimento à regra dos arts. 240, § 1º, *d*, e 244 do CPP, os quais autorizam a busca pessoal no caso de prisão ou de fundada suspeita que a pessoa esteja na posse de armas proibidas ou instrumentos de crime anterior.[86]

Em tal caso, é prudente que os policiais atendentes da ocorrência efetuem a apreensão da arma, mesmo do possuidor legalizado ou do autorizado ao porte, pois que se trata de instrumento do crime. Tal providência, longe de ser arbitrária, é permitida e até determinada legalmente, como consectário da prisão em flagrante, e a experiência sabe que bem poderá evitar desdobramentos criminais futuros. Nada impede que, posteriormente, em análise mais profícua do caso, o Poder Judiciário, de ofício ou a pedido da defesa, mas sempre depois de ouvido o Ministério Público, venha a devolver a arma ao seu proprietário, caso se verifique ser ele possuidor autorizado, mas, nesse caso, será possível, inclusive, cassar a autorização para o porte,[87] ou impor restrições como a de não se aproximar da mulher, manter distância mínima etc.

Ademais, desnecessário o mandado de busca e apreensão para o recolhimento da arma em poder do agressor ou no interior de sua casa, pois, uma vez efetuado o registro de ocorrência policial e nele constando a autorização da mulher para o ingresso da polícia na casa, estarão os policiais legitimados, pela autorização de um dos moradores, para o fim de proceder à busca da arma, pois, repita-se: não estão invadindo o domicílio, mas ingressando em seu interior

---

[86] CPP, art. 240. A busca será domiciliar ou pessoal. § 1º Proceder-se-á à busca domiciliar, quando fundadas razões a autorizarem, para: a) [...] d) apreender armas e munições, instrumentos utilizados na prática de crime ou destinados a fim delituoso; CPP, art. 244. A busca pessoal independerá de mandado, no caso de prisão ou quando houver fundada suspeita de que a pessoa esteja na posse de arma proibida ou de objetos ou papéis que constituam corpo de delito, ou quando a medida for determinada no curso de busca domiciliar.

[87] A Lei 13.880/2019 acrescentou o inc. VI-A ao art. 12 da LMP, determinando como um dos procedimentos afetos à autoridade policial "verificar se o agressor possui registro de porte ou posse de arma de fogo e, na hipótese de existência, juntar aos autos essa informação, bem como notificar a ocorrência à instituição responsável pela concessão do registro ou da emissão do porte, nos termos da Lei nº 10.826, de 22 de dezembro de 2003 (Estatuto do Desarmamento)".

Violência doméstica e familiar contra a mulher

com autorização de uma moradora. Igualmente, caso o agressor se encontre em casa, deverá até ser preso em flagrante, caso não tenha autorização para a posse ou porte de arma, o que constitui crime, respectivamente, dos arts. 12, 14 ou 16 da Lei 10.826/03.

> V – informar à ofendida os direitos a ela conferidos nesta Lei e os serviços disponíveis, inclusive os de assistência judiciária para o eventual ajuizamento perante o juízo competente da ação de separação judicial, de divórcio, de anulação de casamento ou de dissolução de união estável.

Por fim, o art. 10 da LMP, no seu inciso V, estabelece que, no atendimento à mulher em situação de violência doméstica e familiar, a autoridade policial ou agentes previamente determinados, deverá ter condições de esclarecer a vítima sobre todos os seus direitos conferidos na própria Lei 11.340/06 e os serviços de proteção disponíveis. É claro que a perfeita realização do texto legal pressupõe o treinamento de policiais, especialmente, daqueles que atendem ao público nos plantões das delegacias ou dos agentes de delegacias da mulher, para um conhecimento mais detalhado da lei, visto que pior do que não dar informações é dá-las de modo equivocado.

O legislador aperfeiçoou o pretérito texto legal e acrescentou que, além de "informar à ofendida os direitos a ela conferidos nesta Lei e os serviços disponíveis" a polícia deve esclarecer acerca dos serviços "de assistência judiciária para o eventual ajuizamento perante o juízo competente da ação de separação judicial, de divórcio, de anulação de casamento ou de dissolução de união estável".

Nesse sentido, logo após a publicação da lei, já recomendávamos que a polícia procedesse ao encaminhamento da vítima a outros órgãos – Ministério Público, Defensoria Pública, serviços de assistência judiciária de universidades – ou advogados. Necessário, a exemplo do preconizado no art. 8°, I, da LMP, uma maior integração entre as polícias, e destas com o Ministério Público, Defensoria Pública, Poder Judiciário, para a promoção de fóruns permanentes sobre o tema. Outrossim, a capacitação dos agentes de que trata o inciso VII do art. 8° da LMP deve ser permanente.[88]

Convém, ainda, formar redes de proteção entre órgãos governamentais e da sociedade civil que estabeleçam rotinas de atendi-

---

[88] Vale salientar que nem sempre as informações de que necessita a mulher são de natureza jurídica, pois, não raras vezes, serão relacionadas à saúde ou assistência social, como as hipóteses do art. 9° da LMP que concernem a cadastro em programas assistenciais, acesso a contracepção de emergência e profilaxia das doenças sexualmente transmissíveis e AIDS, nestes últimos casos, especialmente em se tratando de violência sexual.

mento de quaisquer casos de violência levadas ao conhecimento da polícia, tal como preceitua o inciso VI do art. 8º.

3.1.2. Procedimentos a serem adotados pela polícia

Consoante já se salientou, enquanto o art. 11 da LMP refere-se às *providências* a serem tomadas de imediato pela polícia, ao passo que o art. 12 da mesma lei concerne a *procedimentos,* ou seja, atos formais, normalmente posteriores às providências, estas, informais e imediatas. Tais procedimentos vêm elencados no art. 12, a seguir transcrito:

> Art. 12. Em todos os casos de violência doméstica e familiar contra a mulher, feito o registro da ocorrência, deverá a autoridade policial adotar, de imediato, os seguintes procedimentos, sem prejuízo daqueles previstos no Código de Processo Penal:
>
> I – ouvir a ofendida, lavrar o boletim de ocorrência e tomar a representação a termo, se apresentada;
>
> II – colher todas as provas que servirem para o esclarecimento do fato e de suas circunstâncias;
>
> III – remeter, no prazo de 48 (quarenta e oito) horas, expediente apartado ao juiz com o pedido da ofendida, para a concessão de medidas protetivas de urgência;
>
> IV – determinar que se proceda ao exame de corpo de delito da ofendida e requisitar outros exames periciais necessários;
>
> V – ouvir o agressor e as testemunhas;
>
> VI – ordenar a identificação do agressor e fazer juntar aos autos sua folha de antecedentes criminais, indicando a existência de mandado de prisão ou registro de outras ocorrências policiais contra ele;
>
> VI-A – verificar se o agressor possui registro de porte ou posse de arma de fogo e, na hipótese de existência, juntar aos autos essa informação, bem como notificar a ocorrência à instituição responsável pela concessão do registro ou da emissão do porte, nos termos da Lei nº 10.826, de 22 de dezembro de 2003 (Estatuto do Desarmamento);
>
> VII – remeter, no prazo legal, os autos do inquérito policial ao juiz e ao Ministério Público.

O inciso VI-A, agregado ao art. 12 da Lei 11.340/06 pela Lei 13.880/2019, parece ser mais uma providência do que um procedimento. Efetivamente, procedimentos seriam os dois acima relacionados, enquanto providências pressupõem uma ação mais imediata e singela como é o caso de "verificar se o agressor possui registro de porte ou posse de arma de fogo e, na hipótese de existência, juntar aos autos essa informação, bem como notificar a ocorrência à instituição responsável pela concessão do registro ou da emissão do porte". Ao que parece, o legislador, possivelmente preocupado com que o incremento do acesso a armas de fogo no Brasil tenha por consequência mais violência doméstica, inseriu na LMP mais salvaguardas contra o uso de armas em situação de violência doméstica. Isto é o que se vê aqui nos arts. 12, VI-A e 18, IV da Lei 11.340/06.

O legislador pretende antecipar medidas de suspensão da posse de armas para a fase policial/administrativa quando tal seja possível para acautelar mais rapidamente a proteção do bem jurídico. Esta, a nosso ver, a *ratio* da comunicação contida no ora aludido inciso VI-A do art. 12 da LMP, pois conforme estabelece o art. 14 do Decreto 9.847/2019 que regulamenta a Lei 10.826/2003 (Estatuto do Desarmamento) "serão cassadas as autorizações de porte de arma de fogo do titular a que se referem o inciso VIII ao inciso XI do *caput* do art. 6° e o § 1° do art. 10 da Lei n° 1 0.826, de 2003, que esteja respondendo a inquérito ou a processo criminal por crime doloso".[89] Segundo o mencionado dispositivo regulamentador, "a cassação será determinada a partir do indiciamento do investigado no inquérito policial ou do recebimento da denúncia ou queixa pelo juiz".

No mais, convém proceder-se a uma análise mais detalhada de cada um desses procedimentos atribuídos à autoridade policial, que, em seu conjunto, se relacionam, basicamente, a dois aspectos preponderantes:

a) a conclusão do inquérito policial, e

b) a elaboração do pedido da ofendida, direcionado ao juízo, para o deferimento de medidas protetivas de urgência.

3.1.2.1. Elaboração do inquérito policial: a coleta da representação, orientações sobre a queixa-crime e a coleta especial de depoimento da vítima

De início, estabelece o art. 12 ser dever da autoridade policial ou seus agentes:

I – ouvir a ofendida, lavrar o boletim de ocorrência e tomar a representação a termo, se apresentada.

---

[89] A cassação administrativa, entretanto, é limitada às hipóteses seguintes: a) agentes de segurança privada e de transporte de valores; b) integrantes das entidades de desporto legalmente constituídas, cujas atividades esportivas demandem o uso de armas de fogo; c) integrantes das Carreiras de Auditoria da Receita Federal do Brasil e de Auditoria-Fiscal do Trabalho, cargos de Auditor-Fiscal e Analista Tributário; d) integrantes do Poder Judiciário descritos no art. 92 da Constituição Federal e dos Ministérios Públicos da União e dos Estados; f) cidadãos em geral que atendam ao requisitos do art. 10, § 1°, da Lei 10.826/2003.

Comparando o texto do inciso I com o *caput* do art. 12 da LMP, vê-se que este procedimento de ouvir a ofendida não se confunde com o registro de ocorrência. Trata-se de tomar a termo as declarações da ofendida em cujo seio deve vir colhida a representação, caso se trate de crime de ação penal pública condicionada, e a vítima, devidamente orientada, optar por representar. Na hipótese de a vítima não manifestar interesse momentâneo em representar, a autoridade policial não deve dar prosseguimento ao inquérito, pois a representação é condição de procedibilidade para o início da ação penal, e o inquérito policial é supedâneo da *opinio delicti*, de sorte que, sem perspectiva de seu aforamento, resta desnecessária a ultimação do inquérito. Aliás, o art. 5º, § 4º, do CPP é textual quando preceitua que "o inquérito, nos crimes em que a ação pública depender de representação, não poderá sem ela ser iniciado".

Os incisos II, IV, V e VI, do art. 12 da Lei Maria da Penha referem-se tão somente a providências comuns, já previstas no CPP, relativas à *elaboração do inquérito policial*, tais como a ouvida dos envolvidos e testemunhas, requisição do exame de corpo de delito, juntada de antecedentes policiais e colhida de todas as provas necessárias ao esclarecimento do delito e da sua autoria. Frise-se que a regra do art. 41 da LMP, ao interditar a aplicação da Lei 9.099/95 a todos os crimes praticados com violência doméstica e familiar contra a mulher, afastou também a apuração policial através dos termos circunstanciados, impondo doravante investigações via inquérito policial. Aliás, vale lembrar que, em se tratando de lesões corporais praticadas em situação de violência doméstica, independentemente de ser ou não a vítima uma mulher, a apuração policial dar-se-á sempre através de inquérito policial, pois, os novos parâmetros punitivos do art. 129, § 9º, do CP, que se situam entre 03 meses e 03 anos de detenção, alçaram esta modalidade típica para além da categoria dos delitos de menor potencial ofensivo.

Outrossim, curiosa a redação dada ao inciso VII do art. 12, onde consta, como derradeiro procedimento da autoridade policial, *remeter, no prazo legal, os autos do inquérito policial ao juiz e ao Ministério Público*. Uma leitura irrefletida permitiria crer que a polícia devesse remeter duas cópias dos autos: uma ao Poder Judiciário e outra ao Ministério Público, o que, obviamente, é um contrassenso. Na realidade, tal como tradicionalmente vem sendo feito, os inquéritos são remetidos ao Poder Judiciário apenas para o fim da certificação dos antecedentes e, depois, vão diretamente ao Ministério Público. Todavia, na medida em que o *parquet* tenha acesso digital aos antecedentes registrados no Poder Judiciário, naturalmente, a tendência é a de que as investigações policiais sejam remetidas diretamente pela polícia ao órgão acusatório oficial, titular da ação penal pública, que deverá, inclusive, requisitar diretamente à polícia as diligências necessárias ao pleno esclarecimento dos fatos, contribuindo para o desafogamento dos foros, até porque, em geral, o Ministério Público já apresenta estrutura funcional para tanto.

Convém frisar que, embora silencie a lei, também nos casos de ação penal privada, deve a autoridade policial elaborar inquérito policial, desde que o crime tenha sido praticado com violência moral contra a vítima, caracterizando algum ilícito processável mediante queixa-crime. Em tais casos, efetuado o registro, não sendo o caso de representação ou de ação penal pública incondicionada, a autoridade policial deverá orientar e consultar a vítima sobre seu interesse em futuro ajuizamento de queixa-crime e, em caso positivo, registrar, desde logo, a vontade da ofendida de que o fato seja apurado, cientificando-a de que deverá contratar um advogado ou buscar a defensoria pública para o ajuizamento da ação penal privada.

Quanto à inquirição da vítima, o legislador, através da Lei 13.505/17, acrescentou o art. 10-A à Lei Maria da Penha, estabelecendo ser "direito da mulher em situação de violência doméstica e familiar o atendimento policial e pericial especializado, ininterrupto e prestado por servidores – preferencialmente do sexo feminino – previamente capacitados". Nesse caso, a inquirição de mulher vítima ou testemunha de violência doméstica deve preservá-la de danos físicos ou emocionais, evitando-se o "contato direto com investigados ou suspeitos e pessoas a eles relacionadas". O inciso III, preocupando-se com o problema da revitimização, recomendou se evitem "sucessivas inquirições sobre o mesmo fato nos âmbitos criminal, cível e administrativo, bem como questionamentos sobre a vida privada". Para tanto, a inquirição de mulher em situação de violência doméstica e familiar ou de testemunha de delitos de que trata esta Lei, preferencialmente, deve dar-se em recinto próprio, que preserve sua intimidade, se possível, mediante intermediação de profissional capacitado na matéria e "registrado em meio eletrônico ou magnético, devendo a degravação e a mídia integrar o inquérito".

Os princípios concernentes à oitiva de mulheres em situação de violência doméstica aplicam-se a qualquer autoridade que vá ouvi-las – polícia judiciária, Ministério Público, Defensoria Pública e Poder Judiciário – e se inspiram na Lei 13.431/17, que trata da escuta especializada e do depoimento especial de crianças e adolescentes vítima ou testemunha de violência. Ao contrário, porém, das crianças e adolescentes, o art. 10-A da LMP não impõe, apenas recomenda que, *preferencialmente*, o depoimento seja tomado por profissional capacitado, especialmente quando a situação de vulnerabilidade – material, física ou emocional – se apresente mais evidenciada.

Princípios que concernem à escuta especializada podem ser observados por quaisquer agentes estatais, valendo ressaltar que o texto legal não reserva esta função a nenhum tipo de formação acadêmica (psicólogo, assistente social etc.) de modo que, a nosso ver, o mais importante mesmo é a capacitação de agentes, preferencialmente com curso superior, para tal exercício. O mais relevante é a criação, ainda que brevemente, de um vínculo de confiança e que se evitem posturas hierárquicas, moralistas, pedagógicas ou juízos de valor durante o depoimento. Nesse sentido, a própria estrutura arquitetônica das salas de audiência judicial já dificulta o atendimento das diretrizes legais, porque, normalmente, colocam o juiz em um plano mais elevado e o depoente em uma espécie de "curral" em que, naturalmente, se sente oprimido durante o depoimento, sem falar nas vestes formais e no ambiente solene dos foros judiciais.

Acerca da inquirição das vítimas, ainda convém rememorar alguns aspectos importantes já salientados no item em que se tratou do papel das vítimas no processo penal. A evolução histórica do processo penal, desde uma fase primeva em que toda a ação punitiva cabia à vítima ou a seus familiares até a inspiração iluminista/racionalista que transferiu a iniciativa penal para o Estado, ensejou um processo de crescente neutralização do ofendido que, destarte, sofre duas vitimizações: a *primária*, decorrente do próprio crime, e a *secundária*, resultante do formalismo, criptolinguagem, burocracia e até mesmo aviltamento por descrédito do sistema penal, que o tornam mais um objeto de interesse processual do que um legítimo sujeito de direitos. Tais constatações distanciam em muito a meta de trazer a vítima para dentro do sistema, ressocializando-a e reparando o dano sofrido, de forma mais pronta e solidária.

Elena Larrauri aponta esta "tradicional desconsideração da vítima" como a principal razão pela qual muitas mulheres optam por desistir dos processos penais contra seus agressores. Para a criminóloga espanhola, a escassez de informações e de possibilidades de participação no processo reduz o potencial de colaboração que se reclama da vítima ao prestar seu testemunho, normalmente indispensável para a condenação, já que a natureza intimista da violência doméstica não permite a coleta de um arcabouço probatório muito amplo. Nos moldes da hermenêutica gadameriana a que nos referimos no item que trata da hermenêutica da Lei Maria da Penha, é necessário limpar o terreno das pré-compreensões que engendram descrédito dos agentes estatais face às declarações da mulher como consectário de estereótipos de mulheres despeitadas que denunciam por vingança, inimizade ou obscuros interesses, levando a um reconhecimento reticente da possibilidade de condenar-se alguém com base no depoimento da vítima.

A pesquisadora colaciona decisão do Tribunal Supremo de Espanha, que assim se expressa: [el testimonio de la víctima] es considerado por pacífica y continuada doctrina de esta Sala, apto para enervar la "presunción de inocência" siempre y cuando no existan razones objetivas que invaliden sus afirmaciones o provoquen en el juzgador alguna duda que impida u obstaculice formar su convicción, o dicho de otra manera, cuando concurran las siguientes circunstancias: a) ausencia de "incredibilidad" subjetiva, derivada de un móvil espurio, b) "verosimilitud" corroborada por circunstancias periféricas y c) "persistência em la incriminación". Para Larrauri, o contido no item "a" da decisão revela implicitamente que os Tribunais conservam dúvidas sobre o testemunho das mulheres vítimas de violência e até doutrinam no sentido de que esta dúvida, presumível antecipadamente, seja escoimada antes da sentença condenatória[90] e para tanto, considerando-se que isto também ocorre no Brasil, acaba-se, por vezes, transformando a vítima em suspeita de denunciação caluniosa, imprimindo inadequado rigor durante o *cross examination* com o escopo de arrancar-lhe contradições ou mesmo impor-lhe o relato dos fatos como uma obrigação que possa ser extraída a fórceps. A situação emocional em que se encontra a vítima, as consequências familiares do seu depoimento etc. devem impor uma percepção empática dos interrogadores – sejam policiais, juízes, promotores ou advogados de defesa – evitando-se a vitimização secundária da ofendida e, quando isso esteja ocorrendo, espera-se que a autoridade policial ou judiciária saiba intervir em favor da integridade emocional da mulher vitimada.

3.1.2.2. A prova das lesões corporais: exame de corpo de delito ou outros documentos médicos ou fotográficos capazes de provar a materialidade do crime

Outro tema relevante a situar-se no âmbito da elaboração do inquérito policial diz respeito ao *exame de corpo de delito*, impres-

---

[90] LARRAURI, Elena. *Mujeres y Sistema Penal – Violencia doméstica*. Montevidéo: Editorial BdeF, 2008, p. 207-213.

cindível em delitos de lesões corporais, homicídio, aborto e crimes contra a dignidade sexual da mulher.

Neste tema específico, cotejando-se a regra do art. 12, § 3º, da Lei 11.340/06, na qual consta que *serão admitidos como meios de prova os laudos ou prontuários médicos fornecidos por hospitais e postos de saúde*, com a norma do art. 158 do CPP, a qual estipula que *quando a infração deixar vestígios será indispensável o exame de corpo de delito, direto ou indireto*, aplicável subsidiariamente à Lei 11.340/06, por força do seu art. 13, resta a indagação sobre se os laudos ou prontuários fornecidos por hospitais e postos de saúde podem suprir o exame de corpo de delito formal de que tratam os arts. 158 e seguintes do CPP, para os efeitos de embasarem uma condenação.

Surgiram, destarte, dois entendimentos:

Para o primeiro deles, *laudos ou prontuários médicos são suficientes para o deferimento de medidas protetivas de urgência ou para o recebimento da denúncia, mas a condenação não prescinde do exame formal de corpo delito.*

Rogério Sanches Cunha e Ronaldo Batista Pinto, comentando este tema, traçam um paralelo entre o art. 12, § 3º, da Lei 11.340/06, antes transcrito, com o art. 77, § 1º, da Lei 9.099/95, aplicável ao rito sumariíssimo dos Juizados Especiais Criminais,[91] para sustentar que, nos casos da Lei Maria da Penha, "os laudos e prontuários médicos servirão ao oferecimento da inicial (denúncia ou queixa), porém não à condenação, que exigirá prova segura da materialidade, alcançada apenas com o exame de corpo de delito".[92]

Em oposição a esta posição doutrinária, outro entendimento no sentido de que, em se tratando de violência doméstica contra a mulher, apenas os laudos e prontuários médicos são suficientes até mesmo para a sentença condenatória, porque: a) ante o princípio *lex specialis derogat generali*, a regra especial, contida na Lei 11.340/06, deve prevalecer sobre aquela de cunho geral do CPP; b) enquanto o art. 77, § 1º, da Lei 9.099/95 é expresso em afirmar que os boletins médicos só suprem o exame de corpo de delito para o efeito de justificar o recebimento da denúncia, o respectivo art. 12, § 3º, da LMP não faz qualquer ressalva nesse sentido, limitando-se a afir-

---

[91] Segundo este dispositivo da Lei dos Juizados Especiais: "para o oferecimento da denúncia, que será elaborada com base no termo de ocorrência referido no art. 69 desta Lei, com dispensa do inquérito policial, prescindir-se-á do exame do corpo de delito quando a materialidade do crime estiver aferida por boletim médico ou prova equivalente".

[92] CUNHA, Rogério Sanches; PINTO, Ronaldo Batista. *Violência Doméstica*. São Paulo: Revista dos Tribunais, 2007, p. 64.

mar genericamente que "serão admitidos como meios de prova os laudos ou prontuários médicos fornecidos por hospitais e postos de saúde"; c) a realidade estrutural do Brasil pode ter sido considerada pelo legislador que não desconhece a indisponibilidade de órgãos médico-periciais em imensas áreas deste país continental.

Embora, o tema seja discutível, ganha crescente prestígio na jurisprudência a orientação que admite, como prova da materialidade delitiva, especialmente na hipótese de lesões corporais, apenas os laudos e prontuários médicos, inclusive para fins de condenação.[93] Nesse rumo, até mesmo o STJ na APn 673/DF – Ação Penal – 2011/0136371-0, admitiu a comprovação de lesões só pela prova testemunhal "exuberante" (Min. Gilson Dipp, julgado em 15/08/2012).[94]

E, com efeito, em se tratando de lesões leves, sua constatação até pode ser efetuada de modo menos formal, o que já não se recomenda, principalmente, em crimes com danos pessoais mais sérios ou sutis, como o homicídio, que pela maior gravidade da pena, não dispensa o exame de necropsia ou exames de conjunção carnal, cujas consequências punitivas são bem mais severas e, portanto, a produção de provas para condenação adquire uma função garantista incontestável.

Frise-se, contudo, que os prontuários hospitalares e documentos de atendimento médico podem embasar exames indiretos de corpo de delito, admitidos legalmente sempre que os vestígios ou o próprio corpo de delito houver desaparecido e não tenha sido possível a realização oportuna do exame direto. Em tal caso, o exame indireto pode ser elaborado até mesmo com base na prova tes-

---

[93] Apelação Crime 70040550006, Terceira Câm Crim, TJRS, Rel Francesco Conti, Julgado em 20/10/2011; Apelação Crime nº 70052631397, Terceira Câmara Criminal, Tribunal de Justiça do RS, Relator: Jayme Weingartner Neto, Julgado em 15/07/2013);

[94] Na primeira e na segunda edição deste livro, secundamos o primeiro entendimento acima referido, porque, a nosso ver, harmonizava a regra especial da LMP com a geral do CPP sem preterir nenhuma delas, agora, após melhor reflexão e considerando aspectos práticos, entendemos que a exigência de laudo pericial nos moldes do art. 158 do CPP pode dificultar sobremaneira a repressão criminal dos delitos de lesões corporais contra a mulher, por impor-lhe a necessidade de deslocamentos sempre que na sua própria cidade não haja postos do Instituto Médico Legal. Conforme determina o art. 4º da Lei 11.340/06 na interpretação da lei é necessário levar em conta os fins a que ela se destina e a condição específica da mulher vítima de violência doméstica, marcada pela vulnerabilidade econômica e psíquica. Todavia, é preciso considerar que, estando ao alcance da mulher, facilmente submeter-se ao exame de corpo de delito, sua negativa deve interpretar-se em favor do acusado e, ademais, os laudos médicos que se destinem a embasar uma condenação criminal devem ser inteligíveis e claros, sujeitáveis ao contraditório diferido, de modo que a dúvida acerca da prova da materialidade deverá beneficiar o réu.

temunhal, como permite expressamente o art. 167 do CPP.[95] Tal viabilidade legal, conquanto não deva ser admitida como regra, excepcionalmente autoriza, modo mais elástico, a produção da prova da materialidade delitiva naquelas situações em que a vítima, seja por desconhecimento de seus direitos, seja por residir em sítios distantes, não logrou submeter-se tempestivamente à perícia médica.

3.1.2.3. O pedido da ofendida: postulação direta em juízo para obtenção das medidas protetivas de urgência

A grande novidade do art. 12 da LMP vem prevista no seu inciso III, no qual consta competir à autoridade policial remeter, no prazo de 48 (quarenta e oito) horas, expediente apartado ao juiz com o pedido da ofendida, para a concessão de *medidas protetivas de urgência*. Trata-se da relevante obrigação, atribuída à polícia, da *elaboração material do pedido da ofendida* (art. 12, II e §§ 1º e 2º, do Código Penal), que consiste em autêntica medida cautelar e, considerando-se que deverá contar com a supervisão do delegado de polícia, convém contenha pelo menos os seguintes requisitos:

a) o nome completo e qualificação da requerente vítima e do agressor;

b) nome e idade dos dependentes;

c) descrição sumária dos fatos atuais e pretéritos, especialmente para fins de tipificação penal e enquadramento da hipótese fática concreta nas modalidades de violência e relacionamento interpessoal dos arts. 5º e 7º da LMP;

d) relação das medidas pretendidas pela vítima dentre as previstas nos arts. 22 a 24 da Lei.

Por outro lado, tratando-se de um pedido para ser apresentado à decisão judicial, necessário seja instruído com cópia do boletim de ocorrência e outros documentos apresentados pela vítima ou obtidos pela investigação policial (tais como certidões, outras ocorrências, laudos médicos) e deverá ser encaminhado a juízo no

---

[95] Dispõe o art. 167 do CPP que "não sendo possível o exame de corpo de delito, por haverem desaparecido os vestígios, a prova testemunhal poderá suprir-lhe a falta". Interpreta-se este dispositivo em conjunto com o art. 158 do CPP para sufragar o entendimento de que o exame de corpo de delito indireto não pode simplesmente ser composto pelo depoimento de testemunhas, mas, ao contrário, deve sempre ser produzido por peritos, de modo que, quando estes examinam diretamente os vestígios do crime, o exame será direto, ao passo que, naquelas hipóteses em que os rastros do delito sumiram, e os peritos tenham de basear-se em documentos, fotos, filmagens ou mesmo depoimentos testemunhais para elaborar o laudo, então se estará frente a um exame indireto de corpo de delito. Nesse sentido, ver NUCCI, Guilherme de Souza. *Manual de Processo Penal e Execução Penal*. São Paulo: Revista dos Tribunais, 2006, p. 370-3.

prazo máximo de 48h a contar do registro da ocorrência por parte da vítima.

A possibilidade de a vítima postular diretamente em juízo providências tão significativas como o afastamento do agressor do lar comum, fixação de alimentos provisórios, restrições quanto à alienação de bens, ao porte de armas, ao direito de visitas aos filhos, mitiga em certo grau a essencialidade constitucional dos advogados à administração da justiça (art. 133 da CF/88), visto detentores exclusivos do *jus postulandi*. Ao que parece, novamente, ponderando elevados interesses, o legislador quis facilitar o acesso à justiça em situações de urgência, dispensando o advogado apenas no caso do art. 19 da LMP, conforme dicção expressa do art. 27 da referida lei.[96]

Com efeito, uma das tônicas da Lei 11.340/06 é o propósito de simplificação das relações entre justiça penal e justiça civil, conectando os dois subsistemas. É certo que esta tentativa de simplificação, já inaugurada pela Lei 9.099/95, é bastante problemática na medida em que tenta aproximar dois sistemas estruturais e axiológicos, historicamente dicotômicos, sem a perspectiva necessária, nem mesmo a longo prazo, de efetiva instalação dos chamados Juizados de Violência Doméstica e Familiar contra a Mulher, que constituirão os pontos de contato entre estes dois sistemas jurisdicionais.

Todavia, espera-se que a cotidiana aplicação da lei conduza às adaptações necessárias, sem que se percam de vista os seus mais caros objetivos. Por ora, é importante se diga que a possibilidade de a vítima requerer diretamente providências urgentes em juízo não significa impedi-la de optar livremente por fazê-lo através de advogado particular ou da defensoria pública. É perfeitamente factível que a ofendida procure a polícia apenas para registrar a ocorrência policial, mas faça os requerimentos de medidas protetivas através de um advogado ou defensor público e que dirija estes pedidos, no que cabíveis, à Vara de Família ou à Vara Cível competente (afastamento do lar, fixação de distância, proibição de contato, suspensão da visita aos filhos, caução, apreensão de bens etc.), reservando ao juízo criminal o julgamento apenas dos crimes correspondentes e o exame das cautelares de natureza criminal (buscas e apreensões de armas e prisão preventiva). O propósito da lei é facilitar o acesso à justiça da mulher em situação de violência doméstica ou fami-

---

[96] Art. 27. Em todos os atos processuais, cíveis e criminais, a mulher em situação de violência doméstica e familiar deverá estar acompanhada de advogado, ressalvado o previsto no art. 19 desta Lei.

liar e qualquer interpretação que oponha obstáculos, especialmente aqueles superficialmente formais, está inspirada em preconcepções inautênticas desvinculadas deste momento histórico.

3.2. As medidas protetivas em juízo. Possibilidade da decretação de ofício. Cautelaridade inominada

Uma das razões que mais inspiram a Lei Maria da Penha é dar efetividade à função protetiva de bens jurídicos. Com efeito, embora já se afirmou alhures que este diploma normativo interfere sobre múltiplas esferas jurídicas, o foco primordial da lei acabou sendo a esfera penal, mesmo contrariando as tendências despenalizadoras que tanto incensam o direito penal consensual.[97] É que, ao final das contas, é sempre o Direito Penal, a despeito de tão injuriado de obsoletismo e de tão ameaçado de redução e até de abolição, o sempre conclamado a dar predominante contributo nas funções de proteção de bens jurídicos ou, para os que professam as teses procedimentalistas/funcionalistas, de generalização de expectativas normativas.

Estudiosos formados no estudo das próprias ciências criminais, notadamente da criminologia, vaticinam, com eloquência, o fim do Direito Penal, mas, a despeito dos significativos aportes epistemológicos que dominam, são ainda tímidos em apresentar-lhe uma alternativa prática e real, capaz de abolir definitivamente este subsistema jurídico.[98]

---

[97] A dar conta desta reação própria de todos quantos militam pela intervenção penal mínima e garantista no Brasil pode-se citar o polêmico artigo de Maria Lúcia Karam, Violência de Gênero: o paradoxal entusiasmo pelo rigor penal, publicado no *Boletim do IBCCrim*, n° 168, p. 7, nov. de 2006.

[98] Claus Roxin, respondendo à questão: *Pode o Direito Penal ser abolido?*, aduz que o movimento abolicionista, mais concentrado entre criminólogos do que entre juristas, considera que as desvantagens do Direito Penal estatal são mais evidentes que seus benefícios e que assim se alcançariam melhores resultados no combate ao crime através de medidas conciliatórias extra estatais, indenizações reparatórias e similares. Para Roxin, "se tais suposições são realistas, o futuro do direito penal só pode consistir em sua abolição. Mas, infelizmente, a inspiração social romântica de tais ideias é acentuada demais para que elas possam ser seguidas. Uma sociedade livre do direito penal pressuporia, antes de mais nada, que através de um controle de natalidade, de mercados comuns e de uma utilização racional dos recursos do nosso mundo se pudesse criar uma sociedade que eliminasse as causas do crime, reduzindo, portanto, drasticamente aquilo que hoje chamamos de delinquência". E prossegue o aclamado penalista alemão, asseverando que "mesmo este pressuposto baseia-se, segundo penso, em considerações errôneas. A Alemanha vem gozando, desde a época do pós-guerra (depois de 1950) até a reunificação, de um nível de bem-estar cada vez maior, com uma população sempre decrescente – mas a criminalidade aumentou de modo considerável. Não corresponde, portanto, à experiência que a criminalidade se deixe eliminar através de reformas sociais. É mais realista a hipótese de que a criminalidade, como espécie do que os sociólogos chamam de 'comportamento desviante', se encontre dentro do leque das formas típicas de ação humana e que

Por isso é que se afirmou no limiar deste livro, e se reafirma, novamente, nesta quadra de sua elaboração, contrariando respeitável doutrina,[99] que o Direito Penal também tem uma função promocional, sobretudo em países de modernidade tardia como o Brasil, nos quais o Direito, como um todo, deve ser convocado a laborar em prol da transformação positiva da sociedade.[100]

O legislador brasileiro, inspirado em documentos internacionais dos quais o Brasil tomou parte, sensibilizou-se contra uma injusta tradição de nefandas consequências: a violência generalizada contra a mulher por parte do homem, e deliberou legislar sobre o tema, buscando, dentre outros meios mais tipicamente promocionais, combater uma das causas desta lamentável tradição: a impunidade ou, no mínimo, a proteção deficiente,[101] através da autorização

---

vá existir para sempre. As circunstâncias sociais determinam mais o 'como' do que o 'se' da criminalidade: quando camadas inteiras da sociedade passam fome, surge uma grande criminalidade de pobreza; quando a maioria vive em boas condições econômicas, desenvolve-se a criminalidade de bem-estar, relacionada ao desejo de sempre aumentar as posses e, através disso, destacar-se na sociedade. Isto não implica que não devamos esforçar-nos por um aumento do bem estar geral. Mas não se espere daí uma eficaz diminuição da criminalidade" (ROXIN, Claus. *Estudos de Direito Penal*. Rio de Janeiro: Renovar, 2006, p. 3-4).

[99] Para Antonio García-Pablos, Catedrático de Direito Penal da Universidade Complutense de Madrid, é inaceitável a utilização do Direito Penal como instrumento de transformação social, dadas suas característica iniludíveis de intervenção mínima, subsidiária e fragmentária (*Derecho Penal – Introducción*. Madrid: Servicio de Publicaciones Facultad de Derecho de la Universidad Complutense de Madrid, ano 1995, p. 53).

[100] Prelecionam, com acuidade, Lenio Streck e Luciano Feldens: nesse sentido, há que se indagar acerca do alcance da normatividade da Constituição, seu papel dirigente e suas perspectivas compromissárias. Ultrapassando posturas enciclopedistas, a partir do aprendizado das lições do "Debate de Weimar", *parece-nos evidente que uma teoria da Constituição deve estar umbilicalmente ligada à Teoria do Estado*. Consequentemente, a evolução do Estado deve ser analisada em paralelo à trajetória do Direito e das Constituições. Desse modo, resta cristalino que *o Direito não se imuniza aos saltos paradigmáticos do Estado*. O perfil nitidamente intervencionista que caracterizou o Estado Social e que continua presente no atual estágio do Estado Democrático de Direito aponta para um Direito de conteúdo não apenas ordenador (Estado Liberal) ou promovedor (Estado Social), mas, sim, *potencialmente transformador*."(...). "A revolução copernicana por que passaram o Estado e o Direito, não temos dúvida em afirmar, permeia o Direito Penal, cujas baterias, sintonizadas ao fenômeno de incorporação constitucional de direitos coletivos e sociais, devem agora se direcionar para *a proteção de bens jurídicos de índole transindividual*. Dizendo de outro modo, deve o Estado, paralelamente à atividade que tradicionalmente vem desempenhar em face de condutas que atentam diretamente contra a vida e a dignidade humana, *priorizar o combate aos delitos que colocam em xeque os objetivos da República*, inscrevendo-se nesse rol, dentre outros, os crimes de sonegação fiscal, os crimes contra o sistema financeiro nacional, a corrupção, a lavagem de dinheiro e os delitos contra o meio ambiente" (STRECK, Lenio Luiz; FELDENS, Luciano. *Crime e Constituição*. Rio de Janeiro: Forense, 2003, p. 4/5). Embora sem citar expressamente, resulta evidente que também a violência doméstica constitui uma dessas categorias criminosas que atenta contra os objetivos republicanos de combate às desigualdades sociais, à discriminação e promoção de uma sociedade livre, justa e solidária.

[101] Com relação à *proibição de proteção deficiente* de bens jurídicos, vide FELDENS, Luciano. *A Constituição Penal*. Porto Alegre: Livraria do Advogado, 2005, p. 108 e segs.

de medidas protetivas de urgência a serem deferidas em favor da mulher agredida, com nítido cunho cautelar e inspiradas nas ideias de hipossuficiência da vítima, informalidade, celeridade e efetividade.

A Lei 11.340/06 distinguiu as medidas protetivas de urgência que obrigam o agressor (art. 22)[102] das medidas protetivas de urgência à ofendida (arts. 23 e 24);[103] enquanto aquelas são direcionadas ao agressor, limitando em vários aspectos sua liberdade, estas se destinam, principalmente, a autorizar certas condutas da ofendida, ou restituir-lhe direitos de que fora arbitrariamente despojada pelo agressor.

Nos termos exatos do art. 19 da LMP, "as medidas protetivas de urgência poderão ser concedidas pelo juiz, a requerimento do Ministério Público ou a pedido da ofendida". A redação do artigo poderia ocasionar certa dúvida: estas medidas podem ou não ser deferidas de ofício pelo Juiz?[104]

---

[102] Art. 22. Constatada a prática de violência doméstica e familiar contra a mulher, nos termos desta Lei, o juiz poderá aplicar, de imediato, ao agressor, em conjunto ou separadamente, as seguintes medidas protetivas de urgência, entre outras: I – suspensão da posse ou restrição do porte de armas, com comunicação ao órgão competente, nos termos da Lei nº 10.826, de 22 de dezembro de 2003; II – afastamento do lar, domicílio ou local de convivência com a ofendida; III – proibição de determinadas condutas, entre as quais: a) aproximação da ofendida, de seus familiares e das testemunhas, fixando o limite mínimo de distância entre estes e o agressor; b) contato com a ofendida, seus familiares e testemunhas por qualquer meio de comunicação; c) frequentação de determinados lugares a fim de preservar a integridade física e psicológica da ofendida; IV – restrição ou suspensão de visitas aos dependentes menores, ouvida a equipe de atendimento multidisciplinar ou serviço similar; V – prestação de alimentos provisionais ou provisórios.

[103] Art. 23. Poderá o juiz, quando necessário, sem prejuízo de outras medidas: I – encaminhar a ofendida e seus dependentes a programa oficial ou comunitário de proteção ou de atendimento; II – determinar a recondução da ofendida e a de seus dependentes ao respectivo domicílio, após afastamento do agressor; III – determinar o afastamento da ofendida do lar, sem prejuízo dos direitos relativos a bens, guarda dos filhos e alimentos; IV – determinar a separação de corpos. Art. 24. Para a proteção patrimonial dos bens da sociedade conjugal ou daqueles de propriedade particular da mulher, o juiz poderá determinar, liminarmente, as seguintes medidas, entre outras: I – restituição de bens indevidamente subtraídos pelo agressor à ofendida; II – proibição temporária para a celebração de atos e contratos de compra, venda e locação de propriedade em comum, salvo expressa autorização judicial; III – suspensão das procurações conferidas pela ofendida ao agressor; IV – prestação de caução provisória, mediante depósito judicial, por perdas e danos materiais decorrentes da prática de violência doméstica e familiar contra a ofendida.

[104] Nas duas primeiras edições deste livro, escrevemos: "a resposta afirmativa se impõe, porquanto o art. 22, § 1º, da LMP, é enfático quando registra que 'as medidas referidas neste artigo não impedem a aplicação de outras previstas na legislação em vigor, sempre que a segurança da ofendida ou as circunstâncias o exigirem, devendo a providência ser comunicada ao Ministério Público'. Além disso, mesmo inexistente esta específica regra legal no âmbito da Lei 11.340/06, uma vez que o seu art. 13 determina a aplicação subsidiária do CPC e, em se tratando de típicos procedimentos cautelares, as regras do processo civil podem complementar a matéria. Assim que, no ponto, o art. 798 do CPC autoriza o deferimento de medidas cautelares

A resposta é polêmica principalmente: a) em face das inovações agregadas ao sistema jurídico pela Lei 12.403 de 04/05/2011, posterior à Lei Maria da Penha e b) o próprio texto do art. 19 da LMP não é claro, permitindo concluir, em análise literal, que a concessão das medidas pelo juiz dependa de requerimento do Ministério Público ou pedido da ofendida.

A Lei 12.403/11 insere importantes modificações no tema da "Prisão, Medidas Cautelares e Liberdades Provisória", muitas delas importadas, em seu núcleo, da própria LMP, como é o caso das medidas cautelares diversas da prisão (art. 319 do CPP), similares a medidas previstas na Lei 11.340/06 que agora aportam no sistema geral do processo penal.

A discordância fica instalada porque o art. 282, § 2º, do CPP estabelece que, na regra geral do CPP, as medidas cautelares não podem ser decretadas de ofício enquanto não instaurada a ação penal.[105]

Nesse sentido, Renato Brasileiro de Lima entende que "na fase investigatória, é vedada a decretação de ofício, de medidas cautelares pelo juiz sob pena de evidente violação ao *sistema acusatório*, inserido no Código de Processo Penal pela recente Lei 12.403/11, cuja nova redação do art. 282, § 2º, evidencia a impossibilidade de decretação de medidas protetivas relacionadas no CPP, de ofício, pelo juiz, durante a investigação criminal".[106]

Todavia, no tangente às medidas de proteção diversas da prisão, dada sua natureza híbrida, a Lei Maria da Penha manda aplicar subsidiariamente o art. 461, §§ 5º e 6º, do CPC,[107] que autoriza o deferimento de medidas cautelares de ofício.

---

de ofício e, portanto, outorga um amplo poder de cautela ao juiz, quando do deferimento de medidas protetivas de urgência, em situações de violência doméstica ou familiar, o que se justifica, aliás, sempre que tal violência se dirija contra qualquer parte hipossuficiente (crianças, adolescentes, idosos, portadores de necessidades especiais)".

[105] Art. 282, § 2º, do CPP: As medidas cautelares serão decretadas pelo juiz, de ofício ou a requerimento das partes ou, quando no curso da investigação criminal, por representação da autoridade policial ou mediante requerimento do Ministério Público.

[106] *Op. cit.*, p. 975.

[107] CPC/Art. 461. Na ação que tenha por objeto o cumprimento de obrigação de fazer ou não fazer, o juiz concederá a tutela específica da obrigação ou, se procedente o pedido, determinará providências que assegurem o resultado prático equivalente ao do adimplemento. § 1º (...)§ 5º Para a efetivação da tutela específica ou a obtenção do resultado prático equivalente, poderá o juiz, de ofício ou a requerimento, determinar as medidas necessárias, tais como a imposição de multa por tempo de atraso, busca e apreensão, remoção de pessoas e coisas, desfazimento de obras e impedimento de atividade nociva, se necessário com requisição de força policial. § 6º O juiz poderá, de ofício, modificar o valor ou a periodicidade da multa, caso verifique que se tornou insuficiente ou excessiva. (Incluído pela Lei nº 10.444, de 7.5.2002)

Ademais, o art. 13 da Lei Maria da Penha determina a abertura sistêmica desta lei às regras do CPP "no que com ela não conflitarem" e, no tangente à decretação de medidas cautelares diversas da prisão, a restrição imposta à decretação *ex officio* contraria os fins sociais a que ela se destina, voltados à ampliação da rede de proteção à mulher vítima de violência doméstica. Além disso, desconsidera a situação peculiar da mulher vítima de violência doméstica, despreparada, no mais das vezes, para enfrentar os complexos mecanismos do sistema legal, necessitando, pois, da mais completa e urgente proteção institucional (art. 4º da LMP).

De qualquer modo, a fim de obviar alegações de nulidade por decretações *ex officio,* será sempre melhor que os pedidos venham firmados pela vítima ou pelo Ministério Público, *legitimados ativos aos pedidos de medidas de proteção,* nos termos do art. 19 da LMP. Com relação à própria ofendida, já se comentou que, normalmente, seu pedido deverá vir elaborado materialmente pela polícia judiciária, como uma das providências atribuídas a esta instituição pelo art. 12, III, da LMP. Todavia, todas as medidas protetivas de urgência previstas nos arts. 22 a 24 da LMP podem ser requeridas pela ofendida através de advogado ou de defensor público, não sendo obrigatório sejam veiculadas através da polícia.

Na verdade, a regra legal do art. 27 da LMP é que a mulher, em situação de violência doméstica, possa sempre ser assistida por advogado ou defensor público, pois tal pressupõe um acesso à justiça mais qualificado. A ressalva efetuada na parte final do art. 27 com referência ao art. 19 da mesma lei serve apenas para registrar que o pedido direto é excepcional e visa facilitar o acesso à justiça. Trata-se, contudo, de uma opção da mulher: pedir diretamente, valendo-se dos préstimos da Polícia Judiciária, ou procurar logo um profissional para representá-la. Em nenhum momento a lei obriga ao pedido direto, embora, na prática, ele acabou se tornando a regra 1.

Como se sabe, não é da tradição do Direito Penal e Processual Penal o uso de medidas cautelares fora daquelas clássicas: a prisão preventiva e a busca e apreensão. Só recentemente outras medidas bastante típicas vêm sendo agregadas ao conjunto de cautelares processuais penais como, por exemplo, as interceptações telefônicas, sequestro de bens, suspensão do direito de dirigir. No tocante às medidas protetivas elencadas na Lei 11.340/06, embora ostentem um caráter híbrido – penal e civil –, elas apresentam-se como medidas que, em nossa tradição, estiveram predominantemente atreladas

Violência doméstica e familiar contra a mulher

a processos civis, donde a dificuldade inicial de compreendê-las como cautelares também em processos criminais.

Trata-se de uma mudança de paradigmas: assim como já existe a suspensão do direito de dirigir como cautelar em processos por crimes de trânsito (art. 294 do CTB), nada impede decrete preventivamente, o juiz criminal, outras medidas cautelares suspensivas de certos direitos do indiciado em delito de violência doméstica.

Tem-se, contudo, que o deferimento das medidas protetivas de urgência, não prescinde de alguns requisitos a seguir enumerados:

a) presença do *fumus comisi delicti* e do *periculum in mora*, requisitos fundamentais de toda medida cautelar penal;

b) ajuizamento da ação principal cível e/ou criminal em prazo razoável.

Segundo a regra do art. 33 da LMP, as medidas protetivas de urgência, enquanto não criados os Juizados Especiais de Violência Doméstica, deverão ser determinadas pelo juízo criminal. Tais medidas têm nítido caráter cautelar, pois se destinam à proteção do bem jurídico em situação de risco, donde ser lícito concluir que, cautelarmente, se pode, também na esfera penal, adotarem-se providências capazes de acautelar o bem jurídico ameaçado – vida, saúde, integridade física, dignidade sexual e moral da mulher – antes ou durante o curso do processo penal.

Acatada esta compreensão, insta concluir que o deferimento das medidas protetivas, elencadas nos arts. 22 a 24 da LMP contempla os mesmos pressupostos das medidas cautelares do processo civil, ou seja, podem ser deferidas *inaudita altera pars* ou após audiência de justificação e não prescindem da prova do *fumus comisi delicti* e do *periculum in mora*.

Quanto ao ajuizamento da medida principal em prazo razoável normalmente fixado pelo juiz, refere-se à ação cível relativa à medida cautelar deferida, já que esta não deve ter um caráter definitivo e indefinido. Assim, se o juiz determinou o afastamento do agressor do lar, mas este lar é comum, o agressor restaria despojado de seu patrimônio, caso esta medida se tornasse definitiva, razão pela qual será válida, caso requerido o divórcio ou a dissolução da união estável dentro do prazo legal e até que ultimada a partilha do bem, postulada em ação própria em interstício que, no processo civil, é de quinze dias ou outro prazo maior fixado pelo juízo, consoante disposto no art. 303, § 1º, I, do CPC. Da mesma forma, a "proibição temporária para a celebração de atos e contratos de compra, venda e locação de propriedade em comum, salvo expressa autorização judicial" (art. 24, II, da LMP) é uma medida que não pode ser eternizada, sob pena de corresponder a uma verdadeira interdição do indiciado.[108]

Daí por que algumas medidas com nítido caráter civil, porque concernem precipuamente à privação do uso de bens materiais, como a casa de moradia, estabelecimento de trabalho ou à vedação de negócios, devem ter sua validade condicionada ao ajuizamento de ação civil principal, no prazo de trinta dias ou outro prazo razoável fixado judicialmente, sob pena de a medida cautelar perder sua eficácia (art. 807 do CPC).

De outra parte, algumas das medidas fixadas na Lei Maria da Penha poderão ter caráter satisfativo e definitivo, como ocorre, por exemplo, nos casos do art. 24, I e III, que determina, respectivamente, a "restituição de bens indevidamente subtraídos pelo agressor à ofendida" e "suspensão das procurações conferidas pela ofendida ao agressor", ou do art. 23, I e III, da referida lei, que se referem à autorização à vítima para afastamento do lar ou seu encaminhamento a programa de proteção ou atendimento.

Por fim, algumas medidas somente perderão eficácia no curso do processo criminal ou quando da execução da pena, podendo até mesmo virem a ser reproduzidas como condição da suspensão condicional da pena ou da liberdade condicional, sendo este o caso de todas as medidas protetivas que obrigam o agressor, previstas no art. 22 da Lei 11.340/06. Todavia, tais medidas não poderão tornar-se definitivas, salvo quando sua prática vier a constituir tipo penal autônomo. Assim, enquanto pendente o cumprimento da pena, será possível ao juiz manter, até mesmo como condição do *sursis* ou do livramento condicional, as injunções de separações de corpos, proibição de posse ou porte de armas, restrições de visitas aos filhos etc., mas cumprida a pena criminal não poderão subsistir como cautelares *ad infinitum*, adstritas a um processo penal extinto, pois que, destarte, se converteriam em verdadeiras penas perpétuas, embora nem sejam penas. É que esgotadas as sanções principais, oriundas

---

[108] Em nossa primeira edição, citamos como prazo razoável o de 30 dias por força do art. 806 do CPC. A prática não acatou este entendimento que não tem sido observado o que não significa que não seja correto. Todavia, o prazo de validade das medidas cautelares pode ser fixado ao prudente arbítrio do magistrado. O que não se admite é a validade indeterminada das medidas de proteção do tipo afastamento do lar, fixação de distância mínima, proibição de contato. Caso não ocorra o ajuizamento da ação civil principal, no máximo devem elas valer, como cautelares criminais, ou pelo prazo decadencial ou durante o curso dos processos criminais deflagrados contra o agressor ou outro prazo fixado pelo juiz. Maior impasse ainda surge no tangente às medidas de alimentos provisórios, guarda dos filhos, regulamentação de visita. Tais medidas, deferidas sumariamente podem, obviamente, ser revistas em cognição mais aprofundada, no Juízo Cível em ações próprias aforadas, posteriormente, por qualquer das partes.

do processo criminal, as medidas acessórias devem ter o mesmo destino.

Entretanto, é possível que algumas dessas medidas subsistam renovadas sob outros fundamentos. Assim, a restrição ao porte de armas poderá subsistir como imposição das autoridades administrativas concedentes do porte (atualmente a Polícia Federal, conforme art. 10 da Lei 10.826/03) contra sujeito que agora ostenta antecedentes criminais e, nesse caso, sem autorização administrativa, o porte ilegal converte-se em delito severamente sancionado no ordenamento pátrio (Cap. IV, da Lei 10.826/03). De outra parte, restrições quanto à visita aos dependentes poderão ser determinadas a qualquer tempo pelo juízo de família em processo cível de regulamentação de visitas. Por fim, o afastamento do agressor do lar da agredida é garantido pela norma penal do art. 150 do CP que tipifica o delito de invasão de domicílio.

Ainda, generalizadamente, acerca deste tema das medidas protetivas, nunca é demais lembrar que algumas delas revestem-se de singular gravidade e importam restrições rigorosas e significativas a direitos do indigitado agressor, donde exigir-se acurada circunspecção do magistrado antes de deferi-las. Em sentido oposto, tampouco se recomenda a que o julgador, timorato ante sua elevada responsabilidade, viesse de enveredar por senda contrária, resistindo ao deferimento das medidas protetivas, optando por, reiteradamente, não acatá-las, com o que adota procedimento igualmente temerário. É no panorama da perfunctória cognição que, de regra, caracteriza o exame de medidas cautelares, que mais se destaca a sobriedade e a virtude do bom juiz.[109]

Por isso, mesmo se o requerimento, oriundo da ofendida ou do Ministério Público, não vier acompanhado de elementos suficientes ao acolhimento dos pedidos de urgência em sua totalidade, ainda que deferindo parcialmente aquelas providências acautelatórias de menor impacto (como a autorização à ofendida para afastamento do lar, as restrições ao porte de armas), pode o julgador optar pela realização de audiência de justificação, como autorizado pelo art. 300, § 2º, do CPC, com o que terá um contato mais próximo com a

---

[109] Sobre este delicado tema da cautelaridade e especialmente sobre o afastamento do lar de um marido agressor, Carlos Alberto Alvaro de Oliveira e Galeno Lacerda já preconizavam: "[...] Trata-se de, em juízo de probabilidade, inquirir da verossimilhança do *periculum in mora* e do *fumus boni iuris*, alegados pelo promovente da medida, examinados com toda a prudência pelo juiz em razão das graves consequências que podem advir tanto do deferimento quanto do indeferimento do pedido de afastamento." (In: *Comentários ao Código de Processo Civil*. Rio de Janeiro: Forense, 1988, v. 3, t. 2, p. 648-9).

prova, testemunhas e equipe de apoio multidisciplinar, reunindo melhores elementos de convicção.

Sustenta-se que, sendo regra a obrigação de ouvir a parte contrária antes do deferimento das medidas cautelares (art. 282, § 3º, do CPP), nada impede que, em audiência de justificação, quando isso não represente risco à eficácia da medida postulada, até mesmo o agressor seja notificado a comparecer, acompanhado de advogado, para decisão sobre as medidas protetivas, ocasião em que o processo conflitivo pode até converter-se em consensual.[110]

Dentre as medidas cautelares previstas na Lei 11.340/06, vale tecer os seguintes comentários específicos.

3.2.1. Medidas protetivas que obrigam o agressor – Art. 22 da LMP

O art. 22 da Lei 11.340/06 elenca as medidas protetivas que obrigam o agressor, ou seja, aquelas voltadas diretamente ao sujeito ativo da violência doméstica, impondo-lhe obrigações e restrições. É de se registrar que sempre que tais medidas restringirem direitos, impondo ao agente um comportamento omissivo, a conduta ativa que afronte a ordem de abstenção tipificará o crime de desobediência à ordem judicial, previsto no art. 359 do CP.[111] A seguir, serão analisadas cada uma destas medidas protetivas impostas ao agressor:

I – suspensão da posse ou restrição do porte de armas, com comunicação ao órgão competente, nos termos da Lei nº 10.826, de 22 de dezembro de 2003 – A determinação de apreensão da arma de fogo por determinação judicial de ofício ao examinar o pedido da ofendida (art. 18, IV da LMP).

Conforme já assinalado ao tratar das providências que competem de imediato à polícia, referidas no art. 11 da LMP, a apreensão de armas utilizadas para a prática de violência contra a mulher,

---

[110] A nosso ver, mesmo a regra do art. 41 da LMP não afasta a tendência para um modelo de justiça criminal consensual, inaugurado entre nós pela Lei 9.099/95. Daí por que, em todos os delitos cuja ação penal seja privada ou condicionada à representação, a possibilidade de uma audiência preliminar de tentativa de conciliação antes do oferecimento da denúncia, idêntica àquela prevista no art. 72 dessa lei, será bem-vinda. Obviamente, em tal solenidade não será possível o ofertamento de proposta de transação penal, mas sim a conciliação quanto aos danos civis, alimentos, guarda dos filhos e até mesmo partilha de bens entre pessoas não casadas. Nada impede que esta conciliação determine até mesmo a separação do casal ou manifestação judicial sobre dissolução de união estável. Se o divórcio, atualmente, presentes certos requisitos, pode ser levado a efeito até mesmo em Cartório de Registro Civil, com muito mais razão em juízo, ainda que no seio de uma cautelar criminal, pelo juiz criminal.

[111] Com efeito dispõe o art. 359 do CP: Art. 359. Exercer função, atividade, direito, autoridade ou múnus, de que foi suspenso ou privado por decisão judicial. Pena – detenção, de três meses a dois anos, ou multa.

quando de eventual prisão em flagrante do agressor, é diligência a ser executada, de ofício, pela polícia. Até mesmo quando já não mais possível o flagrante, porque o agressor se evadiu, antecipadamente, do local dos fatos, a apreensão de armas ilícitas também é permitida à polícia, desde que a vítima franqueie a casa para a busca.[112] Em tal caso, efetuada regularmente a apreensão e vinculada esta a uma ocorrência de crime, não há qualquer ilegalidade no agir policial. É o velho adágio popular de que "é melhor prevenir do que remediar".

A hipótese de que cuida o art. 22, I, da LMP é de suspensão da posse ou restrição do porte de armas, a serem determinadas pelo juiz. A Lei 10.826/03, efetivamente, distingue posse e porte de arma, de modo que a *posse ilegal* seria incriminada no seu art. 12 e refere-se apenas a *possuir ou manter sob sua guarda arma de fogo [...] no interior de sua residência, ou dependência desta, ou, ainda em no seu local de trabalho, desde que seja o titular ou o responsável legal do estabelecimento ou empresa.*

Já o *porte ilegal*, mais severamente punido, vem previsto no art. 14 e caracteriza-se, sobretudo, pelo porte pessoal da arma de fogo fora da residência ou local de trabalho. Resulta daí existirem dois tipos de autorização pública a afastarem as tipificações criminosas sob o pálio da excludente de ilicitude do exercício regular de um direito: uma para a *posse legal* que se basta com o registro da arma, regulamentado no Cap. II da Lei 10.826/03 e autoriza a guarda domiciliar ou no local de trabalho de que seja titular o possuidor; outra para o *porte legal*, regrado no Cap. III da referida lei, bem mais restritivo, pois autoriza o uso da arma fora do domicílio ou local de trabalho de que seja titular ou responsável legal o portador. Atualmente, somente a Polícia Federal, ouvido o SINARM, pode expedir registros e autorizações para o porte (arts. 5°, § 1°, e 10 da Lei 10.826/03), donde resulta ser o órgão policial federal aquele ao qual deverá ser dirigida eventual ordem judicial de suspensão da posse ou restrição do porte.

Ocorre que *suspensão* pressupõe vedação total, enquanto *restrição* significa vedação parcial, ou seja, limitação do direito. Como *a suspensão é da posse*, enquanto a *restrição é do porte da arma*, pressupõe-se que apenas a posse, ou seja, a guarda no domicílio ou local próprio de trabalho é que pode ser integralmente vedada, ao passo que o porte, como regra, pode ser apenas restringido. Ao que parece,

---

[112] Recomenda-se que tal autorização seja tomada por escrito a fim de evitar-se futura alegação de abuso de autoridade contra os policiais.

o legislador levou em conta que o registro autorizador da posse não é tão restritivo sendo deferido em muito maior escala do que a autorização para o porte, a qual, praticamente, só contempla profissionais para os quais o uso da arma é necessário ou legalmente autorizado.

Assim, se por um lado não há grande prejuízo em suspender a posse domiciliar de armas, esta mesma providência quanto ao porte externo poderá implicar policiais, autoridades ou mesmo agentes de segurança privada desarmados que, destarte, se não estiverem inviabilizados ao exercício de sua função, poderão restar expostos a elevados riscos.

Por isso que o porte, como regra, pode ser apenas restringido, por exemplo, nos casos de profissionais cujo porte seja necessário ao desempenho da função, como policiais civis, militares, federais, penais. Em tais casos, poderá o juiz determinar restrições como a autorização para uso apenas durante o expediente de trabalho e em determinado perímetro, entregando a arma ao superior ao final do expediente,[113] bem como a proibição de aproximar-se da vítima portando armas, inclusive fixando metragem para tanto.

Esta é, pois, a regra geral: *vedação para a posse, restrição para o porte de arma*. Contudo, como toda regra tem exceção, o amplo poder de cautela conferido ao juiz pela regra do art. 22, § 1º, da LMP,[114] e do art. 798 do CPC,[115] (aplicável subsidiariamente à Lei 11.340/07, por força do seu art. 13), autoriza, em casos excepcionais, quando a prudência o determinar, também a suspensão do porte de arma de profissionais. Trata-se de um autêntico conflito de direitos individuais: de um lado, a autorização para o porte, normalmente relacionado a um exercício profissional; de outro, a segurança da vítima, comprovadamente exposta a risco em face deste mesmo porte. Para deslindar tal conflito, deverá o juiz levar em consideração outras

---

[113] Tal é a determinação expressa do art. 22, § 2º, da LMP: encontrando-se o agressor nas condições mencionadas no *caput* e incisos do art. 6º da Lei nº 10.826, de 22 de dezembro de 2003 [pessoas que por sua função têm autorização legal para o porte], o juiz comunicará ao respectivo órgão, corporação ou instituição as medidas de urgência concedidas e determinará a restrição do porte de armas, ficando o superior imediato do agressor responsável pelo cumprimento da determinação judicial, sob pena de incorrer nos crimes de prevaricação ou de desobediência, conforme o caso.

[114] Art. 22, § 1º, da Lei 11.340/06: "as medidas referidas neste artigo não impedem a aplicação de outras previstas na legislação em vigor, sempre que a segurança da ofendida ou as circunstâncias o exigirem, devendo a providência ser comunicada ao Ministério Público".

[115] CPC/Art. 798. Além dos procedimentos cautelares específicos, que este Código regula no Capítulo II deste Livro, poderá o juiz determinar as medidas provisórias que julgar adequadas, quando houver fundado receio de que uma parte, antes do julgamento da lide, cause ao direito da outra lesão grave e de difícil reparação.

Violência doméstica e familiar contra a mulher

circunstâncias, como antecedentes do agressor, anteriores tentativas de agressão com o uso de arma, gravidade das ameaças etc. Ou seja, não é possível, simplesmente porque o indivíduo ameaçador é um policial, por exemplo, que se lhe vá tolher, por completo, o porte de armas, inviabilizando seu exercício profissional, diante de mera suposição de que possa utilizar a arma contra sua esposa ou companheira, sem que nenhum fato concreto e grave autorize tal conjectura.[116]

Vale ressaltar, por oportuno, que, a suspensão da posse ou restrição do porte, pressupõem, necessariamente, que um e outro sejam legais, pois, havendo notícia de que o agressor possui arma de fogo de modo ilegal, convém seja, desde logo, determinada sua busca e apreensão, diante do risco imanente à integridade física da ofendida, eis que tal fato constitui crime autônomo de relativa gravidade.

A *busca e apreensão*, porém, será igualmente necessária quando o juiz determinar a *suspensão da posse legal de arma de fogo*, pois, não se vê outra forma de concretizar esta medida protetiva sem que se apreenda o artefato bélico. A diferença é que, nesse caso, se tratando de posse legal, o suposto agressor não responderá pelo delito do art. 12 da Lei 10.826/03 e que, futuramente, depois de findos os processos pertinentes à violência doméstica, a arma poderá ser-lhe devolvida.

Aqui é necessário acrescentar que, na mesma medida em que se vê, nesta quadra histórica todo um movimento político do poder executivo favorável à facilitação ao acesso a armas pela população, o que realmente preocupa em matéria de violência doméstica, o legislador tratou de estabelecer barreiras mais significativas à posse de armas quando estiver presente o risco de violência doméstica.

É o caso do inciso IV acrescentado ao art. 18 da LMP, acrescentado pela Lei 13.880/19, o qual determina ao juiz, ao receber o pedido de medida de proteção, *determinar a apreensão imediata de arma de fogo sob a posse do agressor*. A redação legal, aliada ao espírito de proteção da vítima que permeia toda a lei, pressupõe que a determinação para apreensão de armas na posse do agressor é uma medida a ser decretada de ofício, mesmo sem requerimento expresso da vítima ou representação da autoridade policial.[117] Embora não se

---

[116] Seria possível a temporária remoção do policial para atividades burocráticas, mas mesmo para tais funções, o agente, por vezes, precisa ter acesso a armas de fogo, basta considerar os constantes atentados contra delegacias e postos policiais que vêm ocorrendo.

[117] Calha registrar que, neste momento, ainda não há previsão legal de que o pedido de medidas de proteção de urgência (MPU) tenha passado pelo Ministério Público, já que a decisão

trate de decisão discricionária do juiz, tampouco a determinação legal impõe uma deliberação arbitrária, já que se encontra em questão a inviolabilidade domiciliar do indigitado agressor. Dois aspectos devem ser levados em conta: a) existência de informações sobre a efetiva posse de arma de fogo pelo agressor, sejam testemunhais, sejam documentais; b) o dispositivo fala em *posse* e, portanto, nas hipóteses de *porte,* é necessário avaliar-se se o caso não seria de restrições ao como se viu anteriormente.

A possibilidade de deferimento da busca de ofício, todavia, haverá de ser enfrentada nos tribunais já que a redação do art. 18, IV, da LMP vai de encontro ao disposto no art. 282, § 2º, do CPP, segundo o qual "as medidas cautelares serão decretadas pelo juiz a requerimento das partes ou, quando no curso da investigação criminal, por representação da autoridade policial ou mediante requerimento do Ministério Público", canonizando o princípio acusatório que retira a iniciativa processual e probatória das mãos do juiz. O ideal seria interpretar a Lei 11.340/06 harmonicamente com o mencionado art. 282, § 2º, do CPP, cuja redação foi dada pela Lei 13.964/19, a fim de obter-se uma aplicação sistemática coerente dentro do sistema processual penal. Todavia, salvo melhor juízo, quando a lei especial colide com a geral, deve a primeira prevalecer, máxime porque está a Lei Maria da Penha no escopo de compensar, no plano legal, uma desigualdade material que torna a mulher especialmente vulnerável ainda nas sociedades civilizadas do Século XXI.

Neste ponto, vale relembrar o que já mencionamos acima logo ao limiar título sobre os procedimentos a serem adotados pela polícia, ocasião em que lembramos acerca do acréscimo do inciso VI-A ao art. 12 da LMP, para determinar à polícia judiciária "verificar se o agressor possui registro de porte ou posse de arma de fogo e, na hipótese de existência, juntar aos autos essa informação, bem como notificar a ocorrência à instituição responsável pela concessão do registro ou da emissão do porte, nos termos da Lei nº 10.826, de 22 de dezembro de 2003 (Estatuto do Desarmamento)". Naquele item, asserimos que em algumas hipóteses elencadas no art. 14 do Decreto 9.847/19 é possível a cassação administrativa do porte ou do registro de pessoas indiciadas ou processadas por crime doloso.

II – afastamento do lar, domicílio ou local de convivência com a ofendida.

---

sobre as MPUs deve ser proferida em 48h pelo juiz, sem o parecer deste órgão. Nada impede que o Ministério Público encaminhe, ele próprio, pedido de MPU quando atenda diretamente a vítima ou que adite o pedido da vítima após a decisão judicial.

Esta medida, já há tempo empregada no direito de família, como *medida cautelar de separação de corpos* e que, vem de certo modo repetida no art. 23, IV, da LMP, chegou a ser prevista para casos de violência doméstica, no parágrafo único do art. 69 da Lei 9.099/95,[118] embora, ao que conste, timidamente determinada no âmbito dos Juizados Especiais Criminais, possivelmente, ante a ausência de uma *praxis* no deferimento de tais medidas, tradicionalmente afeiçoadas à jurisdição de família.

Agora, a injunção vem expressamente determinada como medida protetiva de urgência, que obriga o agressor e que pode ser submetida ao juiz criminal mediante pedido pessoal da ofendida, elaborado materialmente pela autoridade policial, por advogado, defensor público ou pelo Ministério Público, sem prejuízo de ser deferido *ex officio* pelo juiz.

Obviamente, o afastamento do lar somente será deferido ante a notícia da prática ou do risco concreto de algum crime que o justifique, e não como mero capricho da ofendida, dado que, muitas vezes, o afastamento do varão extrapola os prejuízos à sua pessoa, significando medida traumática também para os filhos, privados do contato com o pai.

Existindo, porém, indicativos de um passado violento entre o casal e do risco de sérios desdobramentos, o afastamento do agressor do lar é uma das medidas mais eficazes para prevenir consequências danosas que a convivência sob o mesmo teto pode permitir e até mesmo encorajar.

Enquanto vigente a ordem de afastamento do lar, sua desobediência, por parte do agressor afastado, tipifica o delito do art. 24-A da Lei 11.340/06, que trata do descumprimento de decisão judicial que defere medida protetiva de urgência. Após, ultimada a separação judicial ou dissolvida a união estável, quando a medida então já não se mantém, a conduta típica mais provável será a de invasão de domicílio prevista no art. 150 do CP.

Quanto ao afastamento do lar do agressor, atendendo a reclamos pragmáticos relativos à extensão do território brasileiro, onde em vastas regiões faltam juízes ou mesmo delegados de polícia, o parlamento mitigou a reserva de jurisdição acerca da decisão sobre

---

[118] Lei 9.099/95, art. 69 [...] Parágrafo único. Ao autor do fato que, após a lavratura do termo, for imediatamente encaminhado ao juizado ou assumir o compromisso de a ele comparecer, não se imporá prisão em flagrante, nem se exigirá fiança. Em caso de violência doméstica, o juiz poderá determinar, como medida de cautela, seu afastamento do lar, domicílio ou local de convivência com a vítima. (Redação dada pela Lei nº 10.455, de 13.5.2002)

tal medida protetiva, acrescentando o art. 12-C à Lei 11.340/06, com a seguinte redação:

> Art. 12-C. Verificada a existência de risco atual ou iminente à vida ou à integridade física da mulher em situação de violência doméstica e familiar, ou de seus dependentes, o agressor será imediatamente afastado do lar, domicílio ou local de convivência com a ofendida:
>
> I – pela autoridade judicial;
>
> II – pelo delegado de polícia, quando o Município não for sede de comarca; ou
>
> III – pelo policial, quando o Município não for sede de comarca e não houver delegado disponível no momento da denúncia.
>
> § 1º Nas hipóteses dos incisos II e III do *caput* deste artigo, o juiz será comunicado no prazo máximo de 24 (vinte e quatro) horas e decidirá, em igual prazo, sobre a manutenção ou a revogação da medida aplicada, devendo dar ciência ao Ministério Público concomitantemente.

Não se trata, propriamente, de uma exceção à reserva de jurisdição a qual é diferida para momento futuro, dada a emergência da situação e a necessidade de acautelar-se imediatamente a situação. A polícia é uma força armada que deve sempre ser controlada a fim de se evitar a natural tendência humana ao exercício abusivo de poder. A formação humanista de policiais, com integração de matérias de direitos humanos em seus currículos, conforme recomendações de organismos internacionais, tem arrefecido os naturais impulsos ao uso desmedido da força, normalmente a vicejar no caldo cultural das instituições policiais. Por isso que se caminha sobre uma linha divisória muito tênue entre negar efetividade ou mesmo inutilizar a polícia de um lado e evitarem-se abusos de outro.

> III – proibição de determinadas condutas, entre as quais:
>
> a) aproximação da ofendida, de seus familiares e das testemunhas, fixando o limite mínimo de distância entre estes e o agressor;
>
> b) contato com a ofendida, seus familiares e testemunhas por qualquer meio de comunicação;
>
> c) freqüentação de determinados lugares a fim de preservar a integridade física e psicológica da ofendida;

A proibição de comunicação com a vítima pode ser imposta ao requerido quando estiver sendo usada para a prática de delitos como ameaças, ofensas e perturbação do sossego. De fato, se por um lado, a difusão dos aparelhos de telefonia móvel dos últimos anos representou um avanço na democratização do acesso a tais equipamentos, outrora destinados apenas às classes sociais mais abastadas, por outro, é notório o incremento da criminalidade pela via telefônica, desde golpes, extorsões, determinações criminosas oriundas de dentro dos presídios, até as clássicas ameaças, crimes contra a honra, perturbações do sossego, estas últimas espécies delitivas muito comuns, em se tratando de relações domésticas e/ou familiares.

Quando a conversa ocorrer por via de chamada telefônica na maioria das vezes, a ocorrência ou não de crimes, bem como se foi extrapolado o limite entre uma acalorada discussão recíproca e a prática de ameaça ou ofensas refletidas e sérias, é um tema de árdua elucidação. Em primeiro lugar, em razão de à maioria desses delitos – ameaça, crimes contra a honra, perturbação do sossego – serem aplicadas penas de detenção ou prisão simples, já não se admite a interceptação das comunicações telefônicas ou telemáticas (art. 2º, III, da Lei 9.296/96).

Tem-se, contudo, possam ser requisitados os dados cadastrais dos titulares de telefones utilizados para a prática de tais infrações, quando a vítima, através de recurso disponível em seu aparelho receptor, tiver identificado a origem das chamadas. Quando ela não tiver a origem das chamadas gravadas ou o interlocutor valer-se de recurso que não permite a identificação da chamada, a requisição judicial à empresa de telefonia pode permitir a identificação dos números utilizados (e ocultados à vítima). Assim, será possível conhecer o autor da ligação, embora não se tenha acesso ao seu conteúdo. Porém, quanto a este, é possível que a vítima grave a conversa por conta própria, utilizando a gravação como prova do delito contra si praticado – ameaça, constrangimento ilegal, ofensas –, pois tal proceder não constitui interceptação telefônica de uma conversa entre terceiros, mas simples meio de prova de uma dada comunicação, efetuada por um dos interlocutores.[119]

A respeito da fixação de distância mínima e proibição de contato com a ofendida, familiares e testemunhas, valem ainda os comentários acerca da possibilidade de prisão em flagrante por desobediência e decretação da prisão preventiva, para garantir a efetividade das medidas de proteção.

IV – restrição ou suspensão de visitas aos dependentes menores, ouvida a equipe de atendimento multidisciplinar ou serviço similar.

Parece certo que a medida supracitada deva ser aplicada, mormente quando a violência, ao menos potencialmente, estiver direcionada contra os dependentes menores, sobretudo em casos de

---

[119] Curiosamente, o desenvolvimento de meios alternativos de comunicação gratuita nas redes sociais facilitou o registro das conversas no aparelho da vítima, reduzindo significativamente os diálogos mesmo por telefone celular.

violência sexual, tortura ou maus-tratos. Ainda que a violência tenha se dirigido contra apenas um ou alguns dos filhos, as restrições podem compreender os outros, sempre que o contato com o ascendente também os sujeite a riscos.

Quando o histórico de violência for apenas contra a mãe, em princípio, inexistem razões para privar o agressor do contato com seus filhos, mas é possível estabelecer restrições quanto a local e horário de visitas, bem como a proibição de fazê-lo alcoolizado, drogado ou de levar o dependente a frequentar lugares não recomendados etc.

Esta restrição será ainda mais imperiosa naqueles casos em que a mulher e seus filhos forem removidos para um abrigo ou para casa de familiares. Muitas vezes, o lugar de remoção deve ser mantido em segredo e, preferencialmente, nem mencionado no processo, a fim de que dele não tome conhecimento o agressor. Em tal caso, a visita, obviamente, não poderá ser feita no abrigo, mas apenas em outro local previamente indicado pela autoridade. É conveniente, para tanto, que se criem espaços públicos junto aos Conselhos Tutelares, Delegacias de Atendimento à Mulher (DEAMs) ou nos próprios juizados de violência doméstica para garantir horários de visitação acompanhada.

V – prestação de alimentos provisionais ou provisórios.

Inovando bastante, a Lei 11.340/06 autoriza o Juiz criminal ou o Juizado de Violência Doméstica e Familiar contra a mulher a fixar os alimentos provisionais ou provisórios. O legislador usou as duas expressões para eliminar as discussões semânticas sobre a suposta diferenciação entre alimentos *provisionais e provisórios*,[120] visto que ambas significam, em linhas gerais, a fixação de alimentos antes de uma decisão definitiva e, na verdade, em sede de alimentos, nenhuma decisão faz coisa julgada, de modo que, demonstrada alteração no binômio *necessidade-possibilidade* pode o *quantum* ser revisto a qualquer momento.

O fato é que a vida não pode esperar e, como já se disse alhures, a dependência econômica é, no mais das vezes, a maior determinante da submissão da mulher e dos filhos a um homem violento e egocêntrico. Daí por que a fixação dos alimentos provisionais, junto a qualquer medida de afastamento do casal, é providência que se faz imprescindível, sob pena de forçar a vítima a desistir das suas

---

[120] Neste trabalho, para evitar discussão pouco relevante, serão utilizadas as duas expressões como sinônimas.

pretensões cíveis ou criminais por absoluta necessidade sobrevivencial.

É óbvio que, contando a mulher com condições próprias de sobrevivência, esta medida não se fará necessária em seu favor, mas sempre será conveniente em prol dos dependentes, cuja mantença não poderá ficar a cargo apenas da ofendida. Por outra, não se poderiam negar os alimentos em favor dos filhos, pretextando que estes não foram vítima de violência doméstica, pois que, estando eles sob a responsabilidade direta da mãe vitimada, liberar o pai de contribuir para sua manutenção, além de recompensá-lo pelos atos praticados, termina por coagir, indiretamente, a ofendida a regressar ao convívio do agressor.[121]

O exame desta medida cautelar em sede de medidas protetivas é normalmente levado a efeito com fulcro em elementos superficiais. Baseia-se em sumária cognição das necessidades dos requerentes e das possibilidades do requerido. Deve o juiz buscar informar-se sobre as necessidades básicas da mulher e filhos, o que dependerá, por exemplo, de saber se ficaram em casa, ou foram abrigados externamente, padrão de vida anterior etc. Caberá, ainda, inteirar-se acerca da renda do agressor, ainda que mediante solicitação deste dado ao seu estabelecimento de trabalho, requisição de sua declaração de renda, informações da previdência social ou extratos bancários, com base em aparentes sinais das suas condições econômicas etc.

Vale frisar, também, que a Lei 11.340/06 recomenda uma proteção maior à vítima de violência doméstica do que à outra que não o tenha sido. Tal proteção tem o escopo de fortalecer a mulher vitimada para a tomada de decisões acerca dos processos judiciais que poderão ser iniciados a partir de sua manifestação de vontade e julgados a partir da idoneidade de suas declarações. Daí por que, para o efeito de deferir os alimentos provisórios postulados, não deve o juiz exigir prova escorreita e abundante a instruir o pedido de providências protetivas, até porque tal petição é elaborada em situação de crise e animosidade familiar, em que o acesso a documentos é muitas vezes dificultado e em que a vítima e seus dependentes estão fragilizados emocionalmente. As informações prestadas pela

---

[121] Em igual sentido, entendendo que o Juiz criminal pode fixar alimentos em favor dos filhos e não apenas da mulher vitimada, a lição de Rogério Sanches Cunha e de Ronaldo Batista Pinto. In: *Violência Doméstica* – Lei Maria da Penha (Lei 11.340/2006) comentada artigo por artigo. Op. cit., p. 96. Aliás, como mencionam ditos autores, a extensão dos alimentos provisionais aos filhos, decorre ainda da regra de amplitude das medidas cautelares, que atribui ao juiz um amplo poder cautelar, consoante art. 22, § 1º, do CP.

vítima perante a autoridade policial ou o Ministério Público, sob a obrigação de dizer a verdade, induzem credibilidade e justificam o pronto deferimento da verba alimentar. Ademais, em caso de deferimento de alimentos provisórios ou provisionais, recomenda-se, desde logo, o desconto em folha de pagamento, como modo de garantir o adimplemento das prestações, ensejando à vítima uma situação de maior tranquilidade econômica.

O legislador ainda acrescentou, através da Lei 13.984/2020, dois incisos ao art. 22 da LMP:

VI – comparecimento do agressor a programas de recuperação e reeducação; e

VII – acompanhamento psicossocial do agressor, por meio de atendimento individual e/ou em grupo de apoio.

Tais injunções já vinham sendo aplicadas cautelarmente em algumas comarcas onde se organizaram serviços de atendimento psicológico ao agressor e que partem do princípio de que este pode e deve ser tratado, pois, mesmo quando se separa da vítima, poderá repetir o comportamento violento em outros relacionamentos futuros. O problema é que a imposição em nível cautelar vinha sendo atacada até mesmo via *habeas corpus* sob a alegação de que não estava prevista em lei e sua inobservância poderia resultar na prisão preventiva do agressor doméstico. Em efeito, agora o comparecimento a programas de recuperação ou acompanhamento psicossocial deixa de ser apenas uma modalidade de limitação de final de semana a ser aplicada na sentença,[122] podendo ser antecipada em nível de medida cautelar, cuja inobservância aliada a outros requisitos (arts. 311 a 313 do CPP), pode, de fato, ensejar a prisão preventiva do agressor. Obviamente, havendo correspondência entre a medida cautelar e a pena definitiva, é adequado que o tempo de comparecimento aos programas no início da lide, seja de algum modo detraído da pena futura.

3.2.2. Medidas protetivas de urgência à ofendida

Nos arts. 23 e 24 da LMP, o legislador estabeleceu outras medidas, determináveis pelo juiz, relacionadas à proteção da ofendida (art. 23) e do patrimônio do casal ou dos bens particulares da ofendida (art. 24). Diferentemente daquelas previstas no art. 22, estas não estão endereçadas diretamente a obrigar determinadas condu-

---

[122] Vide parágrafo único do art. 152 da Lei de Execução Penal, com a redação que lhe deu o art. 45 da LMP.

Violência doméstica e familiar contra a mulher

tas ou abstenções de conduta ao agressor, mas a proteger ou salvaguardar interesses próprios da vítima.

O art. 23, I, autoriza o juiz a *encaminhar a ofendida e seus dependentes a programa oficial ou comunitário de proteção ou de atendimento.* Claro que, em muitos casos, esta providência dependerá da existência desses programas que, todavia, não necessitam ser específicos para vítimas de violência doméstica. Por exemplo, a Secretaria Municipal de Assistência Social pode ter programas de auxílio habitacional ou alimentar para pessoas necessitadas. A Secretaria de Saúde pode atender a vítima ou seus dependentes se necessitarem algum tratamento médico ou mesmo acompanhamento psicossocial através dos Centros de Atendimento Psicossocial (CAPS).

O inciso II, do art. 23 que autoriza o juiz a *determinar a recondução da ofendida e a de seus dependentes ao respectivo domicílio, após o afastamento do agressor,* é uma consequência do art. 22, II, que autorizava o juiz a determinar o afastamento do agressor do lar comum. Como já se comentou, em certos casos, será necessário primeiro, como providência policial de ofício, prevista no art. 11, III, da LMP, transportar a vítima e seus dependentes para um lugar seguro. Depois, com mais tempo, requerer, judicialmente, mediante pedido da ofendida ou do Ministério Público, o afastamento do agressor (art. 22, II). Deferido o afastamento do lar, tal se dá especificamente, para que a ofendida possa a ele retornar, caso contrário, não teria sentido afastar o agressor da moradia comum do casal.

Por outra, o art. 23, III, permite ao *juiz determinar o afastamento da ofendida do lar, sem prejuízo dos direitos relativos a bens, guarda dos filhos e alimentos.* Aqui, onde se lê, determinar deve-se entender autorizar, isto porque o juiz não pode obrigar a vítima a afastar-se do lar; só o agressor pode ser compelido a tanto, caso contrário, estar-se-ia vitimizando-a duplamente. Autorizar tem por escopo evitar que se atribua à mulher o "abandono do lar", tido, tradicionalmente, como atitude que atenta contra os deveres matrimoniais. Na realidade, a mulher que "abandona o lar", por razões de segurança pessoal ou dos filhos, não pode por isso mesmo ser acusada de haver desatendido obrigações inerentes ao matrimônio, porque o fez em situação de necessidade, sendo-lhe inexigível conduta diversa, sequer a de que aguardasse uma autorização judicial para sair de casa.

A separação de corpos, prevista no art. 23, IV, da LMP, é medida tradicional no ordenamento jurídico pátrio que veio renovada no atual Código Civil.[123] Ocorre que, mercê de todas as medidas anteriores – de afastamento do agressor, abrigamento da ofendida – a separação de corpos parece esvaziada de sentido no âmbito da violência doméstica.

Na verdade, trata-se de medida cautelar própria para pessoas casadas ou em união estável que buscam autorização judicial para afastar-se do marido ou convivente, no curso da ação de separação, dissolução da união estável ou anulação do casamento. Assim, judicialmente autorizadas pela separação de corpos, ficariam suspensos os deveres de coabitação e convivência, inclusive sexual, próprios dos conviventes e casados.

A Lei 13.882, de 08 de outubro de 2019, acrescentou o inciso V ao art. 23 da LMP, estabelecendo uma nova medida de proteção em favor da ofendida e seus dependentes, pois permite ao juiz "determinar a matrícula dos dependentes da ofendida em instituição de educação básica mais próxima do seu domicílio, ou a transferência deles para essa instituição, independentemente da existência de vaga". A mesma lei acrescenta o § 7º ao art. 9º da Lei 11.340/06, determinando que "a mulher em situação de violência doméstica e familiar tem prioridade para matricular seus dependentes em instituição de educação básica mais próxima de seu domicílio, ou transferi-los para essa instituição, mediante a apresentação dos documentos comprobatórios do registro da ocorrência policial ou do processo de violência doméstica e familiar em curso". Tal previsão legal se impõe à administração pública, no caso, à rede pública de ensino, independentemente até de decisão judicial. Ademais, o § 8º igualmente agregado ao art. 9º da LMP, inspirado na preocupação com a segurança da vítima e seus dependentes, estabelece que "serão sigilosos os dados da ofendida e de seus dependentes matriculados ou transferidos conforme o disposto no § 7º deste artigo, e o acesso às informações será reservado ao juiz, ao Ministério Público e aos órgãos competentes do poder público", por exemplo a polícia e ao Conselho Tutelar.

No tangente às medidas protetivas à ofendida, previstas no art. 24 da Lei 11.340/06, voltam-se estas mais à proteção dos bens do casal ou dos bens particulares da mulher, consoante as leis civis.

---

[123] CC, art. 1.562. Antes de mover a ação de nulidade do casamento, a de anulação, a de separação judicial, a de divórcio direto ou a de dissolução de união estável, poderá requerer a parte, comprovando sua necessidade, a separação de corpos, que será concedida pelo juiz com a possível brevidade.

A primeira delas refere-se à determinação judicial para *restituição de bens indevidamente subtraídos pelo agressor à ofendida*. Esta restituição, em caráter cautelar, poderá ocorrer nas seguintes situações:

a) quando se tratar dos bens particulares da ofendida, retidos pelo agressor;

b) quando se tratar de bens comuns que o agressor está subtraindo do casal, em hipótese similar ao de furto de coisa comum;

c) quando se tratar de bens comuns, mas de uso pessoal ou profissional da ofendida.

Obviamente, tratando-se de bens particulares da ofendida que o marido subtrai, é cabível a restituição imediata. Este inciso pode ter interpretação ampliada, para autorizar, por exemplo, a reintegração de posse no imóvel pertencente à ofendida, que o requerido esbulhou, quando a expulsou de casa. Todavia, quando a propriedade ou posse do imóvel for discutível e depender de instrução, a manutenção da medida cautelar dependerá do ajuizamento de ação principal de caráter possessório ou dominial, no juízo cível, em quinze dias ou prazo maior assinado pelo juízo, a contar da concessão da reintegração de posse em deferimento de tutela antecipada antecedente, conforme dicção do art. 303, § 1º, I, do CPC.

Na hipótese *b* supracitada, embora se trate de bens comuns, a cautelaridade se destina a proteger o patrimônio do casal que o agressor tenta desviar, ocultar, alienar. Assim, transferem-se tais bens às mãos da vítima, nomeando-se-a fiel depositária, a fim de que também ela não deteriore ou aliene o patrimônio em proveito próprio.

Por fim, em se tratando de bens de uso pessoal, sua restituição à ofendida pode ocorrer até mesmo como providência imediata da autoridade policial, prevista no art. 11, IV, da LMP, já aqueles bens de uso profissional exclusivo da mulher também devem ser-lhe, de pronto, restituídos, visto que necessários à sua mantença pessoal e familiar.

No inc. II do art. 24, a Lei Maria da Penha autoriza o juiz a determinar *a proibição temporária para a celebração de atos e contratos de compra, venda e locação de propriedade em comum, salvo expressa autorização judicial*.

Os atos de venda e alienação de direitos reais dependem de outorga uxória, mas é possível, nos casos de união estável, que o bem imóvel esteja em nome de apenas um dos conviventes que aparece na escritura e no registro imobiliário como solteiro. Pode ocorrer, ainda que o bem, adquirido em vida de solteiro, e comunicado por posterior casamento, não tenha em seu registro a anotação do casamento. Em tais casos, exemplificativamente, ser-lhe-ia possível iludir o tabelionato, alienando o imóvel sem outorga uxória, daí por que conveniente proibi-lo de fazer a venda ou locação. Tal proibição deve ocorrer mediante anotação da ordem judicial no próprio registro do imóvel, para dar-lhe suficiente publicidade contra terceiros e evitar alegações de boa-fé de eventual comprador ou locador, como determina, aliás, o parágrafo único do art. 24.

No caso desta medida protetiva, é conveniente que a mulher arrole os bens que pretende seja o agressor interditado de alienar ou locar a fim de que a decisão judicial resulte determinada e precisa quanto à sua extensão. Assim, por exemplo, no caso de automóveis, a alienação pode ser obstada a partir de ordem judicial dirigida ao DETRAN para apontamento no prontuário do veículo.

Em alguns casos, talvez a publicidade necessária desta medida deva ser levada a efeito através de órgão de imprensa, quando não puder sê-lo efetuada de maneira mais discreta para evitar exposição da intimidade dos envolvidos.

Frise-se que outro instrumento de coerção para impor esta medida de proibição de venda é a advertência acerca de possível enquadramento do agressor recalcitrante no art. 24-A da Lei Maria da Penha, que trata do descumprimento de medida protetiva, pois, com efeito, há configuração típica plena desta forma delitiva.

No inc. III do art. 24, prevê a Lei a suspensão das procurações conferidas pela ofendida ao agressor. Segundo o art. 653 do Código Civil, opera-se o mandato quando alguém recebe de outrem poderes para, em seu nome, praticar atos ou administrar interesses. A procuração é o instrumento do mandato. Como tal, depende da fidúcia entre as partes. Quebrada esta confiança, naturalmente o mandante pode revogar o mandato, como autoriza a lei civil (art. 682, I, do CC), para tanto, será conveniente, além da notificação do mandatário (art. 686 do CC), a maior divulgação do ato, se possível, através da imprensa, para evitar danos a terceiros de boa-fé.

Por fim, no inc. IV do art. 24, a Lei 11.340/06 autoriza ao juiz a determinar ao agressor a prestação de caução provisória, mediante depósito judicial, por perdas e danos materiais decorrentes da prática de violência doméstica e familiar contra a ofendida. Nesse caso, dispondo o agressor de recursos econômicos, estabelece a Lei Maria da Penha deverá o juiz exigir depósito em dinheiro ou a indicação de algum patrimônio para ressalvar eventual condenação futura em perdas e danos materiais decorrentes da violência doméstica. Cuida-se de uma espécie de sequestro de bens. Salienta-se que a lei não se refere a danos morais, excluindo-se, portanto, estes do direito à caução.[124] Todavia, a avaliação do montante a ser caucionado exige algum indicativo do *quantum* indenizável. Assim, para instruir este pedido, será conveniente prova preconstituída dos danos sofridos pela mulher – danos emergentes e lucros cessantes – seja em violência física, psicológica, patrimonial, moral ou sexual, para que o juiz determine o valor da caução. A cautelar é também relevante quando o tratamento dos danos causados pela violência se estima demorado e oneroso.

A respeito do problema da caução e de regra de outras medidas cautelares previstas no art. 24, especialmente as dos incisos I e II, restará saber se aproveitam também aos herdeiros da mulher que tenha sido assassinada pelo agressor. A nosso ver, a resposta positiva se impõe, pois, sendo possível em delitos de menor gravidade, muito mais se justificam naquele de gravidade máxima. Além disso, muitas vezes os herdeiros também estão em posição de hipossuficiência, ainda maior que a própria vítima, como ocorre com filhos menores ou portadores de necessidades especiais.

3.2.3. O direito à remoção da funcionária pública e manutenção do vínculo trabalhista da empregada no setor privado

Cumpre mencionar ainda as garantias do art. 9º, § 2º, I e II, da Lei Maria da Penha,[125] que asseguram prioridade de remoção quando se tratar de mulher funcionária pública ou manutenção do vínculo trabalhista por até seis meses, sempre que tais providências se fizerem necessárias para preservar a integridade física e moral de mulher, vítima de violência doméstica ou familiar. Quanto à garantia da transferência de empregada pública, é fácil concluir que deverá ser, desde logo, aplicada pela administração pública (*ex officio*), podendo ser determinada em juízo, inclusive, em sede de mandado de segurança, nada impedindo que o próprio juízo criminal o ordene, com fulcro no art. 33 da Lei 11.340/06, mas, obviamente, quando se tratar de funcionária municipal ou estadual, a transfe-

---

[124] No silêncio da lei também não se poderia impor a caução em se tratando de dano estético, pois, segundo a jurisprudência, ele constitui um *tertium genus* além do dano material e moral, porém, bem mais coincidente com este último, do qual acabou por diferenciar-se em julgados mais recentes.

[125] Art. 9º [...] § 2º. O Juiz assegurará à mulher em situação de violência doméstica e familiar, para preservar sua integridade física e psicológica: I – acesso prioritário à remoção quando servidora pública, integrante da administração direta ou indireta; II – manutenção do vínculo trabalhista, quando necessário o afastamento do local de trabalho, por até seis meses.

rência somente será possível no âmbito territorial da correlata unidade federativa.

Mais problemática será a questão alusiva à manutenção do vínculo empregatício que, por certo, ainda dará azo a infindáveis discussões à míngua de melhor regulamentação legal. Acreditamos, entretanto, somente competir ao juízo criminal reconhecer que uma trabalhadora se enquadra na situação descrita na referida Lei – a identificação do caso de violência doméstica –, visto tratar-se de um litígio totalmente estranho à relação de emprego. Portanto, evidenciada essa situação, caberia ao juiz criminal comunicar o empregador de sua decisão, garantindo o vínculo empregatício. Caso o empregador não cumpra, e promova a rescisão do contrato de trabalho, aí sim, surgiria a lide trabalhista, pois, a empregada, após ter um direito reconhecido, sofreu sua violação pelo empregador. Nesse caso, a solução para o restabelecimento do vínculo passa por uma reclamatória trabalhista, na qual a trabalhadora exporá a violação de seu direito ao juiz do trabalho. Nessa reclamatória, por sua vez, não se poderá admitir discussão sobre o mérito da decisão do juiz criminal. Quando muito, a empresa poderá alegar fatos do tipo: justa causa, extinção do estabelecimento na região, ou algum motivo de força maior. Em resumo, portanto, cabe ao juiz criminal reconhecer o enquadramento na hipótese de violência doméstica, comunicando a empresa. Não cumprida tal determinação, o empregador estará sujeito a uma reclamatória trabalhista com pedido de reintegração e restabelecimento do vínculo rompido.

Outra questão a ser levantada será se durante o período de afastamento do local de trabalho, à *garantia de manutenção do vínculo empregatício*, corresponde a permanência da percepção de salários. Para resolver esse dilema, deve-se investigar a natureza jurídica da paralisação. No Direito do Trabalho, existem duas formas de paralisação da prestação de serviços: a suspensão e a interrupção do contrato de trabalho. A primeira provoca a suspensão de praticamente todas as execuções das obrigações contratuais (pelos menos as principais, que são a prestação dos serviços e o pagamento dos salários). São exemplos de suspensão os afastamentos por doença depois do 15º dia (quando o INSS assume a partir do 16º dia), as suspensões disciplinares etc. Já a interrupção se dá nos casos em que somente a prestação dos serviços é paralisada. O empregador continua com a obrigação de pagar os salários. Exemplos de interrupção são as férias, os descansos semanais remunerados, os 15 primeiros dias do afastamento pela doença etc. Dentro de um desses dois institutos, a hipótese da Lei 11.340/06 deve ser enquadrada, já que menciona o "afastamento do local de trabalho", deixando claro que não haveria a prestação dos serviços. Por outro lado, em momento algum a lei obriga o empregador a pagar salários nesse período, o que seria imprescindível, já que ninguém está obrigado a fazer algo senão em virtude de lei. A omissão dessa obrigação, portanto, implica a hipótese de *suspensão do contrato de trabalho*, razão pela qual não haverá contagem do tempo de serviço, pagamento de salários, FGTS e nem recolhimento de contribuições para o INSS. Crê-se que a intenção do legislador, nesse caso, foi possibilitar que a mulher se afaste do seu endereço por um tempo, indo morar com os pais em outra localidade etc., garantido a fonte de subsistência, quando retornar.[126] De qualquer modo, é preciso convir que, em se onerando exclusivamente o empregador com mais esta garantia de vínculo, se estará criando, por vias transversas, outra causa de discriminação contra a mulher no trabalho.

Recentemente, o tema foi julgado no REsp. nº 1.757.775 pela Sexta Turma do STJ, da relatoria do Ministro Rogério Schietti Cruz, que entendeu pela competência "do juiz da vara especializada em violência doméstica e familiar ou, caso não haja na localidade o juízo criminal, para apreciar pedido de imposição de medida protetiva de manutenção de vínculo trabalhista, por até seis meses, em razão de afastamento do trabalho de ofendida decorrente de violência doméstica e familiar, uma vez que o motivo do afastamento não advém de relação de trabalho, mas de situação emergencial que visa garantir a integridade física, psicológica e patrimonial da mulher".

No ponto, entendemos que a competência para reconhecer a situação de violência doméstica é do Juizado Especial de Violência Doméstica ou da Vara Criminal com tal atribuição, mas, em caso de o empregador não garantir a manutenção do vínculo, tal conflito passa à relação de trabalho e, portanto, deverá ser debatido em sede de Justiça do Trabalho. O tema é complexo e deverá ser dirimido na jurisprudência se não advier legislação própria neste sentido.

Por outro lado, no aresto mencionado também se decidiu que "tem direito ao recebimento de salário a vítima de violência

---

[126] A CPMI da Violência contra a Mulher no Brasil propôs o Projeto de Lei 296 de 2013, com o objetivo de alterar a Lei 8.213/91, que dispõe sobre o plano de benefícios da Previdência Social para instituir o "auxílio transitório" decorrente de risco social provocado por situação de violência doméstica e familiar contra a mulher, a ser custeado inclusive pelo próprio agressor que ficaria obrigado a recolher o equivalente a 9% do salário da vítima sempre que esta estivesse vinculado a algum regime de contribuição previdenciária.

doméstica e familiar que teve como medida protetiva imposta ao empregador a manutenção de vínculo trabalhista em decorrência de afastamento do emprego por situação de violência doméstica e familiar, ante o fato de a natureza jurídica do afastamento ser a interrupção do contrato de trabalho, por meio de interpretação teleológica da Lei nº 11.340/2006". O julgado reconhece que a interrupção ocorre nos primeiros quinze dias de afastamento por motivo de doença, período em que o ônus salarial é do empregador, enquanto a suspensão se dá, entre outras hipóteses, no "período em que o empregado estiver recebendo auxílio-doença ou aposentadoria por invalidez (enquanto não se tornar definitiva a aposentadoria), pagos pela Previdência Social". Neste caso, o julgado não resolve bem a questão do ônus do pagamento dos salários durante o período de afastamento do trabalho, mas acaba por decidir que "incide o auxílio-doença, diante da falta de previsão legal, referente ao período de afastamento do trabalho, quando reconhecida ser decorrente de violência doméstica e familiar, pois tal situação advém da ofensa à integridade física e psicológica da mulher e deve ser equiparada aos casos de doença da segurada, por meio de interpretação extensiva da Lei Maria da Penha". Assim, caberia ao empregador o pagamento dos quinze primeiros dias de afastamento e a seguir ao INSS compete pagar o restante do período de afastamento por aplicação analógica do auxílio-doença.

Neste ponto, vale salientar o § 4º, acrescentado ao art. 9º da Lei Maria da Penha, pela Lei 13.871/19, para dispor que "aquele que, por ação ou omissão, causar lesão, violência física, sexual ou psicológica e dano moral ou patrimonial a mulher fica obrigado a ressarcir todos os danos causados, inclusive ressarcir ao Sistema Único de Saúde (SUS), de acordo com a tabela SUS, os custos relativos aos serviços de saúde prestados para o total tratamento das vítimas em situação de violência doméstica e familiar, recolhidos os recursos assim arrecadados ao Fundo de Saúde do ente federado responsável pelas unidades de saúde que prestarem os serviços". Este mesmo dispositivo, igualmente, pode embasar pedido de ressarcimento ao INSS pelo pagamento de auxílio-doença ou outra remuneração previdenciária a ser estabelecida legalmente para o caso de afastamento temporário do trabalho por motivo de violência doméstica ou familiar.

De qualquer modo, a matéria só será plenamente aplicável após a devida regulamentação jurídica pelo parlamento federal.

3.2.4. A possibilidade de prisão preventiva e a proibição de liberdade provisória sempre que houver risco à integridade física da vítima. Decretação da prisão preventiva de ofício durante o inquérito policial. O aviso-prévio à vítima em caso de concessão de liberdade ao agressor

Medida cautelar de caráter criminal estabelecida no âmbito da lei, que, deferida com circunspecção, pode prevenir graves resultados criminosos, é a *prisão preventiva do agressor*, prevista no art. 20 da Lei Maria da Penha. O art. 42 da LMP alterou a redação do art. 313 do CPP, incluindo um inciso IV, que autorizava a prisão preventiva *se o crime envolver violência doméstica e familiar contra a mulher, nos termos da lei específica, para garantir a execução das medidas protetivas de urgência.*

Atualmente, a Lei 12.403/11 avançou mais ainda na proteção de pessoas vulneráveis e ampliou a redação do dispositivo em comento, admitindo a decretação da custódia cautelar sempre que *o crime envolver violência doméstica e familiar contra a mulher, criança, adolescente, idoso, enfermo ou pessoa com deficiência, para garantir a execução das medidas protetivas de urgência* (art. 313, III, do CPP).

Assim, combinando-se as regras do art. 20 da LMP, com a nova hipótese acrescentada ao art. 313, IV, do CPP, pode-se concluir que são requisitos para a decretação da prisão preventiva, em casos de violência doméstica e familiar contra a mulher:

a) prova da existência do crime praticado com violência doméstica ou familiar contra a mulher; indícios suficientes de autoria e de perigo gerado pelo estado de liberdade do imputado (art. 312 do CPP);

b) garantia da ordem pública, conveniência da instrução criminal e para assegurar a aplicação da lei penal; e

c) necessidade de garantir a execução das medidas protetivas de urgência, nos casos de violência doméstica e familiar contra a mulher.

Tais requisitos são cumulativos,[127] sendo necessário, antes de recorrer à medida extrema da custódia prisional, esgotarem-se medidas menos severas, previstas no art. 22 da LMP, uma vez que,

---

[127] Entretanto, o último deles – necessidade de garantir o cumprimento das medidas de proteção de urgência – pode ser dispensado em casos excepcionais, quando se perceba que a só imposição de medidas de proteção não se afigure suficiente à preservação da integridade física da vítima. Nesse caso, pode haver uma inversão cronológica na ordem: decreta-se primeiro a prisão preventiva e, depois, acautelada a situação, se a substitui por outras medidas diversas da prisão.

assim como os JECRIMs teriam banalizado a violência contra as mulheres, é preciso evitar agora que a Lei Maria da Penha banalize as prisões preventivas dos homens.

Todavia, haverá momentos em que a prisão preventiva será necessária, mesmo em face de lesões leves ou ameaças sérias, pois não se pode mais incorrer em autêntica "crônica de uma morte anunciada" para deixar a vida ou a integridade física da mulher ao alvedrio de seu autopropalado algoz. Quando as demais medidas não tiverem êxito, e o agressor venha transitando uma via de crescente ameaça à incolumidade ou à vida da vítima, a prisão cautelar se impõe como *ultima ratio,* para evitar desdobramentos de atroz gravidade.

É claro que tal medida, já implementada normalmente em crimes punidos com reclusão, *v.g.,* homicídio tentado ou consumado, estupro etc.; em se tratando de delitos apenados com detenção, como as lesões corporais leves e a ameaça, demandam curso muito ágil ao processo para evitar que o período de prisão preventiva acabe se tornando maior que a própria pena a ser cominada ao final do processo, considerando, ainda, que, em tais delitos, a pena normalmente seria cumprida em regime aberto, ao passo que à custódia preventiva aplica-se o regime fechado.[128]

Forçoso convir, entretanto, que as medidas protetivas contra o agressor, previstas no art. 22 da LMP, restariam inócuas não houvesse, a ampará-las, a ameaça de uma prisão preventiva. Infelizmente, esta medida extrema é muitas vezes a única que realmente dissuade alguns agressores de persistirem, obstinadamente, em seus propósitos violentos. Daí por que, o tempo de duração da pena definitiva a ser eventualmente fixada na sentença condenatória, não pode servir de motivo ao indeferimento da prisão preventiva, visto

---

[128] Frise-se a seguinte ementa do TJRS, onde demonstrada preocupação com a demora no processo, nos casos de prisão preventiva por crimes de violência doméstica, aos quais se atribua penas privativas da liberdade em baixos patamares, como é o caso do art. 129, § 9º, do CP: CÓDIGO PENAL. ART. 129, § 9º. LEI 11.340/06. VIOLÊNCIA DOMÉSTICA. DECRETAÇÃO DA PRISÃO PREVENTIVA. Para que seja possível a prisão preventiva, com fundamento na Lei nº 11.340/06, é indispensável não apenas o descumprimento de uma medida de proteção, mas também a segura demonstração da existência de um crime. Deferida a prisão, passa a interessar o prazo previsto no artigo 10, do Código de Processo Penal, bem como a pena que eventualmente será aplicada, assim como o regime de cumprimento dela. ORDEM CONCEDIDA. UNÂNIME. (1ª Câmara Criminal, Proc. nº 70018343293, publicada em 14/02/2007). Ocorre que, *maxima venia,* a prisão preventiva não é um instituto penalizador, mas cautelar, pelo que não pode ser obstada sob o argumento de que extrapolaria os parâmetros punitivos do preceito penal secundário da norma incriminadora, basta se atente ao princípio da homogeneidade, evitando-se que a prisão cautelar extrapole o período previsível de condenação.

que os pressupostos da segregação cautelar e os da condenação não se identificam plenamente.[129]

Ademais, a inovação mais intimidativa que a Lei 11.340/06 estabeleceu foi a possibilidade de prisão em flagrante e preventiva em casos de lesões leves e ameaças, praticadas em situação de violência doméstica e familiar contra a mulher. Obviamente, não pode ser banalizada, mas pode-se antever um efeito pedagógico geral muito significativo, em face desta medida extrema, principiando uma mudança comportamental que os meios mais suasórios até agora não lograram atingir.

No ponto atinente à prisão preventiva, ainda é necessário analisar a possibilidade de decretação da prisão preventiva de ofício durante o inquérito policial.

Para sustentar a viabilidade da decretação *ex officio*, o fundamento está no art. 20 da Lei 11.340/06, o qual estabelece que, "em qualquer fase do inquérito policial ou da instrução criminal, caberá a prisão preventiva do agressor, decretada pelo juiz, de ofício, a requerimento do Ministério Público ou mediante representação da autoridade policial".

Em sentido oposto, argumenta-se que a redação atual do art. 311, modificado pela Lei 13.964/19, estabelece que "em qualquer fase da investigação policial ou do processo penal, caberá a prisão preventiva decretada pelo juiz, a requerimento do Ministério Público, do querelante ou do assistente, ou por representação da autoridade policial".

A prevalência da regra do art. 20 da LMP assenta-se no princípio segundo o qual a lei especial derroga a geral. Ademais, intensifica a proteção da vítima, atendendo ao princípio hermenêutico do art. 4º da Lei 11.340/06, segundo o qual na interpretação (e, portanto, na aplicação) da lei há que se levar em conta os fins a que ela se destina e a condição peculiar da mulher que sofreu violência doméstica.

---

[129] Em concordância, com acerto, a seguinte decisão do Egrégio Tribunal de Justiça de Santa Catarina: *HABEAS CORPUS* – PRISÃO PREVENTIVA – AVENTADA AUSÊNCIA DE MATERIALIDADE – LAUDO PERICIAL TRAZIDO À BAILA SEGUNDO NOTICIA O PÓRTICO INAUGURAL APRESENTADO PELO PARQUET. Lei Maria da Penha (Lei 11.340/06) – Paciente que viola medidas protetivas – Possibilidade de decretação do encarceramento provisório por força do Inciso IV do art. 313 do pergaminho adjetivo penal – Irrelevância das penas cominadas aos delitos em apuração. Custódia cautelar – Necessidade em obséquio da ordem pública – Depósito de merecida confiança no juiz do processo, que com proximidade e imparcialidade bem conhece as questões paroquianas. Constrangimento ilegal inexistente – Ordem denegada. Vistos, relatados e discutidos estes autos de Habeas Corpus n. 2007.005618-7.

Por outro lado, argumenta-se que o art. 20 restou revogado tacitamente pela nova redação do art. 311 do CPP, porque apenas repete a antiga redação deste dispositivo, agora modificada, de tal modo que, adotando-se uma técnica de simetria, a mudança no CPP deve refletir-se por igual no regime da Lei 11.340/06.

Há uma forte tendência no sentido de que prevaleça a tese da impossibilidade de decretação *ex officio*, porquanto a transformação operada no art. 311 do CPP reproduz uma orientação verificada em todo o sistema processual que homenageia o princípio acusatório, no qual há clara diferenciação entre o agente que acusa, o que defende e o que julga. Excepcionar a Lei Maria da Penha desta inclinação significaria isolá-la como um diploma legal obsoleto quanto a este ponto.

A nosso ver, embora se admita que esta segunda orientação tenda a predominar, temos que, em casos excepcionais, possa admitir-se a decretação de ofício para proteção urgente da vida ou integridade física da vítima, uma vez que o princípio acusatório deve relativizar-se sempre que estiverem em questão outros valores protegidos no âmbito constitucional. No conflito entre a proteção do sistema acusatório e a da vida ou integridade física da vítima, este último valor deve prevalecer porque está mais próximo do princípio da dignidade da pessoa humana, tão incensado como regra supraconstitucional. Ademais, é forçoso reconhecer que esta interpretação está de acordo com a regra da especialidade *(Lex specialis derrogat generalis)* e melhor atenta, em circunstâncias muito especiais, ao disposto no art. 4º da Lei Maria da Penha.

Por fim, há que se salientar o disposto no art. 21 da Lei 11.340/06:

Art. 21. A ofendida deverá ser notificada dos atos processuais relativos ao agressor, especialmente dos pertinentes ao ingresso e à saída da prisão, sem prejuízo da intimação do advogado constituído ou do defensor público.

Parágrafo único. A ofendida não poderá entregar intimação ou notificação ao agressor.

A lei procura alertar para um problema: a vítima não pode ser exposta pela própria polícia, Ministério Público, Defensoria Pública ou Poder Judiciário à revolta do agressor. Por isso, obviamente, não pode ela própria entregar-lhe qualquer intimação para comparecimento em juízo e, ademais, deve ser informada sempre que ele seja posto em liberdade provisória ou definitiva e, neste último ponto, defende-se que *esta notificação acerca da liberdade do agressor deve ser prévia à soltura,* sob pena de ser inócua.

Com efeito, não teria utilidade notificar a vítima sobre a concessão de liberdade provisória, definitiva ou relaxamento de flagrante, posteriormente ao próprio ato, pois o propósito da lei é alertar a ofendida para que aumente seu estado de alerta, serenado com a prisão do agressor. A nosso ver, é condição para concessão de liberdade a prévia notificação da vítima.

Quando se tratar de cumprimento de pena, esta notificação pode ser feita com antecedência, visto que a autoridade de execução penal dispõe da data em que ocorrerá progressão de regime, liberdade condicional ou qualquer incidente execucional que importe em concessão de liberdade. Em caso de fuga, a primeira a ser avisada deve ser a vítima.

Quando se tratar de concessão de liberdade provisória ou relaxamento de prisão em flagrante, a expedição de alvará de soltura depende da prévia notificação da ofendida.

Embora a lei não estabeleça com a desejada clareza que a notificação deva ser "prévia" à concessão da liberdade, esta é a única interpretação consentânea com o espírito protetivo geral da lei, especialmente com a regra de hermenêutica constante do art. 4º da LMP.[130]

Cumpre salientar a posição de garantidor que a Lei 11.340/06 impõe às autoridades policiais no art. 11, III e IV. No art. 21, esta posição de garante se estende também à autoridade judicial de modo que, a omissão da prévia notificação, pode ensejar a responsabilização pessoal do juiz, na forma do art. 13, § 2º, "a", do CP pelos danos praticados pelo agressor quando surpreendida a vítima desavisada acerca de sua soltura.

Obviamente que, em caso de significativa dificuldade na localização da vítima, isto não pode retardar sobremaneira a concessão da liberdade, visto que a esta incumbe manter atualizado seu endereço ou outro meio de contato nos autos.

3.2.5. Recurso contra o indeferimento das medidas de proteção

Tema sobre o qual silencia a lei diz respeito ao recurso cabível contra o indeferimento de medidas de proteção.

---

[130] Art. 4º Na interpretação desta Lei serão considerados os fins sociais a que ela se destina e, especialmente, as condições peculiares das mulheres em situação de violência doméstica e familiar.

Contra o deferimento sempre será possível a insurgência via remédios constitucionais como o *habeas corpus* quando houver risco à liberdade de locomoção ou o mandado de segurança nas hipóteses residuais. Porém, tangente ao indeferimento de medidas, tendo em conta o risco de dano irreparável para a vítima, necessária a via recursal e, talvez, com bastante celeridade.

A decisão que indefere medidas de proteção – seja por representação da ofendida, seja por requerimento do Ministério Público (art. 19 da LMP) – define-se como decisão interlocutória, pois não põe fim ao processo penal, pelo que não deve ser objeto de apelação e, a nosso ver, desafia recurso em sentido estrito por interpretação extensiva do art. 581, V, do CPP, pois, embora se compreenda que o rol do referido artigo é taxativo, a doutrina vem admitindo que as hipóteses elencadas em lei possam ter interpretação extensiva.[131]

O problema, todavia, é que o recurso em sentido estrito tem tramitação lenta e, por isso, pode vir a destempo de evitar prejuízo maior à vítima, donde se sugere a possibilidade de uso, pelo Ministério Público, do mandado de segurança em matéria criminal para obter liminarmente a concessão de medidas de proteção, indeferidas na primeira instância. Nesse caso, o ideal é ajuizar o mandado de segurança e o recurso em sentido estrito, obtendo com o primeiro apenas o efeito imediato que não se tem como lograr apenas no RSE.

O Mandado de Segurança pressupõe a ocorrência de ilegalidade ou abuso de poder, assim como a irreparabilidade do dano pelos remédios processuais ordinários. Todavia, há hipóteses em que, apesar de recorrível a decisão, o direito da parte pode sofrer lesão em virtude da demora no provimento do recurso ordinário, nesses casos, o mandado de segurança pode ser manejado para obter provimento liminar ou conceder efeito suspensivo ao recurso previsto em lei.

---

[131] Nesse sentido, tratando acerca das medidas cautelares diversas da prisão, previstas no art. 319 do CPP, Alexandre Cebrian e Victor Gonçalves prelecionam que "a natureza taxativa dos casos de utilização do recurso [em sentido estrito] não afasta, todavia, a possibilidade de *interpretação extensiva* das hipóteses de cabimento, nos termos do disposto no art. 3º do CPP, uma vez que, com isso, não se está a alargar o rol legal, mas, apenas, reconhecendo que certas hipóteses processuais incluem-se naquela enumeração. É o que ocorre, por exemplo, ao se admitir a utilização do recurso em sentido estrito contra decisão que indefere requerimento de aplicação de medida cautelar diversa da prisão, já que a redação do dispositivo refere-se apenas ao cabimento contra o indeferimento do pedido de prisão preventiva (art. 581, V, do CPP), que é apenas uma das modalidades de medida cautelar pessoal" (*In* REIS, Alexandre Cebrian Araújo e GONÇALVES, Victor Eduardo Rios. *Direito Processual Penal Esquematizado.* São Paulo: Saraiva. 2012, p. 619 – grifos no original).

3.3. Competência jurisdicional

Outra grande novidade da Lei 11.340/06 foi a autorização para os Estados e o Distrito Federal criarem os *Juizados de Violência Doméstica e Familiar contra a Mulher* (JVDFM), órgãos da Justiça comum, com competência *cível e criminal* para o *processo, julgamento e a execução* das causas decorrentes de violência doméstica e familiar contra a mulher.

A lei não determina expressamente a criação dos JVDFM, estabelecendo que os Estados e a União *poderão* criar ditas unidades jurisdicionais, especializadas para processos cíveis e criminais, cuja causa de pedir seja a violência doméstica e familiar contra a mulher. O Congresso teve o cuidado de não determinar esta criação para não adentrar indevidamente na esfera própria do Poder Judiciário. Sublinha-se que a instalação dos juizados especiais de pequenas causas criminais para o julgamento dos crimes de menor potencial ofensivo era determinada constitucionalmente (art. 98, I, da CF). Já em relação à violência doméstica, a Constituição de 1988 contém apenas a regra genérica do art. 226, § 8°, estabelecendo que *o Estado assegurará a assistência à família na pessoa de cada um dos que a integram, criando mecanismos para coibir a violência no âmbito de suas relações.*

Exemplos desses mecanismos destinados a coibir a violência intrafamiliar são os Juizados de Violência Doméstica e Familiar contra a Mulher, uma das principais reivindicações do movimento feminista. Segundo Ela Wolkmer de Castilho, o objetivo dos grupos que se empenharam na aprovação da Lei 11.340/06 era produzir uma legislação que reconhecesse a violência doméstica como uma violação dos direitos humanos e que instrumentalizasse o Estado em prol das vítimas de violência de gênero. Daí a ideia de um juizado que atuasse em uma perspectiva conglobante – cível e criminal – no enfrentamento desta modalidade específica de violência.[132]

Veja-se que a Lei determina que os Juizados de Violência Doméstica e Familiar contra a Mulher (JVDFM) reunirão competência cível e criminal para o processo, julgamento e execução de todas as causas cujo fundamento seja a violência doméstica contra a mulher.

Entretanto, dar competência geral para a execução das penas a tais juizados pode ser um excesso que deve ser corrigido no âmbito

---

[132] Conferência proferida no Ciclo de Estudos sobre a Lei Maria da Penha. TJRS – Centro de Estudos, Porto Alegre, 1º/12/06.

da organização judiciária. Ao menos em se tratando de penas privativas da liberdade, a competência da Vara de Execução Penal é intransferível, a fim de evitar regimes diversos dentro de uma mesma casa prisional, com sérios riscos para a administração destes estabelecimentos. Normalmente, os presos de um estabelecimento estão sob a jurisdição de um único juiz que tem uma práxis própria para jurisdicionar a execução penal, de modo que, colocar alguns presos sob a jurisdição de outro Juizado, pode comprometer a isonomia prisional, gerando descontentamento e insubordinação.

No tocante à execução das penas restritivas de direitos, todavia, parece não haver maior dificuldade a que sejam executadas no próprio Juizado de Violência Doméstica. Nesse caso, embora pareça contraproducente que, havendo uma Vara de Execuções Penais com experiência pragmática e rotinas estabelecidas, fosse ela ser preterida em favor dos Juizados de Violência Doméstica, há que se reconhecer que, dispondo estes de equipes multidisciplinares de atendimento,[133] poderiam tais profissionais prestar um atendimento especializado no acompanhamento de muitas das modalidades punitivas aplicadas no Juizado, como aquelas que objetivarem uma recuperação psíquica do agressor – comparecimento a cursos ou programas de prevenção ao alcoolismo, terapias, entrevistas com a equipe etc.

Por outra, conforme art. 33 da LMP, enquanto não estruturados os Juizados de Violência Doméstica e Familiar contra a Mulher, as varas criminais acumularão as competências cível e criminal para conhecer e julgar as causas decorrentes da prática de violência doméstica e familiar contra a mulher.

A nosso ver, se aos JVDFM soaria estranho o julgamento de causas cíveis tradicionalmente de competência da Vara de Família – separações, anulações de casamento, dissolução de união estável, alteração de guarda, alimentos – muito mais inconcebível atribuir-se o julgamento de tais demandas, nitidamente cíveis, ao juiz criminal. De nada adianta a lei estabelecer esta competência *ratione materiae,* se a prática profissional parece não aceitar a imposição normativa, tida até mesmo por inconstitucional, por invadir seara própria do Poder Judiciário e suas prerrogativas organizacionais. As varas criminais têm uma rotina preestabelecida que os ritos cri-

---

[133] Isto, aliás, é o que preconiza da Lei 11.340/06, em seu art. 29: "os Juizados de Violência Doméstica e Familiar contra a Mulher que vierem a ser criados poderão contar com uma equipe de atendimento multidisciplinar, a ser integrada por profissionais especializados nas áreas psicossocial, jurídica e de saúde".

Violência doméstica e familiar contra a mulher

minais, menos variados, impuseram ao longo do tempo, não sendo razoável nem producente, imiscuir, em meio à sua extenuante jornada, processos cíveis, com ritos totalmente diversos, inaugurando-se, destarte, o caos, onde ele já se insinua abertamente.

Daí por que, ousa-se sugerir, para uma interpretação razoável da lei, atribuir-se às *Varas Criminais*, competência provisória para: a) julgamento de crimes praticados com violência doméstica e familiar contra a mulher; b) julgamento das medidas de proteção (arts. 22 a 24 da LMP); c) realização de conciliações sobre temas originalmente cíveis como alimentos e guarda dos filhos e até mesmo partilha de bens (cuja execução se daria nas Varas Cíveis ou de Família).

Como a maioria das medidas de proteção podem ser revistas a qualquer tempo, quando do ajuizamento das ações principais cíveis, na jurisdição cível ou de família, poderiam ser mantidas, cassadas ou readaptadas em face de fatos novos trazidos a lume, até mesmo pela parte demandada. Nesse caso, para efeitos de rever a cautelar concedida pelo juiz criminal em exame sumário, prevaleceria a decisão do juiz cível, competente para o julgamento da ação principal, pois sua cognição é mais profunda.

Por outra, as *Varas de Família e Cíveis* continuariam competentes para processos cíveis de separação, dissolução de união estável, alimentos, execução das conciliações etc., em relação às quais vige o direito à eleição do foro, previsto no art. 15 da LMP, exclusivo para os processos cíveis.[134]

A despeito da resistência prática à competência dos Juizados de Violência Doméstica e Familiar contra a Mulher para processos cíveis, o art. 14-A, incluído pela Lei 13.894/19, estabeleceu expressamente:

Art. 14-A. A ofendida tem a opção de propor ação de divórcio ou de dissolução de união estável no Juizado de Violência Doméstica e Familiar contra a Mulher.

§ 1º Exclui-se da competência dos Juizados de Violência Doméstica e Familiar contra a Mulher a pretensão relacionada à partilha de bens.

§ 2º Iniciada a situação de violência doméstica e familiar após o ajuizamento da ação de divórcio ou de dissolução de união estável, a ação terá preferência no juízo onde estiver.

Vale salientar que pode ocorrer opção pelo Juizado de Violência Doméstica e Familiar contra a Mulher (JVDFM) sempre que este esteja instalado na Comarca onde a mulher resida, o agressor ou

---

[134] Estabelece expressamente o art. 15 da LMP: É competente, por opção da ofendida, para os processos cíveis regidos por esta Lei, o Juizado: I – do seu domicílio ou de sua residência; II – do lugar do fato em que se baseou a demanda; III – do domicílio do agressor.

onde ocorreu o ato de violência doméstica conforme regra de competência do art. 15 da LMP, mas não se estende à Vara Criminal a que se tenha outorgado a competência para crimes praticados com violência doméstica ou familiar em substituição ao JVDFM. Ademais, quando a *causa petendi* envolver também a partilha de bens, exclui-se a competência a fim de evitar a sobrecarga dos JVDFM com questões patrimoniais que produziriam possíveis prejuízos ao andamento dos demais processos que envolvam propriamente questões de violência doméstica. Por fim, o § 2º alerta sobre a aplicação da *perpetuatio jurisdictiones,* previsto genericamente no art. 43 do CPC,[135] visando a estabilizar a competência, evitando deslocamentos que atentem contra a eficiência e a economia processual.

3.4. Atuação do Ministério Público: *custos legis* e tutela dos interesses difusos. A legitimidade concorrente das organizações não governamentais

A Lei 11.340/06 reserva ao Ministério Público as seguintes funções:

a) **requerer medidas protetivas de urgência**: segundo o art. 19 da LMP, o *parquet* é um dos legitimados ativos, ao lado da própria ofendida, para requerer medidas de proteção dos arts. 22 a 24 da referida lei. Em tal caso, age o órgão em substituição processual à vítima, podendo, inclusive, aditar seu pedido pessoal, este elaborado através da autoridade policial, defensor público ou advogado. É mesmo possível que a vítima procure diretamente o Ministério Público para queixar-se de agressões; em tal caso, nada impede que o órgão encaminhe diretamente o pleito de medidas de proteção a juízo, com base em manifestação expressa – termo de declarações – da própria ofendida, resguardando-se o agente ministerial de futuras acusações de omissão ou de excesso.

b) **promover a ação penal pública nos crimes praticados com violência doméstica contra a mulher**: trata-se de função atribuída constitucionalmente ao Ministério Público, só excepcionada nos casos de ação penal privada, inclusive, a subsidiária da pública.

c) **atuar como *custos legis* (fiscal da lei ou interveniente) nos processos cíveis e criminais em que não for parte e que envolvam violência doméstica contra a mulher.**

d) **Defender os interesses transindividuais** das mulheres vítimas de violência doméstica (art. 37 da LMP).

---

[135] CPC/Art. 43. Determina-se a competência no momento do registro ou da distribuição da petição inicial, sendo irrelevantes as modificações do estado de fato ou de direito ocorridas posteriormente, salvo quando suprimirem órgão judiciário ou alterarem a competência absoluta.

Direitos transindividuais estão situados em uma zona intermediária entre os direitos públicos e os privados, rompendo as rígidas fronteiras dessa clássica dicotomia. Relacionam-se marcadamente à terceira dimensão de direitos, referentes à ideia de fraternidade ou solidariedade. As palavras-chave para sua compreensão são "qualidade de vida" e "afetação ao gênero humano".

De modo mais específico, são classificados no microssistema próprio da tutela de direitos coletivos *lato sensu*, em difusos, coletivos ou individuais homogêneos. Os interesses difusos caracterizam-se por: a) indeterminação dos titulares, pois concernem a grupos de pessoas indetermináveis; b) unidos por situação fática comum, e não por uma relação jurídica preexistente entre si ou com a parte contrária; c) o objeto do interesse é indivisível, de modo que, beneficiando-se um ou alguns dos interessados, aproveita igualmente a todos. A tutela de interesses difusos pode ostentar até uma relevância intergeracional, pois é capaz de beneficiar pessoas ainda não determináveis no presente, como vítimas futuras ou mesmo gerações futuras. Este seria o caso, *v.g.*, do art. 8º, III, da LMP, que determina o respeito nos *media mass* contra a propagação de estereótipos que incentivem ou legitimem a violência contra a mulher. Tal conduta atenta contra interesses difusos das vítimas atuais e até potenciais de violência doméstica, não sendo possível determinar precisamente quem seriam. Assim, o Ministério Público ou outra instituição legitimada poderia ou deveria propor as medidas cabíveis – instaurar inquérito civil, valer-se de recomendação ou ajustamento de conduta, propor ações – para coibir este tipo de ação nefasta.

Além dos interesses difusos, ainda são considerados transindividuais, os direitos coletivos *stricto sensu*; nesse caso, contudo, os interessados, determináveis, estão coligados entre si e/ou com a parte contrária por uma relação jurídica base, tal categoria de interesses, assemelha-se aos difusos apenas porque o objeto da pretensão também é indivisível. O art. 26, II, da Lei 11.340/06 atribui ao Ministério Público a função de *fiscalizar os estabelecimentos públicos e particulares de atendimento à mulher em situação de violência doméstica e familiar, e adotar, de imediato, as medidas administrativas ou judiciais cabíveis no tocante a quaisquer irregularidades constatadas"*. Este já seria um exemplo de interesse coletivo *stricto sensu*, pois, caso se encontrassem irregularidades na instituição de abrigo de vítimas de violência doméstica, a regularização delas beneficiaria as mulheres presentemente atendidas na instituição.[136]

Por fim, os interesses individuais homogêneos, embora não sejam reconhecidos como supraindividuais, admitem a tutela coletiva, mas, nesse caso, os interessados, também determináveis, estão unidos por uma situação de fato e o objeto é divisível, ou seja, pode-se contemplar diferentemente cada um deles. No exemplo anterior, tangente a irregularidades em instituições de atendimento, é possível que *determinadas vítimas* tenham sofrido mais particularmente os efeitos destas irregularidades, assim, o pedido que viesse atender precisamente os casos concretos de tais pessoas estaria a beneficiar interesses individuais homogêneos.

Em uma primeira análise dos direitos transindividuais tutelados pela Lei Maria da Penha, entreveem-se, principalmente, interesses difusos, mas poderão surgir direitos coletivos, individuais homogêneos, e até mesmo individuais indisponíveis. Assim, estabelece o art. 26 da LMP que *caberá ao Ministério Público, sem prejuízo de outras atribuições, nos casos de violência doméstica e familiar contra a mulher, quando necessário:*

I – requisitar força policial e serviços públicos de saúde, de educação, de assistência social e de segurança, entre outros;

II – fiscalizar os estabelecimentos públicos e particulares de atendimento à mulher em situação de violência doméstica e familiar, e adotar, de imediato, as medidas administrativas ou judiciais cabíveis no tocante a quaisquer irregularidades constatadas;

III – cadastrar os casos de violência doméstica e familiar contra a mulher.

A primeira função talvez gere polêmica no tangente à requisição direta de serviços de educação, saúde e de assistência social, porém é o que consta da lei, e tal atribuição está em consonância com as funções tutelares do Ministério Público, desde que se trate, efetivamente, de interesses individuais indisponíveis.[137] Quanto à requisição de atendimento policial para mulher vítima de violência doméstica, tal providência é tradicionalmente afeta ao Ministério Público, que pode requisitar diligências policiais, transporte da

---

[136] Por exemplo, deficiências na higiene, alimentação, tratamento, falta de apoio psicológico ou social etc. De qualquer modo, a fronteira é tênue em relação aos difusos, pois, embora seja possível determinar as vítimas atuais, a regularização do atendimento beneficiará pessoas a serem atendidas no futuro.

[137] A Constituição Federal em seu art. 129, IX, autoriza o Ministério Público a "exercer outras funções que lhe forem conferidas, desde que compatíveis com a sua finalidade...", donde resulta ser cabível à Lei 11.340/06 autorizar o *parquet* à requisição direta desses serviços, mesmo sob pena de desobediência.

ofendida a lugar seguro, acompanhamento para retirada de pertences pessoais, investigações em geral e está autorizado ao controle externo da atividade policial.

No tocante à função de fiscalizar os estabelecimentos públicos e particulares de atendimento à mulher em situação de violência doméstica e familiar, e adotar, de imediato, as medidas administrativas ou judiciais cabíveis no tocante a quaisquer irregularidades constatadas, trata-se de hipótese que se assemelha à de tutela de interesses coletivos *stricto sensu*, pois se refere ao interesse das mulheres determináveis, abrigadas em dado estabelecimento público, privado ou semipúblico (com convênios públicos), que, deste modo, mantêm um vínculo jurídico prévio com a casa, e a solução de irregularidades aproveita, indistintamente, a todas as albergadas.

Nesse caso, verificando irregularidades, extrajudicialmente, pode o Ministério Público adotar medidas administrativas, especialmente, a instauração do *inquérito civil*[138] *para apuração plena das irregularidades e responsabilidades, em cujo seio poderá ser obtido o compromisso de ajustamento de conduta às normas legais.*[139] O Ministério Público pode ainda valer-se diretamente de recomendações que, acaso acatadas, podem solver os problemas apontados na investigação e, quando não o sejam, justificar o aforamento da ação civil pública.[140]

Caso não se obtenha sucesso através do inquérito civil ou dos instrumentos possíveis em seu seio – compromisso de ajustamento de conduta, recomendação – o Ministério Público poderá ingressar com *ação civil pública*, buscando providência específica para reparar as irregularidades, afastar diretores de estabelecimento, nomear diretores substitutos, reclamar prestação de contas, exigir atendimen-

---

[138] Nesse sentido, ver Lei 7.347/85, dita Lei da Ação Civil Pública, cujo art. 8º, § 1º, estabelece que o Ministério Público poderá instaurar, sob sua presidência, inquérito civil, ou requisitar, de qualquer organismo público ou particular, certidões, informações, exames ou perícias, no prazo que assinalar, o qual não poderá ser inferior a 10 (dez) dias úteis.

[139] Consoante art. 5º, § 6º, da Lei 7347/85: Os órgãos públicos legitimados [dentre os quais o Ministério Público] poderão tomar dos interessados compromisso de ajustamento de sua conduta às exigências legais, mediante cominações, que terá eficácia de título executivo extrajudicial. (Incluído pela Lei nª 8.078, de 11.9.1990).

[140] As recomendações estão previstas na Resolução 164/2017 do CNMP, cujo art. 1º estabelece que "a recomendação é instrumento de atuação extrajudicial do Ministério Público por intermédio do qual este expõe, em ato formal, razões fáticas e jurídicas sobre determinada questão, com o objetivo de persuadir o destinatário a praticar ou deixar de praticar determinados atos em benefício da melhoria dos serviços públicos e de relevância pública ou do respeito aos interesses, direitos e bens defendidos pela instituição, atuando, assim, como instrumento de prevenção de responsabilidades ou correção de condutas". O parágrafo único do referido dispositivo esclarece que "por depender do convencimento decorrente de sua fundamentação para ser atendida e, assim, alcançar sua plena eficácia, a recomendação não tem caráter coercitivo".

to especializado no abrigo nas áreas de saúde, psicológica, melhoria das instalações etc.

Tangente à função de cadastrar os casos de violência doméstica, aparentemente, a lei pretende impor ao Ministério Público a realização desse cadastro com alguma finalidade além dele próprio, tal como, incrementar o controle externo da atividade policial e estabelecer estratégias de enfrentamento do problema a partir dos dados conhecidos. Conveniente será, entretanto, que tal cadastro seja informatizado e abranja todo o território nacional, a fim de facilitar sua consulta entre os diversos Estados da Federação. Todavia, parece-nos que este cadastro teria mais utilidade se fosse atribuído à polícia, que já avançou no assunto com a criação de Delegacias especializadas de violência contra a mulher e é a primeira instituição a lidar com os crimes dessa natureza de modo especializado.[141]

Além das hipóteses traçadas no art. 26 da LMP, no tangente à tutela dos interesses supraindividuais, o Ministério Público pode valer-se do inquérito civil e do ajustamento de conduta para comprometer o Poder Público a criar programas e campanhas contra a violência doméstica e familiar contra a mulher, instalar e colocar em funcionamento casas-lar e abrigos para vítimas e dependentes, centros de atendimento aos agressores e centros de atendimento multidisciplinar e integral às vítimas de violência doméstica.

E, inexitosas as medidas extrajudiciais, compete ao *parquet* legitimidade judicial para propor ação civil pública, tendente a forçar o Poder Público a desenvolver tais projetos, bem como instalar os abrigos determinados na Lei 11.340/06, quando a investigação

---

[141] Vale salientar, todavia, que, no Rio Grande do Sul, a Brigada Militar instituiu e estendeu ao interior, a partir da experiência da capital, as "Patrulhas Maria da Penha", que são guarnições de policiais militares especialmente treinados para realizar um acompanhamento preventivo dos casos de violência doméstica contra a mulher, especialmente, a fiscalização de medidas de proteção determinadas pela Justiça. Outrossim, é de salientar-se a medida adotada no Espírito Santo (entre os estados que registram maior violência contra a mulher) onde o governo adotou equipamento eletrônico à disposição de vítimas da violência com um "botão de pânico" para acionar a segurança pública em casos de desobediência a medidas de proteção. Com relação ao custo deste equipamento, a Lei 11.340/06 estabelece que "os dispositivos de segurança destinados ao uso em caso de perigo iminente e disponibilizados para o monitoramento das vítimas de violência doméstica ou familiar amparadas por medidas protetivas terão seus custos ressarcidos pelo agressor". Outra solução mais adequada já é possível: na medida em que se lograr a conexão entre os diversos sistemas de informação das secretarias estaduais de segurança em um modelo nacional (INFOJUS, por exemplo), acessível ao menos aos servidores da justiça, Ministério Público, Defensorias Públicas e segurança pública em geral, já se poderia contar com um banco de dados específicos de indivíduos investigados e condenados por crimes de violência doméstica. Mais complexo seria autorizar o acesso público a estes dados, no ponto, creio que o conflito entre a privacidade do agressor e a segurança de mulheres, crianças e vulneráveis em geral, deveria resolver-se em favor destes, permitindo-se o acesso sempre que se tratar de indivíduo condenado com trânsito em julgado.

Violência doméstica e familiar contra a mulher

levada a efeito no inquérito civil demonstrar a necessidade destas casas de acolhimento.

Todavia, conforme art. 37 da LMP, *a defesa dos interesses e direitos transindividuais previstos nesta Lei poderá ser exercida, concorrentemente, pelo Ministério Público e por associação de atuação na área, regularmente constituída há pelo menos um ano, nos termos da legislação civil*. Sendo que, com referência, a associações com pertinência temática em relação ao tema da violência doméstica, segundo consta do parágrafo único do art. 37, *o requisito da pré-constituição poderá ser dispensado pelo juiz quando entender que não há outra entidade com representatividade adequada para o ajuizamento da demanda coletiva*.

No tangente aos direitos transindividuais em casos de violência doméstica, cumpre registrar que, na mesma proporção da crescente crise do Estado Social, no mundo contemporâneo, ocorre um avanço da tendência de privatização dos serviços sociais, sobretudo, nas áreas de saúde, educação, previdência e segurança. Parte desses serviços, outrora prestada pelo Estado, vem sendo assumida por organizações não governamentais sem fins lucrativos, criadas e mantidas mediante prestação voluntária e dedicadas à filantropia, incentivo às artes e à cultura, proteção dos direitos humanos etc.

Tais instituições, hoje integrantes do denominado "terceiro setor", formam-se na esteira de um incremento da cidadania em um mundo onde as possibilidades estatais mostram-se esgotadas diante de novas e crescentes demandas. Ronaldo Porto Macedo Jr. avalia a atividade final das organizações não governamentais, brindando-nos com a seguinte observação:

> Por fim, resta lembrar que as Organizações não governamentais desempenham hoje um importante papel de representação de interesses de grupos e minorias que, desta forma, encontram um canal de participação democrática e influência na definição de políticas sociais, por meio de sua articulação com grupos de pressão, *lobbies* e também sua freqüente proximidade e origem nos movimentos sociais. Contudo, diferentemente dos movimentos sociais, marcados por sua origem episódica e baixo grau de institucionalização e permanência, as ONGs são instituições que permanecem e se integram na dinâmica social e econômica de maneira não contestatória, antes complementando tarefas tradicionalmente desempenhadas pelo Estado. Neste sentido, são mais operativas e menos contestatórias, na medida em que executam diretamente serviços em vez de simplesmente organizarem as demandas sociais perante o Estado.[142]

---

[142] MACEDO JÚNIOR, Ronaldo Porto. O Quarto Poder e o Terceiro Setor. O Ministério Público e as Organizações Não Governamentais sem fins Lucrativos – Estratégias para o Futuro. In: *Ministério Público II* – Democracia. São Paulo: Atlas, 1999, p. 253.

Sugere-se, pois, que, em vez de concorrer com as ONGs por legitimidade, deve o Ministério Público articular-se com tais instituições, para suprir as deficiências estatais e lograr, assim, atingir os objetivos da Lei 11.340/06 no tangente aos programas de proteção e recuperação social das vítimas da violência, bem como de tratamento e atendimento aos próprios agressores. Sobre esta necessária aproximação entre Estado e sociedade civil organizada, especialmente, no tocante às necessárias conexões sistêmicas entre o Ministério Público e as ONGs, já escrevemos em outra ocasião:

> Deste modo, considerando sua potencialidade na formação de "capital social", mediante redes de solidariedade e atendimento de demandas sociais, o terceiro setor tem uma agenda comum com o Ministério Público brasileiro, vislumbrando-se miríades de oportunidades de contato entre os respectivos sistemas, na geração de um círculo virtuoso de defesa de interesses sociais em face dos processos nocivos de recolonização que se insinuam no mundo pós-moderno.[143]

Na sequência, antes de encaminhar as considerações finais deste trabalho, acrescento à quarta edição um capítulo referente à qualificadora do feminicídio que, a despeito de não estar entronizado na Lei 11.340/06, foi incluído no Código Penal pela Lei 13.104 de 2015, com o propósito de incrementar o rigor punitivo desse crime contra a vida.

---

[143] *Direitos Fundamentais Sociais* ... Op. cit., p. 256.

4. Feminicídio: as razões que fundamentaram a tipificação autônoma do feminicídio como qualificadora do homicídio, introduzida pela Lei 13.104/15

Para Bobbio, "a figura deôntica original foi o dever e não o direito". No limiar da civilização, consciente do estado de sofrimento e necessidade de seu mundo, o homem esforçava-se por sair deste estado natural que conduzia ao caos e à barbárie. Os dois maiores fatores de hostilidade sempre foram a natureza e seus próprios semelhantes. Para vencer o primeiro, desenvolveram-se tecnologias capazes de dominar a natureza; em relação ao segundo, sua própria espécie, engendrou o sistema legal, com o propósito de regular as relações intersubjetivas, sancionando os impulsos agressivos e premiando as atitudes positivas[144] (1992, p. 54-5).

No lento percurso da história, a era dos deveres foi se convertendo na "era dos direitos", até se alcançarem declarações universais de direitos humanos. Após as fases de positivação, generalização e internacionalização, os direitos humanos têm sofrido um elogiável processo de *especificação* com a determinação de titulares ou categorias específicas dentro do gênero humano, caracterizadas por sua acentuada e reconhecida vulnerabilidade social, a exemplo de mulheres, crianças e adolescentes, idosos, doentes mentais, trabalhadores e consumidores. Para o filósofo de Turim, o desenvolvimento teórico e prático dos direitos do homem ocorreu em duas direções – universalização e multiplicação:

> Essa multiplicação (ia dizendo 'proliferação') ocorreu de três modos: a) porque aumentou a quantidade de bens considerados merecedores de tutela; b) porque foi estendida a titularidade de alguns direitos típicos a sujeitos diversos do homem [passagem da tutela do indivíduo *uti singulus* para coletividades determináveis ou não, minorias, e até mesmo dos animais e elementos naturais]; c) porque o próprio ho-

---

[144] BOBBIO, Norberto. *A Era dos Direitos*, Tradução de Carlos Nelson Coutinho. Rio de Janeiro: Campus, 15ª Tiragem, 1992, p. 54/55.

mem não é mais considerado como ente genérico, ou homem em abstrato, mas é visto na especificidade ou na concreticidade de suas diversas maneiras de ser em sociedade, como criança, velho, doente, [mulher] etc. (BOBBIO, 1992, p. 68).

Se o homem *stricto sensu* esteve originariamente apenas sujeito a deveres na condição de súdito de senhores ou reis; a mulher permaneceu, por muito tempo, submissa ao homem, em degrau hierárquico inferior, ao lado das crianças e dos idosos. Disso resulta, o reconhecimento de um débito histórico com o gênero feminino que começa a ser corrigido apenas na contemporaneidade, através de produções legislativas internas que atendem a convenções internacionais de direitos humanos das mulheres em sua especificidade.

O recurso ao direito penal foi a opção adotada na Lei 11.340/06, que vedou a aplicação da Lei 9.099/95 aos casos de violência doméstica e familiar contra mulheres, incrementou a pena das lesões corporais em violência doméstica e familiar, proibiu penas pecuniárias ou de cestas básicas, recomendou a especialização de juizados de violência doméstica e estabeleceu um elenco de medidas de proteção em favor da mulher, além de ampliar as hipóteses de prisão preventiva em crimes desse jaez.

Referida lei adota um conceito bem determinado, embora não restritivo, do que seja violência doméstica e familiar contra a mulher que resulta da interpretação conjugada dos arts. 5º e 7º da referida lei. Este conceito é objetivo, visto que, preenchidos os pressupostos fáticos ali expressos, não é necessário apurar nenhum elemento subjetivo específico que inspire a atuação concreta do agressor.

A Lei Maria da Penha impactou mais decisivamente a violência de menor impacto físico contra a mulher, subtraindo-a do âmbito dos juizados especiais criminais, com seus benefícios de conciliação, transação e suspensão condicional do processo. Sua disciplina, porém, não repercute tão significativamente quanto a crimes de maior gravidade como o homicídio ou o estupro, porquanto já não eram abrangidos pela Lei 9.099/95 e, com relação a estes, sempre fora admissível a prisão preventiva. No tocante ao homicídio, ademais, as medidas de proteção resultam inócuas após sua consumação.

Assim, a previsão legal de uma qualificadora específica para o feminicídio – antigo pleito de um movimento social bem determinado e estruturado internacionalmente – relaciona-se mesmo a um incremento retributivo ou preventivo geral no tocante a casos de violência doméstica de maior gravidade. Alguns fatores que podem ter incentivado esta produção legislativa são:

a) A Lei Maria da Penha, em que pese tenha logrado transferir o problema da violência doméstica do âmbito privado para o público, desnudando um tipo de violência que normalmente engrossava o campo obscuro do direito penal, não alcançou, todavia, objetivos relevantes no tocante à diminuição das estatísticas dos feminicídios.

b) A pena do homicídio simples tem seu parâmetro inferior fixado em seis anos e normalmente se inicia em regime semiaberto. Assim, ante a irrecuperabilidade da vida humana, representa proteção deficiente do bem jurídico e é flagrantemente desproporcional se comparada a outros crimes violentos como o roubo ou o estupro.

c) No caso do feminicídio, uma das teses defensivas mais repetidas na atualidade, na esteira da inconstitucional legítima defesa da honra,[145] é a do caráter passional do crime, facilitando a aceitação da minorante do homicídio "privilegiado" pelo domínio de violenta emoção, logo em seguida a injusta provocação da vítima. Tal entendimento reduz significativamente a pena final, impede o reconhecimento de qualificadoras de caráter subjetivo pela incompatibilidade e prevalência da privilegiadora (que é quesitada anteriormente) e, ainda quando reconhecida simultaneamente uma qualificadora objetiva, descaracteriza-se o crime hediondo.

Além disso, a tipificação penal do feminicídio foi sugerida pela CPMI da Violência contra a Mulher criada em 2012, para apurar eventuais omissões do Estado na aplicação da Lei Maria da Penha. Neste sentido:

Os altos índices de homicídio de mulheres constatados a partir de 2012 fortaleceram o entendimento geral de que o Brasil continuava carente de políticas públicas eficientes no combate à violência de gênero. Paralelamente a isso, casos emblemáticos de assassinatos de mulheres ocorridos entre 2010 e 2012 foram explorados e divulgados intensamente pelos veículos midiáticos, dando corpo à crescente insatisfação social. A efetividade da Lei Maria da Penha, portanto, festejada desde a sua promulgação no ano de 2006, passou finalmente a ser questionada.[146]

Destarte, a partir dos itens acima listados, na sequência, passar-se-á à análise mais pormenorizada de cada uma das razões legais que inspiraram a Lei 13.104/15, a iniciar pela demonstração de que a Lei 11.340/06, em que pese seus méritos indiscutíveis, ainda

---

[145] Conforme ata de julgamento publicada em 22/03/2021, o STF, "por unanimidade, referendou a concessão parcial da medida cautelar para: (i) firmar o entendimento de que a tese da legítima defesa da honra é inconstitucional, por contrariar os princípios constitucionais da dignidade da pessoa humana (art. 1º, III, da CF), da proteção à vida e da igualdade de gênero (art. 5º, caput, da CF); (ii) conferir interpretação conforme à Constituição aos arts. 23, inciso II, e 25, caput e parágrafo único, do Código Penal e ao art. 65 do Código de Processo Penal, de modo a excluir a legítima defesa da honra do âmbito do instituto da legítima defesa e, por consequência, (iii) obstar à defesa, à acusação, à autoridade policial e ao juízo que utilizem, direta ou indiretamente, a tese de legítima defesa da honra (ou qualquer argumento que induza à tese) nas fases pré-processual ou processual penais, bem como durante julgamento perante o tribunal do júri, sob pena de nulidade do ato e do julgamento, nos termos do voto do Relator" (ADPF 779-DF).

[146] FERRAZ, Júlia Lambert Gomes. Violência de gênero e Direito Penal: análise da racionalidade da tipificação do feminicídio no Brasil. *Revista Fórum de Ciências Criminais – RFCC*, Belo Horizonte, ano 3, n. 5, p. 241272, jan./jun. 2016, p. 01.

não logrou a necessária proteção a fim de reduzir significativamente a violência contra a mulher, notadamente os índices de feminicídios.[147]

4.1. A "insuficiência" da Lei 11.340/06 na contenção do feminicídio consumado ou tentado no Brasil

Na América Latina, o precedente histórico que revelou a carência de políticas públicas e legais de combate ao feminicídio, foi a condenação, em 2009, na Corte Interamericana de Direitos Humanos, do Estado do México, pela morte, precedida de estupro e tortura, de três mulheres em Ciudad Juárez. A repercussão do fato, retratada inclusive no cinema,[148] estampou a ausência estrutural do Estado, decorrente da omissão legislativa e institucional no confronto à violação sistemática do direito à vida das mulheres, por razões de gênero. A decisão da Corte permitiu a apropriação jurídica do conceito de feminicídio, até então apenas sociológico, a adoção de medidas de "proteção integral" e a transferência dessas medidas, da jurisdição cível para a criminal, de modo que dezesseis países latino-americanos já incluíram o feminicídio em suas legislações.[149]

Segundo pesquisa dedicada especificamente aos casos de mortes de mulheres, o Brasil ocupa a 7ª colocação entre 84 países analisados, ostentando um dos maiores índices de homicídio de mulheres do mundo.[150] A taxa encontrada em 2013, a partir do sistema de estatística da OMS, seria a de 4,8 homicídios para cada 100 mil mulheres. A pesquisa, todavia, apresenta um dado positivo, ainda que tímido: no período anterior à Lei 11.340/06, de 1980 até 2006, o crescimento do número de homicídios de mulheres foi de 7,6% ao ano e, quando ponderado segundo a população feminina, o crescimento das taxas no mesmo período foi de 2,5% ao ano. Já

---

[147] É certo que uma lei não produz efeitos tão rápidos na sociedade. É necessária a aplicação da Lei 11.340/06 em todas as suas frentes de atuação, inclusive e muito intensamente em matéria extrapenal.

[148] Trata-se do filme "Cidade do Silêncio" em que estrelaram Jenifer Lopes e Antonio Banderas, com participação de Sonia Braga.

[149] Argentina – 2012; Bolívia – 2013; Brasil – Lei nº 13.104/2015; Chile – Lei nº 20.480/2010; Colômbia – Lei nº 1.257/2008; Costa Rica – Lei nº 8.589/2007, El Salvador – Lei nº 520/2010; Equador – 2014; Guatemala – Decreto nº 22/2008; Honduras – 2013; México – 2012; Nicarágua – Lei nº 779/2012; Panamá – Lei nº 82/2013; Peru – Lei nº 29.819/2011; República Dominicana – Lei nº 550/2014 e Venezuela – 2014 (*In* FERRAZ, Júlia Lambert Gomes. *Op. cit.*)

[150] WAISELFISZ, Julio Jacobo. *Mapa da Violência 2015 – Homicídios de Mulheres no Brasil*. Brasília, DF, 2015. Disponível em <www.mapadaviolencia.org.br>.

no interregno 2006/2013, com a vigência da Lei 11.340/06, o crescimento do número desses homicídios cai para 2,6% ao ano, e o incremento ponderado com o crescimento da população feminina reduz-se para 1,7% ao ano. Estes percentuais, entretanto, não revelam um recuo nos números gerais de feminicídios senão apenas uma redução da taxa de crescimento, longe de ser satisfatório.

No Rio Grande do Sul, desde 2012, quando instituído o Observatório de Violência Doméstica contra a Mulher junto à Secretaria Estadual de Segurança Pública, os índices de feminicídios consumados vinham em queda importante, mas, para surpresa de todos, exatamente em 2015, quando entra em vigor a Lei 13.104/15, ocorre um acréscimo de 20,8% em relação a 2014.[151] Estes dados revelam que a própria Lei 11.340/06 – Lei da Violência Doméstica e Familiar contra a Mulher – não apresentou efeitos significativos na redução dos feminicídios, justificando a tomada de medidas mais severas no âmbito repressivo.

Tais estatísticas revelam que a inserção da qualificadora do feminicídio não se coaduna com a qualificação de direito penal simbólico, expressão utilizada para designar regras legais de forte apelação popular que, entretanto estão destinadas à ornamentação dos Códigos quase sem qualquer razão ou aplicação prática.[152] Os índices de feminicídios no Brasil, já passados dez anos da Lei 11.340/06, não permitem qualquer comemoração e não enganam quanto à realidade da violência histórica contra a mulher, justificando o recrudescimento punitivo levado a efeito na novel legislação.

Por outro lado, não é razoável a crítica de que se trata de inserção típica que não foi precedida da devida discussão social, na medida em que o tema da violência doméstica é objeto de intenso

---

[151] Segundo dados publicados no *site* <www.ssprs.org.br>, os números de feminicídios consumados no RS, em contagens de janeiro a setembro de cada ano, foram: 2012 (83), 2013 (74), 2014 (53), e 2015 (64). Os dados mais recentes publicados na página do Observatório da Violência Doméstica da SSP-RS mencionam que: a) 2018: 116 feminicídios consumados e 355 tentados; b) 2019: não há informação sobre o número de feminicídios consumados, mas foram 359 tentados; c) 2020: 78 feminicídios consumados e 323 tentados. A redução significativa em 2020 nos feminicídios consumados (em torno de 25% em relação à média anterior dos últimos anos) ainda vem se tentando explicar, pois, teoricamente, o isolamento social e a crise de emprego e renda decorrente da pandemia poderia dar ensejo a um incremento da violência doméstica

[152] A defender o caráter "simbólico e demagógico" do acréscimo legislativo, vide CABETTE, Eduardo Luiz Santos. Feminicídio: Aprovada a Lei nº 13.104/2015 e Consagrada a Demagogia Legislativa e o Direito Penal Simbólico Mesclado com o Politicamente Correto no Solo Brasileiro. *Revista Síntese de Direito Penal e Processual Penal*, Porto Alegre, v.15, n.91, p. 31-57, abr./maio 2015.

debate há décadas no Brasil, tanto que o país já foi, assim como o México, condenado na Corte Interamericana de Direitos Humanos, por omissão estatal no concernente à falta de legislação adequada e de vontade institucional de confrontar a violência contra a mulher.[153]

4.2 O problema da proteção deficiente do gênero feminino e a pena prisional como contramotivação à violência contra a mulher

Quando se mencionou acima o problema da infrapenalização do homicídio simples e do cumprimento da pena em regimes suasórios, um conjunto repressivo não raro incapaz de dissuadir a histórica violência de gênero em desfavor da mulher, pretendia-se identificar situação de proteção deficiente da vida humana, precisamente o bem jurídico que constitui o núcleo da dignidade da pessoa humana, e condição *sine qua non* de todos os direitos. No caso da violência contra a mulher, a correção legal da histórica proteção deficiente vem sendo apontada pela doutrina especializada como inadiável na busca de uma maior homogeneidade nas relações de gênero e consequente compensação do déficit histórico.

"A doutrina e a jurisprudência tradicionais costumam conjugar à máxima da proporcionalidade à noção da proibição de excesso", mas "a proibição de excesso revela-se apenas como uma de suas faces", a outra é a proibição de *infraproteção ou proteção deficiente* aos direitos fundamentais.[154] Os direitos fundamentais não demandam ao Estado apenas uma atitude abstencionista ou não intervencionista, eles também demandam ações positivas de proteção, predispondo, inclusive, ao controle de constitucionalidade de atos legislativos que importem em retirada de proteção ou impondo a promulgação de diplomas legais capazes de concretizar os objetivos fundamentais republicanos estampados no art. 3º, especialmente "promover o bem de todos, sem preconceitos de origem, raça, sexo, cor, idade e quaisquer outras formas de discriminação". A proibição de infraproteção impõe um limite inferior da liberdade de valoração do legislador, forçando-o a estabelecer um grau suficiente e adequado de proteção normativa aos direitos fundamentais, de modo a

---

[153] E vale ressaltar que o caso de Maria da Penha Maia Fernandes foi precisamente um caso de tentativa de feminicídio.

[154] FELDENS, Luciano. *A Constituição Penal.* Porto Alegre: Livraria do Advogado, ano 2005, p. 105.

permitir, a seu titular, o seu pleno desenvolvimento pessoal, nas esferas pública e privada.

Nesse ponto, vale trazer a lume a constatação, já levada a efeito no âmbito filosófico, de que o crime, ainda quando eivado de passionalidade, é sempre uma escolha racional do criminoso que contrabalança o prazer, mesmo sinistro ou mórbido, advindo da satisfação de seus apetites ou impulsos com as previsíveis consequências, não aprazíveis e aflitivas, advindas do seu agir, isto é, a contramotivação sensível. A maior parte das relações sociais está determinada, em maior ou menor grau, pelo exercício do poder, assim também as relações entre os gêneros são tentativas recíprocas de dominação, ainda que inconscientes.

Thomas Hobbes, no Leviatã, identificava uma "tendência geral de todos os homens, um perpétuo e irrequieto desejo de poder e mais poder, que cessa apenas com a morte" e isso não porque se espere alcançar com este incremento contínuo de poder um prazer maior do que o já conquistado ou que cada um não possa contentar-se com um poder moderado, mas sim porque a garantia de manutenção do poder já conquistado depende de adquirir mais poder ainda. Por isso, "a competição pela riqueza, a honra, o mando e outros poderes leva à luta, à inimizade e à guerra, porque o caminho seguido pelo competidor para realizar seu desejo consiste em matar, subjugar, suplantar ou repelir o outro".[155] E depois de lembrar que se dois homens desejam a mesma coisa que não possa ser usufruída por ambos simultaneamente isto os torna inimigos, e de que nenhum homem se compraz da companhia dos outros sem um poder superior capaz de garantir o respeito entre eles, pontifica: "de modo que na natureza do homem encontramos três causas principais de discórdia. Primeira, a competição, segunda a desconfiança e terceira, a glória".[156] Mas, para além destes impulsos, quase instintivos, Hobbes também diagnosticava, a impelir a ação voluntária do homem, forças opostas de apetite e desejo, por um lado, e aversões, pelo outro:

> Quando surgem alternadamente no espírito humano apetites e aversões, esperanças e medos, relativamente a uma mesma coisa; quando passam sucessivamente pelo pensamento as diversas consequências boas ou más de uma ação, ou de evitar uma ação; de modo tal que às vezes se sente um apetite em relação a ela, e às vezes uma aversão, às vezes a esperança de ser capaz de praticá-la, e às vezes o desespero ou medo de empreendê-la; todo o conjunto de desejos, aversões, espe-

---

[155] HOBBES, Thomas. *Leviatã*. 3. ed. Tradução de João Paulo Monteira e Maria Nizza da Silva. São Paulo: Abril Cultural, 1983. p. 60. (Coleção Os Pensadores).

[156] *Ibid.*, p. 74-75.

ranças e medos, que se vão desenrolando até que a ação seja praticada, ou considerada impossível, leva o nome de deliberação.[157]

E, deste modo, concluía, com precisão, "que as ações voluntárias não são apenas as ações que têm origem na cobiça, na ambição, na concupiscência e outros apetites em relação à coisa proposta, mas também aquelas que têm origem na aversão, ou no medo das consequências decorrentes da omissão da ação".[158]

Trilhando a mesma senda epistemológica, em 1764, Beccaria publica seu célebre "Dos Delitos e das Penas", uma das obras de Direito Penal mais influentes da história, que inaugura o Direito Penal iluminista. Seguindo a inspiração contratualista, sustenta desde logo a função legal de unir, em sociedade, homens que se encontravam independentes e isolados fora do Estado civil e que, por cansados do contínuo estado de guerra que lhes proporciona uma "liberdade inútil pela incerteza da sua conservação", optam por sacrificar uma pequena parte dessa liberdade, suficiente para gozarem o restante dela com sossego e segurança. A soma dessas porções de liberdade alocadas no depósito comum fica em mãos do soberano, seu legítimo administrador. Adverte o jusfilósofo:

> Mas não bastava constituir este depósito, havia que defendê-lo das usurpações privadas de cada homem em particular, o qual sempre tenta não apenas retirar do depósito a porção que lhe cabe, mas também apoderar-se daquela dos outros. Faziam-se necessários motivos sensíveis suficientes para dissuadir o espírito despótico de cada homem de novamente mergulhar as leis da sociedade no antigo caos. Esses motivos sensíveis são as penas estabelecidas contra os infratores das leis. Digo *motivos sensíveis* porque a experiência mostrou que a multidão não adota princípios estáveis de conduta, nem se afasta daquele princípio universal de dissolução que é observado no universo físico e moral, senão por motivos que afetam de imediato os sentidos e que se assomam de contínuo à mente para contrabalançar as fortes impressões das paixões parciais que se opõem ao bem universal: nem a eloquência, nem a declamação, nem mesmo as mais sublimes verdades bastaram para refrear por longo tempo as paixões suscitadas pelo vivo impacto dos objetos presentes (grifo do autor).[159]

4.3. O caráter "passional" do feminicídio como tese defensiva

Ao tempo do Brasil Colônia, as ordenações portuguesas autorizavam o marido a matar sua mulher e o amante, caso estivessem

---

[157] HOBBES, Thomas. *Leviatã*. 3. ed. Tradução de João Paulo Monteira e Maria Nizza da Silva. São Paulo: Abril Cultural, 1983. p. 37. (Coleção Os Pensadores)

[158] *Ibid.*, p. 37.

[159] BECCARIA, Cesare. *Dos delitos e das penas*. Tradução de Lucia Guidicini e Alessandro Berti Contessa. Revisão de Roberto Leal Ferreira. São Paulo: Martins Fontes, 1998. p. 41-42.

em adultério. Só não poderia matar este último se ele ostentasse condição social superior ao traído. A mulher, todavia, poderia ser morta, qualquer que fosse sua situação estamental.[160]

Revogada a autorização legal para o feminicídio constante das Ordenações Filipinas no Código Penal de 1830, o Código Penal de 1890 deixou de considerar crime, o homicídio praticado sob um estado de total perturbação dos sentidos e da inteligência, como aquele gerado pela descoberta do adultério da mulher. "O Código Penal promulgado em 1940, ainda em vigor, eliminou a excludente de ilicitude referente à 'perturbação dos sentidos e da inteligência', que deixava impunes os assassinos chamados de *passionais,* substituindo a dirimente por uma nova categoria de delito, o 'homicídio privilegiado'. O passional não ficaria mais impune, apesar de receber uma pena menor que a atribuída ao homicídio simples. Na população, porém, permanecia a ideia de que o homem traído tinha o direito de matar a mulher".[161]

O homicídio passional, paradoxalmente, ingressou no Código Penal atual como resultante da inconformidade de parte da elite jurídica para com as absolvições de feminicidas pela causa de imunidade penal referida no parágrafo anterior – perturbação total da inteligência e dos sentidos – suprimida no catálogo penal de 1940. Tratava-se de uma concessão do legislador para evitar a impunidade absoluta ocasionada pela causa de justificação anteriormente prevista. Esta supressão, todavia, não foi bem acatada pelos que defendiam que a moralidade pública de então exigia o sacrifício da vida da mulher para o resgate da honorabilidade do marido traído. Para estes, não sendo suficiente a minorante legal, era justo buscar a imunidade penal do uxoricida:

> Dessa forma, surgiu a *legítima defesa da honra e da dignidade,* que os jurados aceitavam, sem muito esforço, para perdoar a conduta criminosa. Até a década de 1970, ainda havia na sociedade um sentimento patriarcal muito forte. A concepção de que a infidelidade conjugal da mulher era uma afronta aos *direitos* do marido e um insulto ao cônjuge enganado encontrava eco nos sentimentos dos jurados, que viam o homicida passional com benevolência.[162]

Como parte dos feminicídios são cometidos por alegadas razões de infidelidade da vítima, até meados de 1970, a legítima defesa da honra, acolhida nos tribunais, era recorrentemente o fundamento da absolvição dos feminicidas. Uma absolvição que representava

---

[160] Ordenações Filipinas, Livro V, Título XXV.

[161] ELUF, Luíza Nagib. *A Paixão no Banco dos Réus.* 9ª ed. São Paulo: Saraiva, 2017, p. 233.

[162] *Ibid.*, p. 234.

muito mais do que a impunidade. Era um símbolo da prevalência masculina nas relações de gênero, concretizadora da cultura da reificação da mulher sob o domínio do homem. Em tais casos, a condição feminina não ostentava qualquer dignidade humana.

Com a decadência da legítima defesa da honra, reflexo da própria possibilidade legal da separação e divórcio nos anos 70 e de uma revisão do conceito de honra nas relações conjugais, a tese do homicídio passional, contemplada no art. 121, § 1°, do CP (primeira parte) passou a ser mais recorrente, e o feminicídio, se não fosse imunizado de qualquer consequência penal com a absolvição pela legítima defesa da honra, seria beneficiado com a redução significativa da pena e sua desqualificação como crime hediondo ainda que reconhecida alguma circunstância qualificadora concorrentemente à minorante.

Posto seja mesmo razoável em casos bem determinados, diante de prova robusta de que o acusado esteve sob o *domínio* de uma violenta emoção, *logo em seguida* a uma *injusta* provocação da vítima, requisitos que são cumulativos e não alternativos, a tese da passionalidade ainda encontra na cultura nacional um terreno fértil para desenvolver-se historicamente fertilizada pelo androcentrismo que tanto vicejou em nosso país.

Agora, seguindo o traçado dessa história, com o escopo, de, por sua vez, confrontar a tese da passionalidade e seus efeitos redutores da retribuição penal e consequente prevenção geral e especial, o feminicídio ingressa na legislação brasileira como uma nova modalidade de homicídio qualificado de modo que, como crime hediondo, serão exacerbados os prazos para progressão e livramento condicional, além da vedação ao indulto ou à comutação de pena.

4.4. Análise técnico-dogmática da qualificadora do feminicídio

Estabelece o art. 121, § 2°, inciso VI, do CP, configurar homicídio qualificado aquele cometido "contra a mulher por razões da condição de sexo feminino". O dispositivo já deixa claro que não será nominado feminicídio todo homicídio contra mulher, mas apenas aquele deflagrado "por razões da condição de sexo feminino". A opção por "sexo" restringe o conceito de mulher às exigências biológicas, que o conceito psicossocial de "gênero" transcende.[163]

---

[163] Ao que se comenta, o legislador, influenciado pela "Bancada Evangélica" não desejava que a qualificadora fosse aplicada em crimes contra vítimas transexuais, o que seria admissível com a expressão "gênero". O assunto ainda será debatido nos tribunais, mas decisão do

Ainda, na sequência, o § 2º-A, considera que "há razões de condição de sexo feminino quando o crime envolve: I – violência doméstica e familiar; II – menosprezo ou discriminação à condição de mulher". São hipóteses não necessariamente cumulativas, de modo que a primeira delas é de caráter objetivo, enquanto a hipótese do inciso II é de apreciação subjetiva.

Assim, a qualificadora pode evidenciar-se sempre que o ato feminicida ocorrer dentro das hipóteses do art. 5º da Lei 11.340/06, ou seja, no âmbito da unidade doméstica, da família ou por relações íntimas de afeto, conforme comentários já levados a efeito ao longo deste livro. Tais situações são de análise predominantemente objetiva, pois podem ser verificadas a partir de dados externos bastante concretos.

Já a hipótese do inciso II acima referido, concernente a menosprezo ou discriminação à condição de mulher, transcende as circunstâncias objetivas do inciso I, podendo abranger hipóteses outras em que ausentes as condições exigidas no art. 5º da LMP. Nesse caso, a presença da qualificadora será de mais difícil circunspecção, dependendo de conclusões subjetivas a partir de dados objetivos conhecidos. Será necessário perscrutar o antecedente subjetivo da ação criminosa não se descurando que, nem sempre, o motivo do crime emerge da prova coletada. Por vezes, o motivo permanece para sempre reprimido no psiquismo do agente e não se pode concluí-lo por singelas ilações.

Compreendendo a hipótese do inc. I do § 2º-A – violência doméstica ou familiar – como objetiva, permite-se sua coexistência com as qualificadoras subjetivas do motivo torpe ou fútil, conforme o caso. Ademais, não haverá incompatibilidade com a privilegiadora do homicídio emocional, prevista no art. 121, § 1º, do CP. Caso contrário, vitorioso o entendimento de tratar-se de qualificadora essencialmente subjetiva, sempre que, na ordem de quesitação do art. 483, IV e V, do CPP, fosse respondida afirmativamente à ocorrência do homicídio passional, já estaria prejudicado o quesito pertinente à qualificadora do feminicídio.

4.5. Feminicídio e dignidade da pessoa humana

A dignidade da pessoa humana surge como uma "categoria axiológica aberta", um "conceito em permanente processo de cons-

---

STJ, de 15/12/2020, exarada no HC 541237 / DF *HABEAS CORPUS* 2019/0316671-1, tendo como Relator o Ministro JOEL ILAN PACIORNIK, deliberou que a decisão sobre a aplicabilidade da qualificadora em caso de vítima transexual cabe ao Júri.

Violência doméstica e familiar contra a mulher

trução e desenvolvimento", mas é possível afirmá-la como qualidade inerente ao ser humano que, por isso, funciona como um limite imposto ao Estado e a terceiros.[164] Outras características que denotam sua superioridade dizem respeito à sua intangibilidade, irrenunciabilidade e inalienabilidade. Sarlet propõe um conceito jurídico de dignidade da pessoa humana como,

> a qualidade intrínseca e distintiva reconhecida em cada ser humano que o faz merecedor do mesmo respeito e consideração por parte do Estado e da comunidade, implicando, neste sentido, um complexo de direitos e deveres fundamentais que assegurem a pessoa tanto contra todo e qualquer ato de cunho degradante e desumano, como venham a lhe garantir as condições existenciais mínimas para uma vida saudável, além de propiciar e promover sua participação ativa e corresponsável nos destinos da própria existência e da vida em comunhão com os demais seres humanos.[165]

O segundo imperativo kantiano que situa o homem como um fim em si mesmo é a base filosófica da dignidade humana. A instrumentalização do homem fere a dignidade humana, resultando inconteste que ninguém pode elevar-se à condição de senhor do direito à vida ou à morte de outro com o propósito de exigir-lhe a submissão fiel, mesmo contra a vontade.

Se a dignidade da vida humana é "o coração do patrimônio jurídico-moral da pessoa humana",[166] o limite ou restrição natural de todos os outros direitos, erigindo-se à condição de princípio-fonte de máxima valência. De todas as suas qualidades, emerge a vida humana como a mais elevada, visto que, pressuposto inafastável de todos os demais, a vida é o único valor humano irrecuperável. Ele é condição do livre-arbítrio e da plena realização de todas as potencialidades humanas. Outros atributos da pessoa – liberdade e propriedade – são disponíveis, enquanto a vida é inalienável e indisponível. Não há qualquer proporcionalidade entre a vida e os demais bens jurídicos, visto que aquela é *conditio sine qua non* para usufruírem-se os demais direitos.

A Lei 11.340/06 representou importante avanço na proteção da dignidade da mulher; outras modificações foram inseridas na legislação penal com o propósito de incrementar os níveis de proteção da dignidade sexual,[167] mas ainda havia um vácuo no tangente

---

[164] SARLET, Ingo Wolfgang. *Dignidade da pessoa humana e direitos fundamentais na Constituição Federal de 1988*. 3. ed. Porto Alegre: Livraria do Advogado, 2004, p. 41.

[165] *Ibid.*, p. 59/60.

[166] *Ibid.*, p. 144.

[167] Nesse sentido, vide Lei 12.650/2012, que acrescentou o inciso V ao art. 111 do CP, estabelecendo que nos crimes contra a dignidade sexual de crianças e adolescentes, a prescrição só

à proteção de bens de maior relevância, dentre os quais a vida feminina, como grupo que, embora não minoritário, esteve sujeito a uma vulnerabilidade histórica inquestionável.

Tampouco, à vista das estatísticas se pode afirmar que a tipificação da qualificadora tenha resultado apenas de uma hiper-realidade construída virtualmente pelo desempenho da imprensa ou das redes sociais, tal como referido neste artigo em relação a vários aspectos da insegurança que alimenta a produção legislativa expansionista. O desenvolvimento histórico antes sintetizado denota que a violência de gênero é concreta, extensa no tempo e no espaço, e largamente debatida na comunidade internacional em tempos modernos. Em face da sua verificação empírica, não constitui apenas um tema potencializado pela exaustão informativa, mas uma realidade tangível, que condiciona todo um quadro de violência histórica, outrora ocultado no campo obscuro do direito penal, donde resultou sua aparente inexpressão.

Tratando-se do bem jurídico com maior densidade axiológica – a vida humana – o que se constata é uma mudança de atitude do direito penal, que transita lentamente desde a complacência e a impunidade até a efetiva punição do feminicida. Assim, com relação à qualificação penal do feminicídio, não se trata de expansão, mas de uma substituição de *locus*, com a consequente migração do feminicídio, desde as teses permissivas até a mais acentuadamente punitiva. Ele, porém, o feminicídio, é uma realidade antropológica primeva, que se transfere dos textos de sociologia para os textos legais, agora com um *nomen juris* e com uma elevação de sua dignidade penal, a ponto de compensar o desequilíbrio histórico que tanto facilitou a violência máxima contra a vida da mulher.

---

começa a correr da data em que a vítima completar 18 (dezoito) anos, salvo se a esse tempo já houver sido proposta a ação penal. Ademais, a Lei 12.015/2009 acrescentou ao CP, o art. 217A, onde previsto o "estupro de vulnerável", agravando a pena, antes a iniciar em 06 anos, agora para 08 anos.

Violência doméstica e familiar contra a mulher

5. Considerações finais: Violência doméstica *versus* Justiça Restaurativa e autonomia da vontade da vítima

Na atualidade, vêm-se apresentando novas questões controversas decorrentes da aplicação cotidiana da Lei 11.340/06 e sua conformação com a estrutura institucional envolvida em sua aplicação, bem assim com novos e antigos aportes teóricos do Direito Penal como o Minimalismo Penal, o Direito Penal consensual, a Justiça Restaurativa, só para citar os principais.

A polêmica doutrinária acerca da ação penal nos crimes de lesões corporais leves restou esgotada após o julgamento da ADI 4424, proposta pelo Procurador-Geral da República, que logrou declaração expressa do Excelso Pretório no sentido de ser incondicionada a ação penal nas hipóteses do art. 129, § 9º, do CP contra mulher.

Por outra, na primeira instância, com o aval dos Tribunais estaduais, desde o início de vigência da lei, foi comum a realização de audiências conciliatórias para tentativa de composição do conflito, antes da instauração da ação penal, sobretudo nos crimes dependentes de representação. Porém, a realização desta audiência, prevista no art. 16 da Lei 11.340/06, independentemente de provocação da mulher, vem sendo criticada em decisões do STJ.

A nosso ver, a Lei Maria da Penha, não obstante a decisão tomada pelo STF na ADI 4424, encontra-se entre as legislações que melhor se adaptam aos princípios da justiça restaurativa e do direito penal consensual, o que se depreende da ênfase dada no texto legal à equipe multidisciplinar, destinada a contribuir com a atividade jurisdicional.

Nesse ponto, aparentemente, a mencionada decisão do STF, ao menos no tocante a lesões corporais leves do art. 129, § 9º, do CP, esvazia a função da equipe de atendimento multidisciplinar prevista nos arts. 29 a 32 da LMP, um dos elementos mais modernos da lei, que teria relevantíssima função no âmbito de um processo penal restaurativo.

Acerca da proposta de justiça restaurativa, permitimo-nos uma rápida abordagem.

5.1. Justiça restaurativa: um breve conceito

O conceito de justiça restaurativa tem desenvolvimento recente no Brasil, mas bem mais sólido e duradouro no exterior. Ela deriva da constatação de um certo esgotamento de possibilidades da justiça retributiva tradicional, especialmente em delitos de pequeno e médio potencial ofensivo e se infiltrou naturalmente no sistema jurídico nacional através de leis de vanguarda como o Estatuto da Criança e do Adolescente (em cuja área de abrangência sua eficácia é notória) e a Lei 9.099/95.

Com efeito, tanto nos limites do ECA como dos Juizados Especiais Criminais abre-se a possibilidade legal de uma audiência preliminar ao próprio processo conflitivo. Nesta fase, foi-se delineando naturalmente a prospecção do conflito de base ou original, já que o fato violento que dera ensejo às medidas tradicionais, normalmente, tem origem em outro conflito subjacente, quase sempre ignorado no âmbito da justiça penal retributiva. Trazendo-se à tona o conflito de base, busca-se solucioná-lo consensualmente, mediante recursos reparatórios que vão desde acertos dialogados até ressarcimento de danos.

Tem-se assim aquilo que vem sendo denominado direito penal do consenso, em substituição ao direito penal do conflito:

> A Justiça Restaurativa é um novo modelo de Justiça voltado para as relações prejudicadas por situações de violência. Valoriza a autonomia e o diálogo, criando oportunidades para que as pessoas envolvidas no conflito (autor e receptor do fato, familiares e comunidade) possam conversar e entender a causa real do conflito, a fim de restaurar a harmonia e o equilíbrio entre todos. A ética restaurativa é de inclusão e de responsabilidade social e promove o conceito de responsabilidade ativa. É essencial à aprendizagem da democracia participativa, ao fortalecer indivíduos e comunidades para que assumam o papel de pacificar seus próprios conflitos e interromper as cadeias de reverberação da violência.
>
> O principal objetivo do procedimento restaurativo é o de conectar pessoas além dos rótulos de vítima, ofensor e testemunha; desenvolvendo ações construtivas que beneficiem a todos. Sua abordagem tem o foco nas necessidades determinantes e emergentes do conflito, de forma a aproximar e corresponsabilizar todos os participantes, com um plano de ações que visa restaurar laços sociais, compensar danos e gerar compromissos futuros mais harmônicos.

Seus valores fundamentais são: participação, respeito, honestidade, humildade, interconexão, responsabilidade, empoderamento e esperança. Estes valores distinguem a justiça restaurativa de outras abordagens mais tradicionais de justiça como resolução de conflitos, e se traduzem na prática do Círculo Restaurativo.[168]

As práticas de justiça restaurativa, quando avançadas, sustentam inclusive o deslocamento da realização da justiça do âmbito institucional-formal para a própria comunidade, daí a razão em falar-se do círculo restaurativo, que seria a formação de grupos voluntários, no âmbito da própria comunidade onde ocorreu o conflito para fins de compô-lo.

É verdade que, mesmo onde não for possível a ocorrência de círculos restaurativos comunitários, os princípios da justiça restaurativa podem ser levados a efeito na justiça institucional. Não há incompatibilidade entre as práticas restaurativas e a atuação do sistema formal de justiça; o objetivo, contudo, seria, em diversos setores, como a área da infância e juventude, violência doméstica, crimes de menor potencial ofensivo, descongestionar o Poder Judiciário, mediante uma prática que está alinhada aos movimentos minimalistas e a um novo conceito de processo penal, mais complexo, específico e eficiente.[169]

Ademais, por se tratar de uma práxis espontânea no âmbito comunitário, relacionada às ideias de autonomia da vontade, empoderamento dos vulneráveis, democracia participativa, é justo defender as técnicas restaurativas como um modo eficaz de realização completa da cidadania.

Por fim, é de se ressaltar que o desenvolvimento da justiça restaurativa no âmbito das instituições formais pressupõe um câmbio paradigmático, sobre o qual, naturalmente, emergem resistências. É que ela supõe ou a implementação de setores públicos destinados a dar suporte às atividades jurisdicionais ou o acoplamento de redes do setor público com organizações não governamentais ou semipúblicas capazes de absorver a demanda gerada pela eclosão da violência que é somente o final de uma constelação de fatores a serem apropriados e devidamente tratados.

---

[168] Disponível em <http://www.justica21.org.br>. Neste sítio eletrônico há significativa quantidade de artigos, informações, orientações sobre o projeto da Justiça para o Século 21, relacionado, sobretudo à Justiça Restaurativa.

[169] Como se verá adiante, a mulher vítima de violência doméstica e familiar não busca a Justiça com o escopo de receber, como resposta à sua demanda, as alternativas binárias simples do tipo condenar ou absolver. Ela pretende uma tutela mais específica e complexa do que a solução ofertada, daí por que o constante desapontamento da vítima com as soluções ofertadas pelo sistema institucional.

Mas nesse sentido já se vislumbram câmbios paradigmáticos relevantes, como a Resolução 125/2010 do Conselho Nacional de Justiça, que dispõe sobre a Política Nacional de tratamento adequado dos conflitos de interesses no âmbito do Poder Judiciário, a qual elenca, entre seus "considerandos":

a) que o direito de acesso à Justiça, previsto no art. 5º, XXXV, da Constituição Federal além da vertente formal perante os órgãos judiciários, implica acesso à ordem jurídica justa;

b) para isso cabe ao Poder Judiciário organizar não apenas os serviços tradicionais através do processo judicial, como também os que possam sê-lo mediante outros mecanismos de solução de conflitos, em especial dos consensuais, como a mediação e a conciliação;

c) a necessidade de se consolidar uma política pública permanente de incentivo e aperfeiçoamento dos mecanismos consensuais de solução de litígios que vem se mostrando efetivos no processo de pacificação social, solução e prevenção de conflitos, consequentemente reduzindo a excessiva judicialização dos conflitos.

Com base nestes e outros fundamentos, o CNJ institui "a Política Judiciária Nacional de tratamento dos conflitos de interesses, tendente a assegurar a todos o direito à solução dos conflitos por meios adequados à sua natureza e peculiaridade" (art. 1º da Res. 125/2010), incumbindo "aos órgãos judiciários oferecer mecanismos de soluções de controvérsias, em especial os chamados meios consensuais, como a mediação e a conciliação, bem assim prestar atendimento e orientação ao cidadão". O programa proposto pelo CNJ prevê a colaboração de uma rede composta por todos os órgãos do Poder Judiciário e por instituições públicas e privadas parceiras, inclusive universidades e instituições de ensino, com o propósito de incentivar a autocomposição dos litígios e a pacificação social por meio de mediação e conciliação.

5.2. A autonomia da vontade da mulher vítima de violência doméstica

Como se viu no seio deste livro, elencaram-se argumentos respeitáveis tanto para os que sustentaram que, no caso de lesões leves contra a mulher dever-se-ia proceder mediante ação penal pública incondicionada, quanto para os que defenderam cuidar-se de ação penal condicionada à representação.

A polêmica, entretanto, estaria encerrada com o julgamento da ADI 4424 em Brasília? Pensamos que não, pois, no mundo real, não há como ignorar-se completamente a vontade da vítima, sobretudo em face das situações em que ela não deseje mais colaborar com a instrução penal.

Os que argumentam em sentido contrário invocam o paradoxo: a mulher que registra ocorrência policial contra seu agressor e depois desiste do interesse em vê-lo processado revela irracionalidade nesta decisão. Cuidando-se de decisão não razoável, melhor seja desconsiderada pela Justiça, que, a exemplo de como se procede com o incapaz, deve saber o que é melhor para a vítima, incapacitada para tal julgamento.

Sustenta-se que essa irracionalidade da mulher tem sua origem em dificuldades econômicas na mantença própria e dos filhos; dependência emocional em relação ao agressor e no temor de represálias. Todavia, deve-se levar em conta que a Lei 11.340/06 traça metas programáticas destinadas a gerar maior igualdade econômica entre homens e mulheres. Uma sociedade que queira a médio e longo prazos minimizar a violência doméstica deve implementar políticas públicas idôneas a reduzir as diferenças salariais e de renda entre homens e mulheres mediante programas educacionais/profissionalizantes e medidas de desestímulo à discriminação laboral do público feminino.

Por outra, o temor das represálias deve ser reduzido pelo elenco de medidas protetivas que vão até a prisão do agressor. Em certo nível, não há como imunizar a vítima do risco, porém é preciso reconhecer que o deferimento de medidas protetivas tem uma eficácia simbólica, pois dá razão à mulher já no primeiro momento e mostra que o sistema está ao seu lado; e uma eficácia real, porquanto coloca o agressor em risco de prisão imediata.[170]

Convém também atentar-se para outro elenco de razões que podem levar a mulher a desistir da ação penal: a) a tradicional desconsideração da vítima: o sistema neutralizou a vítima e transformou a lide penal em relação entre Estado e acusado; b) escassez de informações *versus* exigência de colaboração para testemunhar; c) desconfiança para com as declarações da mulher.

Ocorre que estas razões estão relacionadas não ao agressor, mas ao próprio sistema que a vitimiza secundariamente. Na medida em que são conscientizados os operadores do sistema, mediante a revisão de pré-juízos inautênticos situados fora do seu momento histórico, o que já ocorreu a partir da própria lei, e considerando os

---

[170] Vide LARRAURI, Elena. *Mujeres y Sistema Penal – Violencia doméstica*. Montevidéo: Editorial BdeF, 2008.

permanentes *enforcements* para sua aplicação plena, é natural sejam debelados os focos de desconfiança e resistência ainda recalcitrantes no meio operacional.

Além de muitas vezes o sistema judiciário desacreditar a mulher ou neutralizá-la sob o rótulo de *vítima*, ignorando o conflito subjacente, ainda é preciso convir que ele atua dentro de uma lógica binária extremamente singela: *absolvição ou condenação*, embora a mulher o tenha buscado com um propósito que nem sempre se situa em um desses extremos. Desde esta óptica, a desistência operada pela vítima não é irracional, mas compreensível, ela se desaponta com a solução binária simples proposta pelo sistema.[171]

A audiência conciliatória se constitui em medida ao alcance das autoridades capazes de romper com a dicotomia própria da Justiça Penal retributiva, atendendo melhor ao interesse mais específico e pessoal de cada vítima, peculiar à crescente complexificação da sociedade que já não pode funcionar em lógicas binárias simples, mas, a exemplo do já ocorrido no processo civil, precisa disponibilizar à vítima a tutela específica pretendida.

5.3. A audiência conciliatória nos crimes de violência doméstica

O Superior Tribunal de Justiça, reiteradamente, por decisões de suas 5ª e 6ª Turmas, vem sustentando que a audiência de que trata o art. 16 da Lei 11.340/06 só é cabível quando a vítima, espontaneamente, procurar a polícia ou o juízo, antes do recebimento da denúncia, manifestando o interesse de desistir da representação, caso contrário, realizá-la sistematicamente em todos os procedimentos se constitui em constrangimento ilegal à vítima, uma vez que o art. 16 da LMP só exige a designação de audiência para ratificar em juízo o desejo de retratar-se da representação, já previamente manifestado. A automatização dessa audiência, na visão do STJ, constitui constrangimento à vítima, que se vê, assim, pressionada a retratar-se.

Com efeito, o raciocínio é, desde uma hermenêutica literal, irreparável, porém, em primeiro lugar, esta audiência não deve ter

---

[171] Temos visto inúmeros registros de ocorrência policial em que a mulher faz o registro, mas consigna expressamente que não deseja a prisão do indigitado autor da agressão ou ameaça. Marcou-nos especialmente o caso em que, preso o agressor em flagrante, a própria mulher pagou sua fiança. Ou seja, é visível que, em muitos casos, a resposta dada pelo sistema de justiça não é a esperada pela mulher.

caráter obrigatório para a vítima, de sorte que seu não comparecimento cumpre ser interpretado como manifestação de vontade de não conciliar e, portanto, de prosseguir com a acusação. Nesse sentido já decidiu o STJ que "o só fato de a vítima não haver sido encontrada para ser intimada para a audiência de tentativa de conciliação não significa que tenha renunciado à representação anteriormente apresentada, primeiro porque constou expressamente do mandado de intimação que o seu não comparecimento significaria a ratificação do desejo de ver o autor processado, e também porque esta Corte Superior de Justiça possui julgados no sentido de que o referido ato não é obrigatório" (HC 323855 – RS; Min. Jorge Mussi, 5ª Turma, julgado em 13/10/2015).

Mesmo em comparecendo, convém que a vítima seja ouvida em separado, de modo a não ser constrangida perante o autor do fato agressivo. Manifestando interesse em diálogo com o agressor, o juiz deve autorizar sua presença e favorecer a interlocução que é um recurso clássico da justiça restaurativa. Em muitas ocasiões, a mulher apenas deseja que alguém externo à relação, especialmente uma autoridade, lhe dê razão em certos impasses da vida doméstica. Ademais, ainda que a mulher não possa desistir da ação penal em casos mais graves como a lesão corporal, permite-se melhor avaliar as circunstâncias do fato, inclusive verificando-se atipicidade da conduta.

Desse modo, esta audiência preliminar do art. 16 é uma oportunidade que se pode criar, em contravenções e crimes de menor gravidade, até mesmo lesões leves, para dar ensejo à prática da justiça restaurativa em um campo extremamente propício que é o da violência doméstica.

Daí por que, com todo respeito às decisões do STJ, atendendo a propósitos restaurativos, é conveniente a realização rotineira da audiência do art. 16 da LMP, tomando-se efetivamente o cuidado para não se constranger a vítima, mas esclarecê-la, acreditá-la, empoderá-la e, sendo o caso, tratar o conflito, seja através do restabelecimento da relação, mediante condicionamentos (obrigação de tratamento contra drogas, alcoolismo, desvios emocionais etc.), seja através do encaminhamento das partes à solução das questões cíveis subjacentes; a tratamentos psicológicos ou psiquiátricos etc.

Como se salientou no item anterior, nem sempre a mulher busca o sistema de justiça com o propósito de ver o agressor condenado criminalmente e muito menos preso. A lógica dicotômica simples da justiça retributiva – absolvição/condenação – pode ser insuficiente ante as lídimas expectativas da vítima, buscando ela apenas ser ouvida, resolver seu problema imediato de risco, com o mínimo trauma possível, e isso pode significar apenas uma proveitosa audiência de conciliação, em que se oportunize à ofendida expressar-se em um ambiente mais formal e onde o Juiz simplesmente a ouça, se for o caso, lhe dê razão, oriente e aconselhe.

Para a grande maioria das mulheres vítimas de violência doméstica, oriundas de classes humildes, sem acesso a informações, que desconhecem os complexos mecanismos da justiça, sua criptolinguagem, seus rituais herméticos, a oportunidade de ser recebida por autoridades judiciais, com a assistência de um advogado ou defensor, e ali ser ouvida, já é uma conquista, uma vitória de sua frágil cidadania. O processo penal tradicional, que se intenta reviver em matéria de violência doméstica, sempre ignorou a vítima, usurpando-lhe o conflito e tratando-a como um meio de prova.

Mas essa conquista da vítima de lograr expressar-se em juízo, também representa um ganho para os operadores do direito na sua função de decidir. Em casos onde a falta de provas quase sempre é uma realidade, nada melhor do que ouvir os envolvidos diretamente, sem pré-juízos, com o espírito desarmado, observando os antecedentes do fato, o histórico pessoal de cada um, a sinceridade de seus relatos e as pretensões da vítima.

É verdade que não se pode privatizar o conflito violento, deixando a decisão sobre o prosseguimento do processo *exclusivamente* nas mãos da vítima, mas o fato tem no mínimo dois atores – sujeitos ativo e passivo – que concorrem de algum modo para sua eclosão. É da tradição do direito penal, avaliar também o comportamento da vítima para o evento, e mesmo quando a ofendida não concorreu em nenhuma medida para o sucedido, ainda assim, sua vontade, com relação às consequências processuais e penais, deve ser levada em consideração, pois, no moderno direito penal, de mero assistente passivo, a vítima deve passar a ser uma protagonista cada vez mais ativa.

Juízes que julgam, e promotores que dão início a uma ação penal devem ser comprometidos com a causa dos direitos humanos, com os objetivos da República, com a implementação da constituição e das leis, mas devem prevenir-se contra paixões sem o correspondente lastro racional. Compreende-se a paixão quando inspira a ação de movimentos sociais legítimos, sendo o móvel de mudanças importantes na sociedade, porém o servidor da Justiça, interfere na vida de pessoas, em casos concretos e, para avaliá-los com retidão e justiça, não pode estar com a visão turva por estereótipos.

E, com efeito, como toda norma legal, a Lei 11.340/06 foi criada tendo em conta certos estereótipos da mulher e do homem e de suas relações intersubjetivas que mais frequentemente se reproduzem nas relações sociais.

Porém, da abstração do texto até a realidade fática pode-se encontrar uma menor ou maior distância que o aplicador deve saber medir com serena racionalidade, inspirando suas atitudes processuais no espaço e no tempo em que se situa, os quais irão demandar uma aplicação mais arrojada ou mais comedida da legislação em referência.

A vida da Lei Maria da Penha pressupõe que, quanto mais ela alcance efetividade contrafática, transformando o meio social ao qual foi endereçada, tanto mais se torne desnecessária, trilhando em direção a uma inconstitucionalidade progressiva, na mesma medida em que a distância substancial entre homens e mulheres na sociedade brasileira se encurte na marcha inexorável da história.

Caso esta utopia jamais seja alcançada, então, não poderemos desprezar o manejo de leis afirmativas como a Lei 11.340/06 nem mesmo no porvir. Contudo, a marca maior de nosso tempo é a intransigente defesa dos direitos humanos, especialmente dos mais vulneráveis. Deste modo, sintonizados com a história, cumprimos com nossa responsabilidade intergeracional, buscando legar ao futuro da humanidade uma realidade menos discriminatória, mais justa e, portanto, mais radicalmente humana.

Referências bibliográficas

ALMEIDA, Suely Souza de *et al.* [org.]. *Violência Doméstica – Bases para a Formulação de Políticas Públicas.* Rio de Janeiro: Ed. Revinter e FAPERJ, 2003.

ALVES, Fabrício da Mota. *Lei Maria da Penha*: das discussões à aprovação de uma proposta concreta de combate à violência doméstica e familiar contra a mulher. Disponível em <www.jusnavigandi.com.br>.

BARBOSA, Joaquim. *Ação afirmativa e princípio constitucional da igualdade.* Rio de Janeiro: Renovar, 2001.

BARSTED, Leila Linhares. *A Cidadania Feminina em Construção* (art.) *in Violência Doméstica – Bases para a Formulação de Políticas Públicas.* Rio de Janeiro: Revinter/FAPERJ, 2003.

BELOQUE, Juliana. *Ciclo de Estudos sobre a Lei 11.340/06.* Porto Alegre: Centro de Estudos do TJRS, promovido em 1º/12/06.

BERCOVICI, Gilberto. A Constituição Dirigente e a Crise da Teoria da Constituição. *In Teoria da Constituição* – Estudos sobre o Lugar da Política no Direito Constitucional. Rio de Janeiro; Ed. Lumen Juris. Ano 2003.

BERGEL, Jean-Louis. *Teoria Geral do Direito.* São Paulo: Martins Fontes, 2001.

BITENCOURT, Cézar Roberto. *Tratado de Direito Penal.* Vol. I. 8ª ed. São Paulo: Saraiva, 2003

BOBBIO, Norberto. *A Era dos Direitos.* Tradução de Carlos Nelson Coutinho. Rio de Janeiro: Campus, 15ª Tiragem, 1992.

CABETTE, Eduardo Luiz Santos. Feminicídio: Aprovada a Lei nº 13.104/2015 e Consagrada a Demagogia Legislativa e o Direito Penal Simbólico Mesclado com o Politicamente Correto no Solo Brasileiro. *Revista Síntese de Direito Penal e Processual Penal*, Porto Alegre, v.15, n.91, p. 31-57, abr./maio 2015.

CAMPOS, Carmen Hein. *Os Juizados Especiais Criminais (JECRIMs) e a Conciliação da Violência Conjugal* (art.) *in Violência Doméstica – Bases para formulação de Políticas Públicas.* Rio de Janeiro: Revinter/FAPERJ, 2003.

CAPEZ, Fernando. *Curso de Direito Penal – Parte Geral.* Vol. I. São Paulo: Saraiva, 2004.

CASTILHO, Ela Wiecko Wolkmer de. *Ciclo de Estudos sobre a Lei Maria da Penha.* Porto Alegre: Centro de Estudos do Tribunal de Justiça do Rio Grande do Sul, dia 01/12/06.

CHAVES, Adalgisa Wiedmann. A (ir)relevância da discussão da culpa na separação judicial (art.) *Revista do Ministério Público do Rio Grande do Sul*, nº 58.

CIRUZZI, María Susana. *El Caso Ahumada Núñez: Una crítica desde la visión interrelacional de la Bioética y el Derecho Penal.* MJ-DOC-5178-AR | MJD5178 Microjuris. com. Fecha: 31-ene-2011.

COMPARATO, Fábio Konder. *A Afirmação Histórica dos Direitos Humanos.* 2ª ed. revista e ampliada. São Paulo: Saraiva, 2001.

Violência doméstica e familiar contra a mulher

CUNHA, Rogério Sanches *et* PINTO Ronaldo Batista *in Violência Doméstica – Lei Maria da Penha comentada.* São Paulo. 2007.

DIAS, Maria Berenice. *Violência Doméstica e as Uniões Homoafetivas.* Disponível em: <www.jusnavigandi.com.br>.

ELUF, Luíza Nagib. *A Paixão no Banco dos Réus.* 9ª ed. São Paulo: Saraiva, ano 2017.

FELDENS, Luciano. *A Constituição Penal.* Porto Alegre: Livraria do Advogado, 2005.

FERRAJOLI, Luigi. *Direito e Razão.* São Paulo: Ed. Revista dos Tribunais, 2002.

FERRAZ, Júlia Lambert Gomes. Violência de gênero e Direito Penal: análise da racionalidade da tipificação do feminicídio no Brasil. *Revista Fórum de Ciências Criminais – RFCC,* Belo Horizonte, ano 3, n. 5, p. 241272, jan./jun. 2016.

FREIRE, Nilcéa. *Exposição de Motivos do Projeto original da Lei de Violência Doméstica.* Secretaria Especial de Políticas para as Mulheres. Governo Federal.

GADAMER, Hans-Georg. *Verdade e Método.* 4. ed. Petrópolis: Vozes, 2002

GARCÍA PABLOS, Antonio. *Derecho Penal – Introducción.* Madrid: Servicio de Publicaciones Facultad de Derecho de la Universidad Complutense de Madrid, 1995.

GERBER, Daniel; DORNELLES, Marcelo Lemos. *Juizados Especiais Criminais.* Porto Alegre: Livraria do Advogado, 2006.

GIACOMOLLI, Nereu. *Juizados Especiais Criminais.* 2ª ed., Porto Alegre: Livraria do Advogado, 2002.

GOMES, Luiz Flávio. *Criminologia.* 3ª ed. São Paulo: Revista dos Tribunais, 2000.

——; BIANCHINI, Alice. Aspectos criminais da Lei de Violência contra a Mulher (art.). Disponível em jusnavigandi.com.br.

GOMES, Luiz Flávio & MAZZUOLI, Valerio de Oliveira. *Comentários à Convenção Americana sobre Direitos Humanos.* 2ª ed. revista, atualizada e ampliada. São Paulo: Revista dos Tribunais, 2009.

GRINOVER, Ada Pellegrini *et al. Juizados Especiais Criminais* – Comentários à Lei 9.099/95. 5ª ed., São Paulo: Revista dos Tribunais, 2005.

——. *A tutela jurisdicional dos interesses difusos. Revista Forense,* Rio de Janeiro, v. 75, n. 268, p. 67-78, out.-dez. 1979.

HOBBES, Thomas. Leviatã. In: MORRIS, Clarence (org.). *Os Grandes Filósofos do Direito.* São Paulo: Martins Fontes, 2002.

KARAN, Maria Lúcia. Violência de Gênero: o paradoxal entusiasmo pelo rigor penal (art.). Boletim do IBCCrim, nº 168, p. 06, nov. 2006.

LAFER, Celso. *A Reconstrução dos Direitos Humanos:* Capítulo IV, p. 117-145, *Os Direitos Humanos e a Ruptura* (art.) Capítulo IV. São Paulo: Editora Companhia das Letras, 1988.

LARRAURI, Elena. *Mujeres y Sistema Penal – Violencia doméstica.* Montevidéo – Buenos Aires: Editorial BdeF, 2008.

LIMA, Renato Brasileiro. *Legislação Criminal Especial Comenta.* Niterói/RJ: Ed. Impetus, 2013.

LIONÇO, Tatiana. Atenção Integral à Saúde e Diversidade Sexual no Processo Transexualizador do SUS – avanços, impasses, desafios. *Physis* Revista de Saúde Coletiva. Rio de Janeiro: 19[1]: 43-63, 2009. *In* http://www.slideshare.net/unidadetematicat3/atencao-integral-a-saude-e-diversidade-sexual-no-proceso-transexualizador-do-sus-avancos-impasses-desafios-lionco-2009.

LUHMANN, Niklas *et* De GEORGI, Raffaele. *Teoría de la Sociedade.* Universidad de Guadalajara, México, 1993.

MACEDO JÚNIOR, Ronaldo Porto. O Quarto Poder e o Terceiro Setor: O Ministério Público e as Organizações Não Governamentais sem fins Lucrativos – Estratégias para o Futuro(art.). *Ministério Público II* – Democracia. São Paulo: Atlas, 1999.

MATURANA, Humberto *et* VARELA, Francisco. *A Árvore do Conhecimento*. São Paulo: Ed. Palas Athena, 2001.

MOLINA, Antonio García-Pablos de. *Criminologia*. 3ª ed. Tradutor: Luiz Flávio Gomes. São Paulo: Revista dos Tribunais, 2000.

NOGUEIRA, Célio de Brito. Notas e reflexões sobre a Lei 11.340/2006, que visa coibir a violência doméstica e familiar contra a mulher (art.). Disponível em jusnavigandi.com.br.

NUCCI, Guilherme de Souza. *Manual de Direito Penal*. 2ª ed., São Paulo: Revista dos Tribunais, 2006.

——. *Leis Penais e Processuais Penais Comentadas*. São Paulo: Revista dos Tribunais, 2006.

OLIVEIRA, Carlos Alberto Álvaro *et* LACERDA, Galeno. *Comentários ao Código de Processo Civil*, Rio de Janeiro: Forense, 1988, v. 3, t. 2.

OLIVEIRA, Manfredo Araújo. *Reviravolta Lingüístico-pragmática na Filosofia Contemporânea*. São Paulo: Loyola, 1996.

PEREZ LUÑO, Antonio Henrique. *Derechos Humanos, Estado de Derecho y Constitución*. 5. ed. Madrid: Tecnos, 1995.

PINSKY, Carla Bassanezi et PEDRO, Joana Maria. *Mulheres, Igualdade e Especificidade*. PINSKY, Jaime *et* Carla Bassanezi (org.). História da Cidadania. São Paulo: Contexto, 2003.

PORTO, Pedro Rui da Fontoura. *Direitos Fundamentais Sociais:* considerações acerca da Legitimidade Política e Processual do Ministério Público e do Sistema de Justiça para sua Tutela. Porto Alegre: Livraria do Advogado, 2006.

——. *Anotações preliminares à Lei nº 11.340/06 e suas repercussões em face dos Juizados Especiais Criminais*. Disponível em <www.jusnavigandi.com.br>, <www.tj.rs.gov.br.centrodeestudos.doutrina> e <www.mp.rs.gov.br.caocrim>.

REIS, Alexandre Cebrian Araújo e GONÇALVES, Victor Eduardo Rios. *Direito Processual Penal Esquematizado*. São Paulo: Ed. Saraiva. Ano 2012.

ROSANVALON, Pierre. *A Crise do Estado Providência*. Goiânia: Ed. da UnB, 1997.

ROXIN, Claus. *Estudos de Direito Penal*. Rio de Janeiro: Renovar, 2006.

SARLET, Ingo Wolfgang. *Dignidade da pessoa humana e direitos fundamentais na Constituição Federal de 1988*. 3ª ed. Porto Alegre: Livraria do Advogado, ano 2004.

STRECK, Lenio Luiz; FELDENS, Luciano. *Crime e Constituição*. Rio de Janeiro: Forense, 2003.

VIDAL, Jane Maria Kohler. *Ciclo de Estudos sobre a Lei 11.340/06*. Porto Alegre: Centro de Estudos do TJRS, promovido em 1º/12/06.

WAISELFISZ, Julio Jacobo. *Mapa da Violência 2015 – Homicídios de Mulheres no Brasil*. Brasília, DF, 2015. Disponível em www.mapadaviolencia.org.br.

Anexos

Esquema do crime de lesões corporais em violência doméstica do art. 129, § 9º, do Código Penal

	Contra homem	Contra mulher
Ação Penal	Condicionada à representação, conforme art. 88 da Lei 9.099/95	Incondicionada, conforme art. 41 da LMP e ADI 4.424
Transação Penal	Não se aplica, pois tem pena máxima de 03 anos e, assim, não é de menor potencial ofensivo.	Não se aplica, pois não é de menor potencial ofensivo, além disso, inaplicáveis benefícios da Lei 9.099/95 (vide Súmula 536 do STJ)
Suspensão Condicional do Processo	Possível, desde que preenchidos os requisitos do art. 89 da Lei 9.099/95	Vedada pelo art. 41 da LMP (vide Súmula 536 do STJ)
Juízo Competente	Juizado Comum Criminal e não o Juizado Especial Criminal	Juizado de Violência Doméstica e Familiar contra a Mulher.
Penas pecuniárias	Viabilidade apenas como condição da suspensão condicional do processo.	Vedadas pelo art. 17 da Lei Maria da Penha.
Alternativa à pena privativa da liberdade	Suspensão condicional da pena do art. 77 do CP. Não cabe a substituição do art. 44 do CP, porque o crime foi cometido com violência contra a pessoa e não é de menor potencial ofensivo.	Suspensão condicional da pena do art. 77 do CP. Não cabe a substituição do art. 44 do CP, porque o crime foi cometido com violência contra a pessoa e não é de menor potencial ofensivo (vide Súmula 588 do STJ).
Prisão Preventiva	Só cabível se criança, adolescente, idoso, enfermo ou deficiente.	Sempre cabível.

Esquema de aplicação da Lei 11.340/06 em outras hipóteses de crimes e contravenções

	Ameaça	Crimes contra a honra	Contravenções
Aplicação da Lei 9.099/95	Não se aplica (artigo 41 da LMP)	Não se aplica (artigo 41 da LMP)	O entendimento do STF no julgamento da ADI 4424 é o de que não se aplicam os benefícios da Lei 9.099/95.
Ação Penal	Pública condicionada à representação conforme art. 147, parágrafo único, do Código Penal.	Privada, conforme art. 145 do CP;	Pública incondicionada conforme art. 17 do Dec.-Lei 3.688/41.
Juízo Competente	Juizado de Violência Doméstica e Familiar contra a Mulher	Juizado de Violência Doméstica e Familiar contra a Mulher	Juizado de Violência Doméstica e Familiar contra a Mulher